厚德博學
經濟匡時

本书由"上海财经大学中央高校双一流引导专项资金"和"中央高校基本科研业务费"资助出版。

匡时 青年学者文库

监管结构、企业战略与产业升级

中国电信产业治理逻辑的新制度主义分析

王鲁峰 著

Regulatory Structure, Corporate Strategy
and Industrial Upgrading

A New Institutionalism Analysis of the Governance Logic
of China's Telecommunication Industry

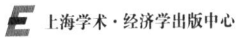

上海财经大学出版社
上海学术·经济学出版中心

图书在版编目(CIP)数据

监管结构、企业战略与产业升级:中国电信产业治理逻辑的新制度主义分析/王鲁峰著.—上海:上海财经大学出版社,2024.6
(匡时・青年学者文库)
ISBN 978-7-5642-3950-3/F・3950

Ⅰ.①监… Ⅱ.①王… Ⅲ.①新制度经济学-应用-电信企业-企业发展-研究-中国 Ⅳ.①F632.1

中国版本图书馆 CIP 数据核字(2022)第 004867 号

□ 责任编辑　台啸天
□ 封面设计　张克瑶

监管结构、企业战略与产业升级
——中国电信产业治理逻辑的新制度主义分析
王鲁峰　著

上海财经大学出版社出版发行
(上海市中山北一路369号　邮编200083)
网　　址:http://www.sufep.com
电子邮箱:webmaster@sufep.com
全国新华书店经销
上海华教印务有限公司印刷装订
2024年6月第1版　2024年6月第1次印刷

710mm×1000mm　1/16　16印张(插页:2)　229千字
定价:79.00元

前　言

中国电信产业的崛起是中国经济高速增长的例证,既回应了社会对高效沟通和获取信息的需求,也在国家经济建设中发挥着重要的作用。学界对电信产业的关注从电信运营商的关系、电信标准的选择与制定、国际市场与技术的影响与互动,到业务层面的融合与创新,使用多个学科视角进行讨论和分析。然而,现在看来,该领域的讨论还缺乏对电信产业治理逻辑的分析。一直以来,社会学家把社会关系主要看作是权力(谁拥有什么和为何如此)和支持权力体系存在的共享意义(制度、规则和共同理解的产生)。因此,对产业发展和组织的研究,要对产业、产业参与者、周边行动者的行动选择和互动,提出一种将社会关系、权力和意义作为核心的社会学解释。中国电信产业既需要这种独特的社会学解释,又为社会学乃至产业研究领域提供了丰富的实证资料,研究过程和结果都具有重要的实践和理论意义。最初的主要行动者是四个电信运营商,市场盈利也以通信服务为主。随着行业制式标准的选择与自主技术的发育,电信设备制造商和终端厂商也成为重要的行动者加入。而在互联网产业崛起和终端设备智能化的潮流中,内容生产和需求呈指数级增长,作为周边行动者的微小但数量众多的内容生产者们却成为资本追捧的重要目标。电信运营商作为基础服务提供者被管道化,设备制造商在激烈的竞争中有的逐渐沉寂,有的搭载终端智能化的快车狂奔突进,终端制造商在iPhone创立的格局中大洗牌。这些变化已经超越了传统电信产业的范畴,我们的研究就是从与"经济的"观点相对立的"社会的"观点来看待行动者在市场中如何行动。

本书从电信市场结构在2007年左右呈现的"悖论"——即以实现均衡市场和竞争为目标的一系列市场改革结果却是中国移动"一股独大"——入手,对电信产业监管结构的形成进行了研究,同时,电信产业的重要行动者均为央企的运营商又在这种监管结构中选择企业策略,两者共同作用使市场结构成为产业政策最初并非意图导向的结果。而这种互动,也揭示出国家建构与市场建构如何相互联系这一经济社会学关注的重要命题,同时也部分呈现了中国以国家为中心的发展规划以及政府组织对经济中的骨干企业的继续持有,市场治理机制和相应的文化模式。

同时,电信产业监管逻辑也随着国家社会经济发展阶段、技术变迁和行动者的加入和权力在产业链的转移而不断变化,本书试图把这些转变和转变过程中各种力量的互动揭示出来,以增进对多样性发展之中国模式特色的理解。

对电信产业的另外一个分析维度是电信标准的选择与牌照的发放。信息和通信技术领域市场被经济学视为"新市场",因为其创造出规模效益递增。那些以创建"专利系统"的努力失败的大公司,只能不断地对产品进行更新升级,且围绕其标准形成了技术锁定。因此大型组织竭力使自己的产品变为行业标准,使市场可以围绕着固定标准结合起来,从而创造稳定性,成为行业领导者。中国电信产业在3G时代面临国际成熟的WCDMA和CDMA2000,以及中国自主研发的TD-SCDMA三种标准,4G时代自主标准TDD和国际标准FDD的选择和分配。政府对电信运营商的牌照分配以市场均衡为目标,而自主标准对国际标准又使自主创新和产业中利益分配的权力成为重要的考量逻辑。以电信标准切入分析电信产业,还将电信设备制造商也纳入进来,这种复杂性更能体现政府对关键市场的持续干预,也加深了在中国居于主导地位控制观念的理解。

中国电信产业应该被关注还因为其产业边界一直在扩展和延伸,各行各业的信息和智能化都与电信服务息息相关,信息内容的生产和传播对国家政治和居民生活关系重大。从产业领域看电信产业与互联网产业具有先天的密切关联,从市场范围看电信产业部门与更大范围的市场存在千丝万缕的联系。本书中关于三网融合的探讨揭示出面对市场相对成熟的电信产业与管控严格"政企不分"的广电部门融合时，监管逻辑的碰撞，而不仅是业务融合和效率提升的考量。市场社会学所强调的"有效性"概念在理解市场运行方式的优势便体现出来。

本书付梓之际，我要向很多人表示感谢。本书某些章节的写作得到了很多的帮助，因此我要感谢林宸星(第 3 章)、胡玉婷(第 4 章)、张莹莹(第 5 章)，他们在实证材料搜集和理论框架建构方面都做了重要的工作。美国杜克大学的高柏教授引导我走上了中国产业创新的研究之路，并提供了高屋建瓴的理论指导和具体的修改建议。甄志宏(上海大学)、冯秋石(新加坡国立大学)、张虎祥(上海社会科学院)、刘长喜(上海财经大学)、严俊(上海大学)、汪丽红(上海财经大学)等老师在我研究过程中在很多方面、以某些方式激励着我把灵感倾注在起初的论文到现在的成书里。我还要感谢为本书的出版做了很多准备工作的上海财经大学出版社的台啸天老师。上海财经大学人文学院为我提供了研究资助，上海财经大学为我提供了出版资助，为此我要感谢人文学院前院长张雄教授、陈忠教授和学校领导。

最后，感谢我的先生秦超耐心地关注并鼓励我完成了这项工作。我要把这本书献给我的女儿之好，她伴随着这本书的写作一起成长，我的生活因为她而更加明亮多彩。他们的陪伴和支持让我体会到生活的更多美好，这些体验已融入我的研究工作之中，希望已转化为本书中些许有价值的洞见。

王鲁峰
2023 年 11 月 28 日

目　录

第一章　绪论/001
　　第一节　中国电信产业的发展与研究背景/001
　　第二节　多维理论视角下的产业治理研究/005
　　第三节　治理方式与治理逻辑的新制度主义分析/013
　　第四节　全书的脉络与各部分的研究介绍/015

第二章　中国移动为何"一股独大"？
　　——中国电信产业市场结构研究/017
　　第一节　以破除垄断为目标的中国电信产业改革与中国移动"一股独大"/019
　　第二节　中国电信产业的监管结构/024
　　第三节　中国移动的战略选择/031
　　第四节　2008年后的中国电信市场/038
　　本章小结/043

第三章　中国电信产业的国家建构
　　——以3G到4G为例/045
　　第一节　研究背景与研究问题/045
　　第二节　国家与市场建构/047
　　第三节　国家塑造电信产业的机制分析/050
　　第四节　国家与市场的互动/055
　　本章小结/065

第四章　中国标准缘何未被大规模推广
——中国电信运营厂商的行动逻辑研究/068
第一节　技术标准选择与电信产业自主创新/068
第二节　中国3G标准TD-SCDMA发展的弱势局面/070
第三节　电信产业治理结构与3G标准演进过程/075
第四节　电信产业市场竞争治理模式的建构/087
　　本章小结/094

第五章　三网融合为什么进展缓慢？
——政府管制下的业务博弈与播控权争夺/096
第一节　背景概述/096
第二节　新制度主义的分析框架/098
第三节　三网融合及其在我国的进程/100
第四节　广电与电信：管制背景的差异/105
第五节　管制结构的冲突与三网融合的缓慢进展/111
　　本章小结/128

第六章　价值链重塑与"权力"的转移
——互联网时代电信产业生态系统的演化/131
第一节　电信运营商的"被管道化"/131
第二节　产业价值链的变化与"权力"的转移/137
第三节　ICT行业布局与5G应用场景使运营商重获主导权/141
　　本章小结/145

附录：电信产业与运营商监管相关的代表性文件/147
一、2000—2008：电信产业规范与市场格局确立/147
二、2009—2018：3G到4G的技术转换与业务发展/200
三、2019—2023：5G商用与全面推进/220

参考文献/244

第一章 绪 论

第一节 中国电信产业的发展与研究背景

网络进入5G时代,电信产业似乎已经过了最辉煌的时代,但从整个人类社会进入信息时代且还在高速向前的进程中,中国电信产业的发展一直如社会的脉搏跳动般持续而有力:从电报、电话的使用,到移动终端的飞速普及;从租用卫星通信站,到光缆线路等网络基础设施持续优化升级;从专用信息传输,到民用信息传递的普及与便捷,再到网络资源场景的拓展推动生产制造乃至整个国家产业创新与核心能力的提升。激动人心的历程只有短短70年,与中国经济的发展与腾飞一起,发生了翻天覆地的变化。

1949年,中华人民共和国成立之时,邮政和电信是不分家的,而且邮政才是中国真正的"信息基础设施",电报、电话还只是"高科技",与普通居民毫无关联。一直到70年代末期,中国的电信业始终完全不被重视,中间几度被剥离出邮电部,又几度被合并进来,甚至一度归地方军区管理。而同一时间的西方国家,电话早已普及,1956年摩托罗拉已经推出无线寻呼机,1962年贝尔实验室发现了语音信号数字传输的方法,1964年,贝尔实验室还研发了视频电话产品,比微信视频早了50年。1972年,C语言面世。1973年,世界第一台"大哥大"问世,1977年世界第一台个人电脑 APPLE II 面世,1978年,贝尔实验室研发出 1G 网络标准,随后各个发达国家纷纷部署 1G 网络(模拟移动通信网络)。而这一时期的中国老百姓,主要的通信方式依然是写信,当时中国的邮递员采用骑自行车的方式送信。

改革开放后,中国的通信行业开始像中国的经济一样,逐渐恢复元气,步入正轨。但由于中国当时的通信产业极度落后,只能采用国外的设备建设自己的通信网络。20世纪80年代开始,全国各地大批量购置程控交换机,推动电话业务普及。1982年,中国第一部万门程控电话交换机在福州启用,使用的是日本 F-150 型号交换机。当时就有"七国八制"之说——中国市场上的程控交换机机型分别来自七个国家的八种制式。那时的中国普通居民,想安装电话要找关系、排队,在家里有自己的电话机是一种奢求。1987年广东第六届全运会上中国第一张 1G 网络正式部署,"大哥大"开始出现在中国的大街小巷,那时1小时的通话费用是80元。所以,"大哥大"真正成为有钱"大哥"的象征。同一时期的90年代末,西方国家开始研究使用数字技术的移动通信网络,并最终产生出 GSM(欧洲)与 CDMA(美国)两种 2G 制式。而这时的中国,终于逐渐追上欧美国家的步伐,将通信行业的代差逐渐拉近,并蓄势待发。

80年代末～90年代中后期,中国电信制造商呈喷薄之势,新兴的四家有代表性的通信制造厂商分别为巨龙通信、大唐电信、中兴通讯和华为技术,时任信息产业部部长吴基传取各家的头一个字串联起来,恰好是朗朗上口的"巨大中华"。同一时期,1993年中国第一个 GSM 网络在浙江省嘉兴市部署,之后外国品牌手机(比如诺基亚、西门子、索尼、摩托)、BP机开始走进千家万户。

为了专业化运营中国已经发展起来的电信网络,多家电信运营商相继成立,包括中国吉通、中国联通、中国电信、中国卫通、中国移动、中国铁通以及中国网通,并逐渐形成了移动市场三强——中国移动、中国电信、中国联通——争霸、固网多强争霸的格局。当时,凡是做固网经营的运营商都感觉高枕无忧,移动业务始终是一个附属品,那时没有人觉得移动通信能取代固定电话的地位。随后,凡是没有拿到移动业务牌照的电信运营商,最终都被移动、电信、联通三大运营商合并,无一幸免。

2000年以前,世界各国为了在3G网络中统一标准,联合成立了3GPP组织[①]。在联合创立3GPP的通信组织中,就有中国的中国通信标准化协会。中国正式在移动通信标准中有了自己的话语权。并且最终3GPP宣布采用三种3G网络制式,分别为WCDMA(欧洲)、CDMA2000(美国)和TD-SCDMA(中国),其中TD-SCDMA是中国具有自主知识产权的通信网络制式——这证明了中国通信核心技术已经可以追赶上欧美国家的步伐。

2000年以后,发达国家纷纷上马3G网络,虽然中国提出了自己的3G网络标准,但是国内推出第一张3G网络还要等到2008年,远远滞后于西方国家,推出3G网络的原因还是因为对北京奥运会的承诺。3G网络初期,虽然相比2G网络3G支持带宽更高的数据业务,世界各国始终没有找到较好的应用场景。随着2007年苹果公司推出第一款iPhone,以及iPhone 3G版带着APP STORE面世,移动互联网彻底被激活,手机厂商、互联网公司发现移动网络新的开发模式,手机App也随之爆发式发展,而作为平台的3G网络,开始捉襟见肘。

于是,4G网络制式在3GPP的组织下,很快制定完成,4G制式相比3G,不再是三足鼎立,而是两强相争,分别是FDD-LTE(欧美日韩)与TD-LTE(中国)。中国通信行业再一次抱团提出了自己具有核心技术的网络制式,与西方国家对峙。

2014年前后,几乎与世界同步,中国三大运营商相继部署4G网络。

---

① 3GPP(Third Generation Partnership Project)成立于1998年12月,多个电信标准组织伙伴共同签署了《第三代伙伴计划协议》。3GPP最初的工作范围是为第三代移动通信系统制定全球适用的技术规范和技术报告。第三代移动通信系统基于的是发展的GSM核心网络和它们所支持的无线接入技术,主要是UMTS。随后3GPP的工作范围得到了改进,增加了对UTRA长期演进系统的研究和标准制定。目前有欧洲的ETSI、美国的ATIS、日本的TTC、ARIB、韩国的TTA、印度的TSDSI以及我国的CCSA作为3GPP的7个组织伙伴(OP)。目前独立成员超过550个,此外,3GPP还有TD-SCDMA产业联盟(TDIA)、TD-SCDMA论坛、CDMA发展组织(CDG)等13个市场伙伴(MRP)。

阿里、腾讯、百度和京东等互联网公司纷纷抓住机遇，一方面依托自己的主力产品，一方面通过收购、创投，逐渐占领几乎中国所有移动互联网垂直行业，而在中国移动网络大建设的背景下，华为、中兴、大唐和烽火等设备商的研发能力迅猛提升，OPPO、VIVO、小米等手机厂商靠着中国庞大的智能手机市场迅速崛起，自此，中国通信行业完成蜕变，领先世界。2021年全球50个最有价值的电信品牌榜中，中国移动、中国电信和中国联通分列第4、第11和第16。2020年所有通信企业生产的电信设备［包含宽带接入、运营商IP电话、微波传输 & 移动回程、移动无线接入网（RAN）、光传输、服务提供商（SP）路由器 & 运营商以太网交换机、广域IoT和无线分组核心网］在世界市场的份额，华为与中兴分列第一与第四位。然后是2021年全球智能手机销量前10位里，小米、OPPO、VIVO、Realme、荣耀、Motorola（联想）和Tecno、iTel（均为传音）就占了8席。最后是各企业在5G标准中的贡献度，华为、海思、中兴进入前十名，中国移动也进入榜单。

　　过去几十年时间内，中国电信产业治理模式的变迁是中国经济发展模式转型的典型，同时也是整个全球化过程产业治理变化的一个重要的组成部分。自20世纪70年代开始，在全球化的大旗下，各国政府纷纷开始通过私有化、自由化及规制缓和的措施，来打破原来为保护社会而建立的种种制度，以便实现释放市场力量的目标。此时，中国也全面参与到全球化的历史进程中，打破计划经济体制的束缚，解放生产力，充分释放市场的力量。然而，由电信产业治理模式的变迁中，我们可以看出，产业治理并非完全遵照市场治理的模式进行，中国政府在产业治理中发挥着非常大的作用。这也说明，中国市场化的改革具有独特之处，这也是本文力图挖掘的意图。

　　同时，关于中国市场转型理论的研究之中，倪志伟等学者认为，包括市场在内的经济行动都是在政治权威所设定的框架之内运作的，在中国经济发展过程中,中国政府有能力操作一切。① 在本书中,通过对中国电信产业治理模式的研究,我们不难发现,政府的政策确实在治理模式变迁的过程中是直接转变的因素,但政府并非置于真空之中独立决策的主体,而是其行动也需要符合相应制度的合法性,此制度的合法性是在环境中因不同行动主体之间博弈而形成的,这也是本文着重点所在。

因此,对电信产业的关注与研究,从治理逻辑入手,将会得到很多有趣而深刻的发现。中国电信产业给我们提供了非常好的范本,它拥有各种层次,有日益丰富的产业链。虽然在相当长的一段时间我们的关注点集中在电信运营商——经济学和博弈论对此做了众多研究和预测。但在2011年以后,以微信为代表的OTT②业务提供商快速成长,更多以提供游戏、社交媒体等网络服务为主的行动者参与其中,并获得了直接接触客户的便利。这种变化把原来以产业链为主导的研究拓展到产业生态的视角,而国家对电信产业治理的方向也发生了变化。因此,本研究将解释在发生快速变化的背后,企业、监管机构与行业协会的互动是如何影响着变化的方向,市场扩大、技术创新带来的新的行动参与者在此过程中的作用,以及不同行动者对产业和行动的认知,在电信产业治理逻辑的体现和作用。

第二节 多维理论视角下的产业治理研究

在学术界,产业治理模式及其变迁涉及经济学、政治学以及社会学等多学科研究的领域,由此在对推动产业治理模式变迁的解释机制上,不同学科也存在着不同的研究视角。按照坎贝尔等学者的总结,产业治理模式的演变基本可以分为经济效率、技术发展、权力与控制、文化以及国家

---

① Nee, Victor. Organizational Dynamics of Market Transition: Hybrid Forms, Property Rights and Mixed Economy in China, *Administrative Science Quarterly*[J],1992,37(1):1—27.
② OTT,over-the－top 指的是依托移动数据网络而非运营商提供的窝蜂移动通讯功能来收发即时信息。

政策五种模型。① 在作者看来,从影响要素的方面看,这一总结实际上可以归纳为市场、技术以及制度三个层面,这概述了不同研究取向的理论解释产业治理模式的内在机制,每种观点各有优势但同时又有所不足,以下分别展开说明。

一、市场决定论:经济效率与产业变迁

以斯密和斯图亚特的新古典经济学为起点的经济学家持"市场决定论"的观点,该理论模型将治理模式的变迁归因于经济条件的变化,这些条件包括供给变量、生产要素的价格、需求的波动,以及其他那些无法使公司在给定投入下获得最大产出的因素。该理论除了坚持经济无效率导致现存治理机制变迁的压力之外,还假定最有效率的治理机制形式最终会出现。这里的效率指组织在生产体系中以最低成本获得生产必需的资源和信息的能力。在这些经济学家看来,只要存在着经济效率或者市场绩效,就会形成最优的市场结构。如芝加哥学派认为,在产业发展的过程中,效率起着决定性的作用,不同的生产效率形成不同的市场结构。从单个组织来看,正是由于部门企业在激烈的市场竞争环境中能够取得更高的生产效率,所以它们才能获得高额利润,并进而促进企业规模和份额的扩大,形成大而集中的市场结构;集中度高的市场中的大企业也必然存在着高效率,而这种高效率产生的原因主要在于大规模生产的经济性、完善的企业组织与管理、先进的生产技术和更好的产品质量等。② 就此而论,产业治理模式的转型,往往也取决于企业或者市场的绩效。威廉姆森也从交易成本的理论视角出发,他认为,只要当理性计算的经济行动者认识到新的治理模式比以往的治理模式更加能够给商业活动带来更多效益

---

① (美)约翰·坎贝尔等. 美国经济治理[M]. 董运生,王岩,译. 上海:上海大学出版社,2009.
② 夏大慰. 产业组织与公共政策:哈佛学派[J]. 外国经济与管理:1999(8).

时,经济治理的模式就会发生变迁。① 在中国电信产业中,市场决定论的观点认为,治理模式的变迁是经济效率因素所导致的,从计划经济体制到市场经济体制的转变过程中,供需矛盾、价格是转变的关键。例如,20世纪70年代到80年代间,电信业在邮电部的垄断下,固定电话的初装费从几百元上升至五千元,严重的价格畸形和供需矛盾,使得垄断不断被打破。在解释中国移动一家独大局面之时,市场决定论也倾向于采用企业战略优势理论,由于有高效率的企业战略,因此中国移动寡头垄断局面才能形成。

从分析逻辑上,市场决定论的相关分析过度强调了经济效率在推动产业治理变迁中的作用,它没有看到,绝对自由竞争的市场机制在现实的产业发展过程中是绝不可能存在的,实现产业最优化或均衡的现实条件并不存在。同时,面对现实中存在着的大量"无效率"或者"非效率"的产业治理现状,这一理论也无法给出有力的解释。此外,从解释逻辑上,这一理论逻辑存在着循环解释的可能性,即最有效率的机制最终之所以产生,就是因为它们是最有效率的。也就是说,采用效率的解释逻辑,并不能说明为什么中国电信产业治理模式没有直接从等级制向市场转变,直至目前,绝对自由竞争的市场仍然没有形成,也绝对不可能形成。在将企业间市场地位的差异归因于企业战略,特别是归因于企业领导者的英明决策时,也隐含着某些领导因为决策最为英明,因此企业发展得好。然而,不容忽视的是,中国电信业三大运营商的企业性质都属于中央直属企业,作为央企,其领导人的任免、业绩考核以及资源分配都由政府主管部门严格控制。最鲜明的体现就是2004年主管央企的国资委通过行政命令实现了三家电信运营商总经理之间的轮换任职,这就意味着企业战略或者领导者英明决策本身都是受非市场因素影响的,也并不存在绝对意义上最有效率的战略或决策,同时,这样的任职轮换在通常意义中的市场

---

① (美)奥利弗·威廉姆森.资本主义经济制度[M].段毅才,王伟,译.北京:商务印书馆,2002.

经济中也是不可想象的。

二、技术发展论:技术进步与组织转变

现代技术的发展,对于组织结构和模式的创新与变迁产生着重大的影响,由此技术发展也成为产业治理模式变迁的关键机制之一。作为技术发展的直接后果,生产方式和生产效率得以迅速提升,并由此带来了产业组织方面的变迁。以钱德勒为代表的企业史学家认为,集团制度之所以能够在大规模工业生产中产生,是因为它们在组织生产和反应生产技术需求方面是最有效率的。[①] 此外,社会学家皮奥里和萨贝尔认为,随着计算机和数控机器的生产和应用,产生了更加分散和灵活的经济制度,这种制度能够适应更加高效和更短的生产周期,也能适应20世纪晚期世界经济的其他不稳定因素。[②] 该模型把新技术的发展视为变迁压力的根源,并进一步引发对新治理安排的搜寻。19世纪美国发生的运输方式和通信技术革命,促进了市场的快速发展和技术的大规模产生,经济史的学者们逐渐认识到技术对于治理模式变迁的影响。技术决定论认为新技术的产生必然取代旧技术,技术之间也存在优劣之分,优势技术必然取代劣势技术。刘俊杰等学者认为,技术创新与技术经济特征导致电信产业市场结构及自然垄断边界的动态变化。[③] 有的学者甚至简单地将中国移动的胜利归结为移动通话必然超越固定通话。

但正如巴利和奥利科夫斯基等人的研究所展示的,由于技术所具有的"二重性",使得技术与结构之间存在着"互构"的可能性。[④] 而这一理论脉络强调决定社会组织变迁的技术性因素,却较少注意行动者在技术变迁提供的各种可能性之间积极地选择替代治理制度的过程,没有对行

[①] (美)艾尔弗雷德·钱德勒. 战略与结构:美国工商企业成长的若干篇章[M]. 孟昕,译. 昆明:云南人民出版社,2002.

[②] Piore, Michael J./ Sabel, Charles F., The Second Industrial Divide, Perseus Books, 1986.

[③] 刘俊杰. 技术创新、规制重建与中国电信产业的发展[J]. 当代财经:2005(5).

[④] 邱泽奇,张燕. 技术与组织关系的三个视角[J]. 社会学研究:2009(2).

动者选择治理制度的过程给予足够的重视,忽略了在不同工业领域中发生的围绕治理制度的选择展开的斗争。在自然垄断电信行业中,技术的进步对于产业格局的影响是毋庸置疑的,但同时,技术决定论也忽视了行动者在环境变化的过程中所起的作用。技术决定论未能解释,中国联通从建立之初即拥有移动业务,但未能发展壮大,技术决定论未看到 20 世纪 90 年代中国电信和中国联通实力上的绝对悬殊,即便中国联通拥有更为先进的移动业务,但相比中国电信仍然是九牛一毛;其也未能解释,3G 制式应用后,三家运营商旗鼓相当的局面,中国移动、中国联通、中国电信虽然在 3G 制式的成熟度上有一定的差别,特别是持有中国标准 TD-SCDMA 牌照的中国移动与持有 WCDMA 牌照的中国联通和持有 CDMA2000 牌照的中国电信相比仍有相当大的差距,但其凭借原有的庞大用户群体和企业战略,仍在市场中保持优势地位。因此,单纯的技术发展并不能够完全解释产业治理模式的变迁。

三、制度理论:文化、观念与政策

与市场决定论的解释不同,制度理论在解释产业发展与治理模式的变迁时,往往更为关注文化观念、意义系统、社会认知等主观性因素的作用。在他们看来,除了经济和技术动机以外,治理安排还与文化和意识形态因素有关,如规范、价值、信任水平等。比如弗雷根斯坦在研究美国企业控制模式转变的过程中,强调了"控制观念"的转换对于治理模式的影响;道宾也认为,以国家政治文化形式表现出来的观念决定了产业政策对于产业发展的影响。[①]

同时,制度理论还更为强调国家政策的作用。在他们看来,国家政策是特定文化观念、认知和意义系统的产物,而具有充分理性的政府通过特定的产业政策和制度建构,选择和主导了产业发展的范式与演进方向,影响了某一产业的市场效率。波兰尼较早提出了国家行为决定治理变迁的

---

① (美)弗兰克·道宾. 打造产业政策:铁路时代的美国、英国和法国[M]. 张网成,张海东,译. 上海:上海大学出版社,2009.

观点,后来的研究也表明,国家通常对联合治理模式的形成产生直接影响,并把它作为避免国家干预的手段。[①] 威廉姆森认为,国家对产权界定和实施方式的变化是产生交易成本和其他非效率因素的根源。[②]

可以看出,制度理论强调的是制度结构(物质利益与观念形态)对于产业治理模式变迁的影响,强调合法性观念对于治理模式变迁的塑造作用。与市场决定论或者技术决定论相比,这一取向更多地在制度和结构层面阐明了产业治理模式变迁的内在机制,这也是本书所采用的基本研究视角。

就本研究而言,通过对前人关于产业治理模式变迁的理论视角的相关阐述,从中我们可以找到影响治理模式变迁的一些关键因素。由于在整个产业的治理模式变迁的模型中,技术或政策并非持久单一影响变迁的因素,根据不同时段,由于本身不确定性的存在,技术或政策起到作用的广度和深度都有不同。因此,在本书中,对于治理模式变迁的解释并非停留在对于单一政策或技术的说明,而是将变迁划分为不同阶段后,将以上五个要素作为不同阶段制度合法性的支持因素或者合法性来源来考虑。这就超越了某个具体时段内单一因素的考察,而是到达更为中观的层面,在大的历史时段中分析治理模式的变迁过程。

主流的专家学者大部分持国家政策论,该理论主要总结了中国改革开放以来国家对于中国电信产业发展变迁的影响,尤其是从1993年开始国家对于中国电信产业展开的四次大规模的电信市场化改革,四次改革的主题始终围绕"打破垄断,鼓励竞争"来进行的。

第一次电信改革,在电信产业中引入新的竞争者。中国仿效欧洲双寡头的竞争模式,在1994年引入了电信业新的竞争者经营长话、市话、移动通信的综合电信运营商——中国联通。为了使中国联通尽快变成得以与中国电信一较高下的竞争者,中国政府以资源和信息配置倾斜等各种

---

① (美)卡尔·波兰尼.大转型:我们时代的政治与经济起源[M].刘阳,冯钢,译.杭州:浙江人民出版,2007.

② (美)奥利弗·威廉姆森.资本主义经济制度[M].北京:商务印书馆.

不平等管制方式来大力扶持中国联通。但由于政企合一的中国电信既是市场的监管者,同时又是参与竞争的经营者,其原始体量过大,尽管中国联通得到政府的大力支持,但还是未能形成预期的竞争格局。

第二次电信改革,是在1998年成立信息产业部,实行政企分开、邮电分营,同时对巨无霸的中国电信进行业务拆分,引入更多新的竞争主体,继续大力扶持中国联通。经过以上改革,在中国电信市场出现了新的格局,出现了六家运营商:中国电信、中国联通、中国移动、中国铁通、中国吉通和中国网通,各自占领某一业务。例如,中国电信占领着全部的固网业务,中国移动占有76%的移动业务份额,中国联通占有87%的寻呼业务份额。打破了中国电信独家垄断的局面,但当时的格局实际上只是在某个细分领域的垄断,仍然未形成有效竞争。

第三次电信改革,是在2001—2002年间,对中国电信进行南北拆分。北方十省电信公司归属于中国电信的北方部分,其余部分则归属于中国电信的南方部分。其中,中国电信的北方部分和中国吉通重组成为中国网通(全称中国网络通信集团公司);中国电信的南方部分则保留着"中国电信集团公司"名称,继续拥有原中国电信的名称和其他无形资产。中国电信市场初步建立起了六大运营商有效竞争的格局。

第四次电信改革,是重组运营商,运营商重组的同时伴随着3G制式的发布。2008年5月24日,工信部、发改委、财政部三大部委发布了《关于深化电信体制改革的通告》,提出:鼓励中国电信收购中国联通CDMA网,中国联通与中国网通合并,中国卫通的基础电信业务并入中国电信,中国铁通并入中国移动。与此同时,通告也指出改革重组与发放第三代移动通信即3G牌照相结合,重组完成后发放3G牌照。2009年1月7日,工业和信息产业部正式发放3G牌照,分别将TD-SCDMA、WCDMA和CDMA2000三张牌照发放给中国移动、中国联通和中国电信三家运营商。

中国电信的4次重大改革如图1-1所示。

关于国家政策的理论主要集中在1993年至今的四次大规模电信市

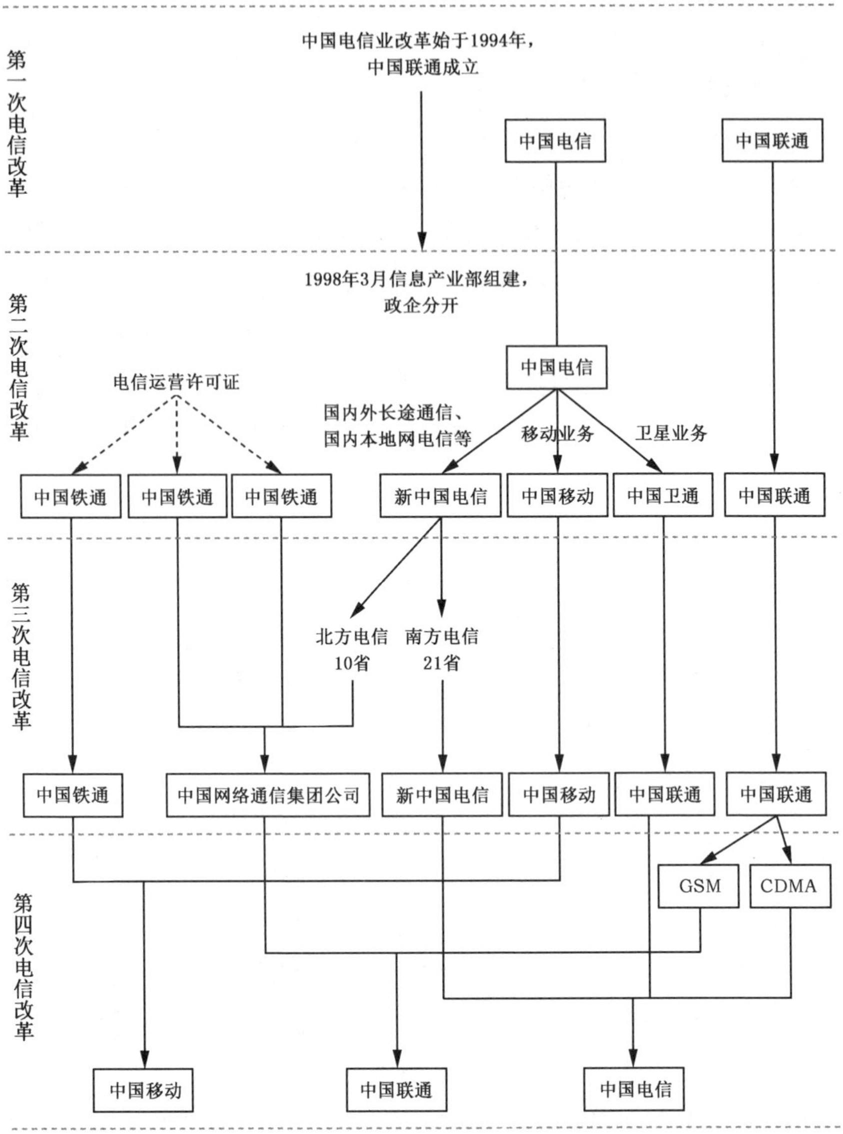

图 1—1　改革开放以来中国电信四次重大改革

场化改革之中,四次改革均由国家发起和执行,国家政策确实调整了中国电信行业的形势格局,但将这二十年放到一个大的历史环境中,则缺少对治理模式的本质洞察。这一理论在某种程度上夸大了国家政策的作用。正如上文所展示的,政府对于中国联通长期的扶持并未使得中国联通与中国电信、中国移动平分秋色,这也正说明其他的因素在不同时期在产业治理的变迁中起着更为重要的作用。

可以看出,国家政策、技术、企业战略都在不同时期对于中国电信产业治理模式的变迁产生了重大的影响。因此,在对中国电信产业治理变迁的研究中,不应仅仅关注单一技术或政策变量的影响,而应把环境的需求、行动者的决策和反馈、技术的进步都纳入到分析框架之中。

本书正是从新制度主义的视角出发,探讨中国电信产业治理模式变迁的制度性根源。本研究认为,中国电信产业治理模式的变迁是在环境的压力下行动者反馈形成的制度合法性的确立而形成的。每一次变迁压力的产生,就推进环境产生新的需求,继而对作为行动者的政府和企业产生重要的影响,行动者通过决策反馈,确立治理模式的合法性,政府政策以外显的方式表达出来,进而使得治理模式产生变迁并逐渐稳固下来。

第三节 治理方式与治理逻辑的新制度主义分析

对产业治理进行新制度主义分析是作者在对电信产业观察多年之时,因缘遇到在经济社会学研究中颇有影响的几位学者,特别是在2008年影响全球的金融危机之后,学界越来越多地关注了不同产业政策背后的文化特征。在操作层面,组织制度学派和历史制度学派都从政策范式的角度入手,剖析理性行为的社会文化特征。政策范式直接影响决策者看待世界的方式,并规定他们的角色。它既包括实施政策的实践,也包括政府关于目的与手段之间关系的理解(Dobbin,2008:9—10)。通过政策范式,政府不仅提供了经济主题借以理解世界的方式,也在一定程度上剥夺了他们独立判断的能力。通过影响经济主体接受对情境的解释,政府在某种程度上获得了对结果的控制。政策范式直接将意识形态代表的意义,或者经济思想代表的目的—手段之间关系的理解等认知因素,与产业政策和制度发展的实践联系了起来。

在国家经济发展进程及道路选择的思考中,国家和市场的关系在不同学科和学派观点中也存在较大的差异。从经济学角度看,国家对经济是一个外生变量,它不影响经济组织的形式和经济活动的协调,政府有强有弱,但是它很少成为经济生活中的变革性力量(Weiss,1988,引自 Lindberg and Cambell,1991:356)。对于组织制度学派和历史制度学派而言,"政治并不是凌驾于经济之上,它直接渗透在经济结构中"(Weiss,1988:162,转自 Lindberg and Campbell,1991:357)。

组织制度学派认为,国家建设与市场建设是一个互动的、不可分割的过程。市场经济交换过程中的社会关系一直处于非常波动的状态,交换的各方为解决这种不稳定性,最终总是将企业推向国家。资本主义经济为了建立稳定的市场,都需要国家来制定产权结构、治理结构、交换规则和控制理念。国家可以理解为由一系列政策领域组成的场域,每个场域均构成政治行动的舞台。国家在创造市场稳定性作用时,少则体现在允许企业使用各种治理机制去处理竞争和冲突,多则通过直接干预市场行为以达到稳定的目的(Fligstein,2003:Chapter 1)。历史制度学派认为,国家通过直接或间接地影响治理机制的选择来构架经济。无论是国家的行动,还是国家制度的形式,都可以制约经济行动主体的策略行为和权力。国家既可以影响选择正式还是非正式的组织来治理经济,也可以影响双边或多边的交换形式;国家既可以影响经济生活中资源和信息的生产和配置,又可以通过操纵产权约束经济行动主体的行为(Campbell and Lindberg,1991:361)。

在国家与经济的关系上,历史制度学派与组织制度学派的观点有所不同。在组织制度学派看来,市场的不稳定性导致了对国家职能的需求(Fligstein,2003)。而在历史制度学派看来,国家立法、司法和行政权的分离,以及各个职能部门之间在管理权限方面的争夺,经常可以直接导致经济部门治理结构的不稳定。同时,国家对一国经济中资源的配置有重大影响,这种影响对企业的策略选择和经济行动主体在互动中的相对机会至关重要(Lindberg and Campbell,1991:358—360)。在中国电信产业的治理结构中,这种分析框架特别适合,且有非凡的洞察力。

历史制度学派主张在集结的层面理解利益,看重产业或部门层面的治理结构。与新古典经济学通过微观层面的单个行动主体来把握市场行为不同,历史制度学派认为,企业为了开发、生产和营销其产品和服务,必然要卷入产业中的社会交换关系网络(Campbell,Lindberg and Hollingsworth,1991:5—6)。因此产业治理结构就是在集结层面为管理这些关系而做出的制度性安排。

本书尝试对中国电信产业的治理逻辑进行分析。在现实中,治理现象能够在各种层次的行业和行业部门被观察到,治理是一个非常复杂的现象,每一个产业部门的交易都是在各种各样的相互依赖的参与者之间展开,各个行动者同时使用了多种治理机制,帮助处理在商品产量、产品定价、产品标准、资本筹措等方面的问题,既有产业层面、企业之间,又有企业内部的问题。因此,很难对所有行动者、所有问题以及相应所有的治理机制进行研究。因此,我们在本书中的主要关注点放在电信运营商、技术标准、电信设备制造商、网络融合以及电信产业与互联网产业交融演化生态的变迁,从几次重大改革看治理逻辑的延续、变化的影响因素以及作用机制。

第四节 全书的脉络与各部分的研究介绍

本研究将从五个部分对电信产业治理逻辑的演化和动力进行分析,具体安排如下。

第二章从电信运营商的市场结构分析入手,从最初电信改革以形成均衡的市场结构为目标但最终却形成中国移动"一股独大"的"悖论",来看最初以消费者利益为追求的市场逻辑,如何演化为以国有资产保值增值和形成具有国际竞争力以及关乎国家经济命脉的大企业为先的治理目标。而在产业监管的目标差异形成的行动空间中,运营商企业如何进行策略选择和博弈。这一发现在后续几章研究的实践中也从不同方面得到了验证。

第三章重点研究了电信产业标准由 3G 向 4G 转换过程中,牌照发放的技术制式和时点都存在差异,这种"非常规"监管方式主要源于国家对电信产业的战略思考,这其中包括国有企业改革的政治逻辑,又体现在面对中国在国际社会地位提升和发展的国家战略逻辑。因此,这一过程中,市场需求和技术变迁并不是首要影响因素。国家与市场的互动在这一时期可观察到的行动明显而频繁,国家通过牌照发放的时间差建构了自主产权标准的技术优势。

第四章则是对中国电信产业治理模式和机制的研究,阐释了等级结构治理模式、行会治理模式、推广网络治理模式和市场竞争治理模式在中国电信产业中合法性的获得与互动,通过 3G 标准推出的过程中,国家、市场、企业三个层面在市场竞争与自主创新逻辑的冲突和选择,导致最终方案的出台,具有很强的解释力。

第五章深入探讨了三网融合过程中,电信网与广电网按照各自的方式和利益操作,相互不配合,政府监管层面从最初设定严格行业壁垒,之后讨论融合后主导权的选择,既有促进行业发展的考量,又更凸显内容控制和意识形态安全的多维逻辑。在分业管制背景下,三网融合发展缓慢是各个行动者之间互动建构的结果。

第六章对互联网时代电信产业生态系统进行讨论。从互联网产业与电信产业互动过程中价值链的变化与"权力"转移,以及这一过程中电信运营商的战略选择的分析,再次回应中国电信产业的演进逻辑,进一步探讨了权力的来源以及产业发展认知的建构。

第二章 中国移动为何"一股独大"?
——中国电信产业市场结构研究

中国电信产业自20世纪90年代中期以来就开始了一系列的改革与重组,试图通过市场化的手段,强化运营商之间的竞争,破除行业垄断,建立起均衡的市场竞争结构。然而,改革的结果却是中国移动"一股独大":2007年其销售收入占整个行业收入的49.6%,利润比其他三家之和还要多。为什么以鼓励竞争为导向的电信改革结果却是更加失衡的电信产业市场结构?

对这个问题的解释主要有两种观点:技术决定论和市场决定论。技术决定论将失衡归结为移动与固网竞争的失衡[①],即移动技术的使用大大降低了电信基础设施的成本,其边际效应也不再遵循固话技术的递减效应,因此资源投入和产出的效率大大高于固话业务。技术决定论的观点可以解释中国移动由于移动技术的进步性迅速成长,但无法解释中国联通与中国移动在中国电信市场中所占市场份额的巨大反差。中国联通成立的时间比中国移动更长,同样拥有移动通信业务,其CDMA网络甚至比中国移动的GSM网络更具技术先进性,代表着电信运营企业发展的方向,但却一直没有呈现赶超的势头,也没有积聚起称霸中国电信市场的实力。由此可见,中国电信产业的中国移动一股独大的市场竞争结构

---

① 发改委电信研究院.中国电信市场结构与监管研究报告(摘要),2007-12.

的形成,技术优劣并非决定性因素。

市场决定论的观点则认为企业战略的差异导致在竞争中彼此业绩的差异,即中国移动因为其采取的企业战略非常成功有效,所以在整个电信市场中成就了霸业。这种观点实质是将市场地位的差异归因于企业战略,特别是企业领导者的英明决策。然而,不容忽视的是,中国电信业三大运营商的企业性质都属于中央直属企业,作为央企,其领导人的任免、业绩考核以及资源分配都由政府主管部门严格控制。最鲜明的体现就是2004年主管央企的国资委通过行政命令实现了三家电信运营商总经理之间的任职轮换,这样的轮换任职在通常意义中的市场经济中是不可想象的,这也深刻地体现出政府在电信企业运营中的主导作用。

因此,可以说,政府监管行为对企业的战略选择具有关键性的决定作用。从这个意义上说,在对电信产业进行研究时,政府的作用、政府与市场的互动机制,都应作为重要的变量纳入分析框架中。

本章正是从上述政府与市场相互作用的视角探讨中国电信产业市场结构失衡的制度性原因。中国电信产业市场结构的形成是产业监管结构下企业策略选择的结果。作为受到政府各相关主管部门严格管制的中国电信产业,由于各部门的利益、理念及其影响下的监管手段和措施的不同,形成了中国电信产业独特的监管结构。而这种监管结构既为该市场中企业的经营活动提出了种种限制,同时也为企业利用此种监管结构制定有利于自身成长的策略提供了选择空间,并据此展开互动博弈,最终形成了中国电信市场独特的市场竞争格局。本章从以下四个部分展开讨论:第一部分,对中国电信产业以破除垄断为目标的改革进程和市场结构失衡这一结果加以描述;第二部分,结合新制度主义关于国家对经济架构作用的讨论,阐述改革所形成的电信产业独特的监管结构以及该结构对电信企业的影响;第三部分,分析中国移动如何策略性地利用此监管结构以及企业间关系结构迅速做大做强,最终形成"一股独大"的市场竞争格局;第四部分,总结阐释监管结构和企业策略对产业市场结构形成的重要作用。

第一节 以破除垄断为目标的中国电信产业改革与中国移动"一股独大"

从1994年开始,中国电信业启动了"鼓励竞争,破除垄断"的电信体制改革,致力于在电信业建立起公平公正、有效有序的市场竞争秩序。中国政府通过拆分中国电信、引入新的竞争主体等手段来破除中国电信的一家垄断的局面,但改革的结果却最终形成了中国移动"一股独大"的独特竞争格局。

一、中国电信产业改革的背景

政企不分的电信监管体制与中国电信[①]的独家垄断经营造成中国电信企业长期效率低下。1949年以来,中国公用电信业一直由邮电部独家经营。1994年后,中国邮电电信总局依然是政企合一的特殊机构,既是电信产业的监管者,又同时作为国营电信运营企业参与市场竞争。由此形成的垄断经营所导致的价格高、服务差、运营效率低下等问题成为电信改革被提上议事日程的重要原因。

加入WTO前期,迫切需要提高中国电信企业的竞争力。中国自20世纪90年代中期开始,就致力于筹划加入世界贸易组织(WTO前身),并于1999年11月"入世"谈判中取得突破性进展。当时不论是政府还是社会公众都在担心,一旦中国电信市场放开,国外电信巨头们将凭借资金、技术实力及管理、市场经验等优势抢占中国电信市场,长期处于政府羽翼保护之下的中国电信将很难与之竞争。于是,对中国电信产业进行改革与重组,以便迅速提高企业的竞争力,成为加入WTO之前亟须解决

[①] 中国电信的前身是原邮电部电信总局。邮电部于1998年进行了邮政、电信分营,成立了中国邮电电信总局,经营和管理全国电信业务;2000年5月17日,在剥离了无线寻呼、移动通信和卫星通信业务后,成立了中国电信集团公司;2002年5月,根据国务院《电信体制改革方案》(国发[2001]36号),对中国电信进行南北分拆重组,将北方九省一市划给中国网通,成立新的中国电信集团公司。

的问题。

电信产业本身技术的发展与进步也对改革提出了现实要求。高速的技术发展和进步对电信产业企业的运营模式、生产成本结构以及利润模式产生了重大的影响。新技术的快速应用、新业务的大量涌现以及对通信质量不断提高的要求都给旧有的电信企业运营以及电信产业监管提出了重大的挑战,电信产业改革势在必行。

与此同时,行业内外的专家学者和社会公众的舆论也对与自身利益息息相关的电信产业改革展开了热烈讨论,并由此使得电信产业改革成为社会舆论关注的焦点。这些构成了电信产业改革与重组的重要背景。

二、两次拆分削弱中国电信垄断地位

由于中国电信一直是电信市场上的独家垄断者,因此削弱其垄断地位成为中国电信产业改革的重要措施。中国政府采用业务剥离和地域拆分的改革方式。

首先,以破除业务垄断为目的对中国电信进行业务剥离。1999年,中国电信被拆分成四个公司:中国电信(固定业务)、中国移动(移动业务)、国信寻呼(寻呼业务,后来并入中国联通)以及中国卫通(卫星通信业务)。固定业务和移动业务都分别由两家运营商完成,打破了中国电信长期对固定业务和移动业务的垄断地位,独立运营移动通信业务的中国移动通信集团公司应运而生。

其次,以破除地域垄断为目的对中国电信进行南北拆分。2001年10月,中国电信被按照地域进行南北拆分:中国电信长途骨干网按照光纤数和信道容量进行分家,北方十省与网通、吉通合并后的中国网络通信集团公司(中国网通)占有30%,南方和西部21省组成新的中国电信占有70%。[①] 新成立的中国电信和中国网通主要按照地域划分在南北分别进行业务经营,但同时也可以到对方区域进行开展业务,打破了原来中国电

---

① 赵小剑.财经[J].2001(50).

信一统天下的地域垄断局面(见表 2—1)。

表 2—1　　　　　　　　中国电信两次拆分概况

1999 年业务剥离		2001 年南北拆分	
拆分前	拆分后	拆分前	拆分后
中国电信	中国电信(固定业务)	中国电信	中国电信(南方和西部21省)
^	^	^	中国网通(北方10省与吉通、网通)
^	中国移动(移动业务)	^	^
^	国信寻呼(寻呼业务)	^	^
^	中国卫通(卫星通信业务)	^	^

三、多种方式大力扶持中国联通，引入更多竞争主体

中国联通公司成立于 1993 年，目的是通过股份制组建新的公司，打破邮电部对电信行业的独家垄断经营，并于 1994 年 7 月获得电信特许经营权，是当时除邮电部之外唯一一家获得国家授权的电信业务运营商。

但是，中国联通的成长并没有动摇中国电信的垄断地位，为了推动政企分开、转变职能，1998 年政府宣布在原邮电部、电子部的基础上组建信息产业部(以下简称信产部)。初创的信产部的主要职责在于破除行业垄断、保护竞争。[①] 信产部成立之初，便秉承市场化的理念，试图通过扶持中国联通进一步破除中国电信的市场垄断，达到深化电信产业改革的目的。信产部对中国联通的扶持主要体现在以下几个方面：第一，拓展业务范围与增加企业规模，将国信寻呼、电信长城的建制划入中国联通，当年中国联通的寻呼业务跃居行业首位。1999 年，国星寻呼在从中国电信分离出来后仅两个月就被并入中国联通。国星寻呼的加入在那个时期使中国联通的收入增加了两倍。第二，加大资金投入，向中国联通追加资本金

---

① 王永辉.信产部职能 10 年嬗变[N].21 世纪经济报道:2008－3－11.

51亿元,并在中国联通解决"外中中"问题①,以及中国联通在美国、中国香港的同时上市等给予了指导与支持。第三,扩大网络布局,1999年3月,信产部将所有CDMA网络转给中国联通。后来,中国联通获得建设全国范围内CDMA网络的牌照。第四,强化人事管理力量,1999年初,原信息产业部副部长杨贤足、计划司司长王建宙、原中国电信董事长石萃鸣等人调任中国联通高层,这一人事布局立刻改变了中国联通受中国电信利用非市场手段挤压的处境②。经过一系列的调整和加强,中国联通不断壮大,逐渐发展成用户过亿的移动运营商(见表2—2)。

表2—2　　　　　　　　信产部加强中国联通的手段

加强联通的手段	具体方式
拓展业务范围	将国信寻呼、电信长城划入联通
增加企业规模	将国星并入联通
加大资金投入	追加资本金51亿元,"外中中"方式融资
扩大网络布局	将所有CDMA网络转向联通
强化人事力量	原信息产业部副部长杨贤足、计划司司长王建宙、原中国电信董事长石萃鸣等人调任联通高层

以破除垄断为目的,在对中国电信进行拆分,并加大对其竞争对手——中国联通扶持的同时,包括信产部在内的各级政府监管部门还不断引入新的运营商,试图建立一个运营商多元化的中国电信市场。以此来强化竞争,达到真正破除垄断的目的。

继中国联通成立之后,电信产业相关行业的主管部门先后被核准成立了(1)中国吉通通信公司,经营国际国内IP电话业务;(2)中国网通信

---

① 联通由于资金不足,采取特有的"外中中"的方式进行海外融资。即外国公司和一家中国公司(通常是联通的股东公司或联通),设一家合作企业,合作企业进行地方网络台站建设。建成后联通进行运营,合作公司提供服务。收入的一部分根据合同交给合作企业。合同期满后,项目完全交给合作的中方。据有关资料显示,到1997年,联通用这个方法建成了27个项目。

② 欧阳长征.3G火枪手或将浮出:移动、联通、电信高层换防[N].21世纪经济报道,2004—11—1.

公司,经营计算机信息互联网络国际互联业务,定位于新一代电信基础设施建设,提供全方位宽带电信服务;(3)中国铁道通信信息公司,主要经营除移动通信业务外的固话、ISP、ICP、卫星通信等电信业务。从新成立的各家公司的经营范围上看,已经涵盖了原来中国电信的所有主营业务,各大运营商的成立,从理论上具备了与中国电信展开各项业务竞争的可能性(见表2—3)。

表2—3　　　　　1990年以来中国电信市场新进入的运营商

公司名称	准入时间	主营业务
中国吉通通信公司	1993年	IP电话业务、各类增值和数据业务
中国联合通信公司	1994年7月	各类基础和增值电信业务
长城电信公司	1999年7月	CDMA移动通信业务
中国网络通信公司	1999年10月	IP电话业务、互联网业务、各类增值和数据业务
中国铁道通信信息公司	2000年12月	固定业务、增值和数据业务

四、中国电信产业改革的结果:中国移动一股独大

然而,历经改革后形成的市场结构并未沿着自由竞争的方向演进,拆分自中国电信的中国移动公司在整个电信市场中的"一股独大"成为始料未及的结果,中国电信市场结构呈现出严重的竞争失衡的局面。所谓结构失衡,是指中国移动一股独大,其他三家主要运营商,中国网通、中国电信、中国联通的利润之和都不及中国移动一家(见表2—4)。从2007年各运营商年报的数据来看,中国移动是中国电信市场上唯一实现大规模与高增长的企业,其收入占整个行业收入的49.6%,利润占到整个行业的65%,不仅如此,中国电信产业2007年收入增长的92.5%是来自中国移动。

表 2—4　　　　　　　2007 年四大运营商收入与利润状况

运营商	总收入 (亿元 RMB)	占总收入比例 (%)	净利润 (亿元 RMB)	占总利润比例 (%)
中国移动	3 569.6	49.64	871	65.89
中国电信	1 786.6	24.84	237	17.93
中国网通	840	11.68	120.9	9.14
中国联通	995.4	13.84	93	7.04

资料来源:2007 年各公司上市年报。

从中国电信三次改革的背景看,它们是以打破垄断和提升企业效率为期望。从改革措施来看,是以市场化和促进竞争为目的。但改革的结果却是整个电信产业形成了由改革前中国电信的一家垄断演变为中国移动"一股独大"的市场格局。原因何在?

中国电信产业在改革过程中除了市场竞争主体——企业发生改变之外,政府监管结构和与企业互动机制也发生了重大的变化。前面在扶持联通一节中,信产部的成立以及政府官员在联通任职就充分体现出这一点。特别是在国资委成立以及伴随整个电信产业改革的国有企业股份制改造以及对国有资产监管的加强,都对中国电信产业改革中最初的市场化主线和均衡竞争的期望产生了重要的影响。在这一过程中,企业正是在政府监管结构这一框架下制定各自的企业战略,进行相互博弈。因此,本文认为,正是中国电信市场独特的监管结构,以及这种监管结构之下企业的战略选择,共同塑造了中国电信市场的结构。

第二节　中国电信产业的监管结构

中国电信产业监管结构伴随着中国电信产业改革也在不断发展变化,形成了以国资委为国家出资人、信产部为产业监管者以及发改委为宏观监督者兼任价格调控者的三方共治的监管结构。这种结构中三方的理念不同,国资委支持国有企业快速扩张,目标是促进国有资产保值增值。

信产部和发改委则主张市场竞争,这两种逻辑的共存为电信运营商的行动选择提供了制度空间。

一、中国电信产业的监管结构

中国电信产业的三个主要的监管部门:信产部、发改委和国资委,信产部是电信产业的行业主管部门,是微观层面的监管者,负责产业政策的制定和执行。发改委是宏观层面的监管者,负责产业结构的调整和监督检查产业政策的制定与执行。国资委从严格意义上说不是监管部门,而是电信运营商的所有者,以国家出资人的身份直接对其进行管理和约束。这种独特的监管方式对中国电信市场内行动主体的行为有重要的影响。

各监管部门身份的不同,决定了其监管职能、监管目标不同,其政策取向也存在一定的差异。信产部建立的目的是破除垄断和促进竞争,主要以引导产业内形成均衡竞争为目标;发改委的前身是国家计划委员会[1],关注产业升级及结构调整等问题,并对电信资费的重大调整进行监督;国资委(国有资产监督管理委员会)作为国家出资人,从企业高层管理人员的任免到企业战略的制定等多个层面参与运营商企业的实际运营管理,集合了所有者、运营者和监管者三种职能。这种"三方共治"的监管结构必然给电信产业内资源的配置带来重大影响。

二、中国电信产业监管结构的历史渊源与监管理念

中国电信产业监管结构的形成有其独特的历史渊源(见图 2—1)。1994 年之前,邮电部既是监管者又是经营者,于是当时作为电信服务唯一提供商的中国电信作为邮电部的附属企业,在那个时期无论是资源的

---

[1] 国家计划委员会 1952 年成立。改革开放后的一段时间,这个机构一度被看作是计划经济核心堡垒。1988 年,国家经济委员会被合并进国家计划委员会,被定位为高层次的宏观管理机构,不再承担微观管理和行业管理职能。它被更名为国家发展计划委员会,当时的机构改革方案明确的宏观调控部门还包括国家经济贸易委员会、财政部和央行。2003 年,国家计划委员会更名为国家发展和改革委员会。国家经贸委的行业规划、产业政策、经济运行调节等职能,划归国家发改委。

获得还是市场地位的攫取都占据着得天独厚的优势。中国电信由此获得的监管部门,也就是邮电部的政策倾斜和庇护造成了其与新成立的竞争对手——中国联通之间,包括他们分别的主管部门之间颇为紧张的对立关系。再加上公众对于中国电信产业因垄断经营所导致的价高质次的不满和国家领导人对加入WTO之后中国电信企业竞争力的担忧,使得电信产业改革成为行业内外专家学者和公众舆论讨论的焦点,进而引发了发生于1998年的电信产业改革大论战。

当时主要有两种观点:一种是国家垄断派。包括三网融合派[①]和强调国家利益因而支持保护中国电信产业的"团结"派,他们主张将电信网络从中国电信手中剥离,成立网络管理公司,交给政府统一行政调度;另外一种是"自由竞争"观点。[②] 即电信市场开放竞争从而促进电信市场下降价格和提高效率,倡导遵循开放竞争——降低收费——扩展市场的电信改革逻辑。由于公众对由中国电信垄断经营所造成的资费居高不下越来越难以容忍,自由竞争派的观点受到了舆论的广泛好评和较为一致的支持,从而使得以破除垄断、鼓励竞争为手段,促进效率提高为目标的市场化改革方案成为当时电信产业改革的主要基调。[③] 遵循这一逻辑,中国政府于1998年对中国电信业进行新的大规模部门重组,将邮电部、电子信息部和广播电影电视总局的一部分管理职能合并组建了信息产业部(简称信产部)。信产部以强化竞争为目的,拆分中国电信,扶持中国联通,引入多家运营商,对中国电信产业进行市场化改革。

然而,中国电信业的改革并没有按照自由竞争派的逻辑沿着市场化单一方向演进,国家垄断派的观点并没有随着论战的结束而销声匿迹,尤其是在加入WTO之后,如何保持国有经济的竞争力和控制力重新成为国家决策部门关注的重点,于是,国家垄断派的主要观点顺理成章地成为

---

① 王小强. 中国电讯产业的发展战略[J]. 广播电视信息:1998(12). 方宏一. 再论中国信息产业的发展战略[J]. 广播电视信息:1999(1).
② 周其仁. 开放竞争:发展我国电讯行业的政策环境——评电讯大论战兼论分步开放我国电讯市场[J]. 中国经济信息:1999(3).
③ 王鹏. 美式话语下的电信改革[J]. 商务周刊:2003(16).

2003年成立的国资委所秉承的路线。由此形成了中国电信产业独特的监管结构——即同时具有以促进竞争和保持垄断两种互相矛盾的政策取向和监管目标(见表2—5)。

表2—5 电信产业部各监管部委的主要职能、监管目标和政策取向

部委	职能	目标	政策取向	对垄断问题的立场
信产部	推动信息产业内部企业政企分开、转变职能,以及破除行业垄断、保护竞争	实现行业的公平竞争与健康发展;兼顾消费者利益的实现	破除行业内垄断,促进产业内公平竞争	反对
发改委	拟定并组织实施国民经济和社会发展战略;监督检查产业政策、价格政策的执行;制定和调整少数由国家管理的重要商品价格和重要收费标准	深化改革,实施产业调整与升级战略,引导各产业健康发展;帮助信产部在重大价格调整决策中保持公正性	推进计划向市场的改革,保障改革顺利进行	反对
国资委	履行出资人职责,指导推进国有企业改革和重组;对企业负责人进行任免、考核并根据其经营业绩进行奖惩;监管中央与地方国有资产的保值增值工作	电信业国有资产保值增值;提高电信国企的盈利能力(扶持30~50个大型国有企业,使其成为具有全球竞争力的企业)	在保障国有资产保值增值的前提下,提高国企竞争力和企业利润	支持

注:尽管电信产业已经实现产业和价格均由信产部统管的机制,但发改委仍旧管制电信资费,"二龙治水,在体制上说虽然有不合理的因素存在,但考虑到信息产业部一般总是不中立的事实,为了保护消费者的利益,在资费政策上由国家计委对信息产业部进行一定的制约,在目前还是必须的,比较合理。"(引自"垄断性行业的政府管制问题研究"课题组《电信业的政府管制问题研究》经济研究参考2003年第25期)

三、国资委的独特控制方式

首先,国资委是四大电信运营商的最大股东和实际控制人,它还可以通过资本运作的方式影响企业的成长与发展,在决策中起关键的决定作用。这种作用方式比信产部和发改委的监管更直接也更有效。2006年12月18日,国务院国资委主任李荣融向外界公布了国资委的部署,明确

国有经济将对电信业在内的七大关键领域保持绝对控制力,其中对于电信等基础设施领域的中央企业,国有资本应保持独资或绝对控股。以中国联通为例,其上市公司的产权及控制关系如图 2—2 所示。2007 年 11 月之前,国资委对联通集团持股比例为 79.18%,而联通集团持有中国联通上市公司 61.74%的股份。[①] 国资委是其实际控制人,在国资委的批准下,联通集团回购小股东手中股份数的 29.958%并予以注销,然后将资本公积金按 10∶15 的比例转增股本,注册资本将由原先的 163 亿元扩张到 393 亿元,14 家法人单位持股比例由此前的 19.18%降至 15.9%,国资委所持股份则相应增加至 84.13%。通过股权变更的方式,国资委削弱了联通与铁道部等其他部委与持股单位的联系,强化了自己的控制权。

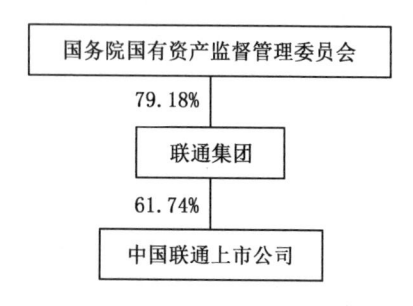

```
┌─────────────────────────────────┐
│  国务院国有资产监督管理委员会   │
└─────────────────────────────────┘
              │ 79.18%
        ┌───────────┐
        │  联通集团 │
        └───────────┘
              │ 61.74%
      ┌───────────────┐
      │ 中国联通上市公司 │
      └───────────────┘
```

资料来源:中国联通 2006 年年报。

图 2—2　中国联通上市公司与实际控制人之间的产权及控制关系

其次,国资委可以通过央企高管的任命对企业的运营产生影响。它能够"任命或免除企业的最高执行官",并且根据法定程序评价他们的绩效。这种通过对中央企业绩效考核以及央企负责人任免等方式,直接作用于这些企业,影响力是相当大的。[②] 例如,2004 年 11 月,电信产业三家运营商最高执行官的轮换被认为是国资委对于电信运营商强力干预和控制的表现(见图 2—3 所示),原中国联通总裁王建宙成为中国移动总经理,由于中国联通既有固话业务也有移动业务,熟知中国联通的王建宙在

---

① 通信产业报[N].2007—11—2.
② 刘燕.中移动收购香港华润万众:潜藏国资委意志?[N].中国经营报:2005—10—8.

轮换至中国移动后，针对中国联通竞争的策略制定更有心得；原中国电信总裁常小兵担任了中国联通党组书记兼董事长，而没有任何移动业务经验的常小兵轮换要想对电信全业务经营的中国联通实现驾轻就熟的领导，显然需要一段时间的学习和适应的过程，这对中国联通随后的战略制定和实施产生了不利影响；而中国移动（香港）公司CEO王晓初则出任中国电信总经理，虽然他对固话业务不熟悉，但由于固话业务一直是中国电信的优势业务，已占据固话业务的绝大部分市场份额，因此这一变动对中国电信的影响并不显著。由国资委主导的电信运营商高层的这一轮换行为对加强中国移动的竞争优势，进一步拉大移动与联通之间的差距，进而改变中国电信产业的市场格局具有极其重要的影响。具体如图2-3所示。

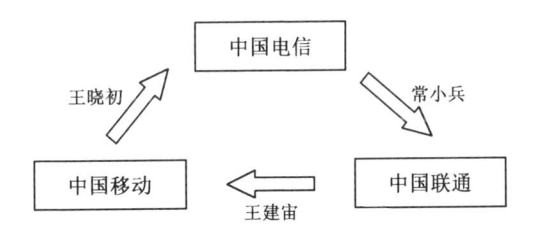

图2-3 2004年中国电信市场运营商最高执行官轮换示意

四、各部门监管角色的实践

信产部作为电信产业的主管部门，其主要目标是实现行业的健康发展与公平竞争。如前信息产业部部长吴基传所说，政企分开之后，信息产业部扮演的是"裁判员"的角色，完全行使政府职能部门的权力，主要是维护市场竞争的秩序，形成公平、公开、有序的竞争环境。因此，在信产部成立之后的很长一段时间里，其主要措施便是扶持中国联通，拆分、削弱中国电信，并通过引入多元运营商等方式促进中国电信市场向均衡竞争的方向发展。然而，源于电信监管结构变迁中信产部与中国电信的密切联系，信产部在产业监管中的实际表现并非完全中立。"在对原中国电信分拆出的企业和新进入的企业上,信息产业部很多时候也不能保持中立立场,一般是支持原有企业,歧视新进入企业。信息产业部对原中国电信企业的同情,与这些企业是国有企业有关,与这些企业与信息产业部长期形成的工作上、人事上的关系也有关。"① 因此,发改委(原国家计委)一直在价格方面对电信产业的微观层面进行监管,也是为了增强电信产业监管部门的公正性。

发改委作为产业政策的监督者,主要发挥增强电信产业监管公正性的作用。关于电信行业的高定价曾在很长时间被社会公众作为攻击电信行业垄断的主要矛头,发改委在价格规范方面也曾经对此采取了一些具体改革措施。然而,在价格规范的过程中,面对国有控股、一股独大、股权单一等现实状况,发改委等电信监管部门在制定宏观管制政策时,必须考虑到国有资产的保值增值以及电信行业做大做强等并非行业管制机构应当考虑的问题。在调整资费政策时,发改委与信产部"必须充分讲政治,还必须结合避免给海外上市的几家运营商的市值造成影响等因素来作决策"②。

国资委的特殊角色使其具备关键的影响力。与信产部和发改委不同,国资委并不参与行业法规与政策的制定,也不直接管理和经营国有企业。它通过派出监管机构和业绩考核的方式对国企施加影响:第一,国资委直接向部分大型企业派出监事会,负责监事会的日常管理工作;国资委最重要的使命之一是"监督和管理国有资产的保护、增值"。2001年,前国家经贸委主任、现国资委主任李荣融曾表示,国家要铸造30~50家国际水平的、主营业务明确的大公司。自2003年国资委成立之后,中央企业资产从7万亿元增长到2007年底的14.6万亿元,2007年利润总额9800亿元。③ 从理论上看,如果主要电信运营商的竞争导致了"国有资

---

① "垄断性行业的政府管制问题"研究课题组.电信业的政府管制问题研究[J].经济研究参考:2003(25).

② 薛良燕,彭章燕.对我国电信监管机构职能冲突问题的思考[J].通信业与经济市场:2007(5).

③ 2007年央企利润逼近万亿元[N].北京日报:2007-12-19.

产价值"的减少,那么国资委将以"保护"和"增加""国有资产的价值"干涉。第二,与前述任免企业最高执行官的方式相联系,运营商的执行官能够更有效地促进国有资产的增值,即使通过垄断的方式,在对其评价时却可以被认定为更有绩效的表现。作为央企之一的中国移动,当年利润达到870亿元,成为国资委领导下的标杆企业。在国资委公布的2008年度中央企业业绩考核结果中,中国移动连续五年获得最高级别A级,考核得分在获得A级的32家中央企业中名列第一。[①]中国移动这样的"风向标"作用在很大程度上促进了中央企业垄断程度的加强。在2009年8月召开的中央企业负责人会上,中国移动作了题为《狠抓集中管理实现企业低成本高效运营》的经验介绍,指出"通过将分散、有限的资源进行跨地域、跨领域的统一管理或整合使用,减少重复浪费、提升资源使用效率,实现规模效益。"这项提议获得国资委肯定。[②]

这样三方共治的监管结构并没有表现为三方互相制衡以确保运营商公平竞争市场格局的形成。尤其是具有更强直接控制力的国资委的强势介入,使得作为中央直属企业的中国移动、中国电信和中国联通都将实现各自企业快速扩张以增强实力的理念作为产业内企业行动的主要指引方向。由此,如何更加有效地利用三方共治的制度空间以及电信改革过程中形成的企业间独特的关系结构,制定出有利于自身利益最大化的战略选择成为决定运营商市场地位的决定性因素。

第三节 中国移动的战略选择

中国电信改革和电信产业监管结构形成的过程塑造了电信运营商企业之间特殊的关系结构,中国移动利用这种关系结构对三个主要竞争者:中国电信、中国网通和中国联通采取不同的策略。同时,中国电信产业的监管结构也为中国移动的战略选择提供了制度空间。正是利用了这样的

---

① 国资委首度评价电信央企获奖[N].通信世界:2007-12-3.
② 中国移动集中化管理获国资委肯定 通信世界网:2009-8-3.

关系结构和制度空间,中国移动通过施行打压竞争对手、维持垄断地位、塑造良好企业形象等战略,实现了中国电信市场竞争中"一股独大"的市场地位。

一、电信运营商间的"竞—合"关系结构

国家政策对一国经济中资源的配置有着重大影响,而这种影响对企业的策略选择和经济行动主体在互动中的相对机会至关重要(Lindberg and Campbell 1991:358—360)。在中国电信产业监管结构形成的过程中,电信运营商形成了"同根生"的中国电信、中国移动、中国网通三家运营商竞争合作并联合打压以挑战者使命成立的中国联通的特殊企业间的关系结构。在这种关系结构下,中国移动坚持双向收费以获得超额利润,在互联互通关键技术上打压中国联通,又利用擦边球业务拓展新业务,并利用与竞争对手结成联盟的方式割据市场以保持超额利润,从而快速做大做强。

电信产业改革的过程同时又是电信企业发展的过程,由于监管结构的变动形成了电信企业间特殊的"竞—合"关系结构:两家运营商联合起来共同打压另外一家运营商。在这种"竞—合"关系结构中,中国联通居于最不利的地位。在对中国电信进行业务剥离时,中国移动的人员最初几乎全部来自中国电信而形成了密切的人脉联系,两家运营商呈现某种意义上的"合作"关系,而两者与中国联通依然是竞争关系。南北方分拆之后,在固话业务上,中国电信、中国网通与中国联通互为竞争对手,但是由于中国电信主要在南方,中国网通在北方,中国联通则覆盖整个中国地区,这种经营地域的划分,使中国联通成为另外两家企业最直接的竞争对手。在电信企业间的这种"竞—合"关系结构下,中国联通成为其他三家运营商的"共同敌人",它们制约了中国联通的发展,而中国移动却因为在业务上与两家固话运营商不直接竞争,又与中国电信存在"合作"关系得以较为顺利地成长。

首先,由于中国电信、中国网通和中国移动三家运营商均隶属于原中国电信,存在着相当密切的人脉联系。中国移动成立之初便是中国电信的移动通信业务部门。当时中国移动的成立主要是依托广东、江苏两个移动通信公司,将原中国电信的移动通信部分进行剥离而来,其最初的大部分人员均来自原中国电信。当年组建管理层的时候,要求每个部门派一名副职到移动公司。虽然中国移动分离后与中国电信是完全独立的两个企业,但因为中国移动的人员最初全部来自中国电信,因此两个企业之间存在着相当密切的人脉联系。南北分拆后中国网通与新中国电信形成了在业务区域划分基础上的有限竞争,但因为跨区域竞争在最初几年并没有开展,两家企业在某些方面还有合作。例如,2002年9月6日,中国电信和中国网通签署《大客户营销合作协议》,主要针对的竞争对手就是中国联通。

其次,从业务层面看,中国移动除与中国联通有移动业务的直接竞争外,与中国电信和中国网通并无直接竞争关系,而全业务经营使中国联通成为其他三家运营商的直接竞争对手。固话业务直接与中国电信与中国网通形成竞争;移动业务直接与中国移动进行竞争。而其自身实力还不能与中国电信或中国移动的任何一家匹敌。当然,中国移动与中国电信、中国网通虽然存在替代性问题,但由于业务地域的区隔,并不存在与中国联通那样有如此直接的竞争关系,这也使得中国联通在事实上成为另外三家运营商的"共同敌人"。中国电信与中国网通之间虽然原来是一家,但其拆分主要是在省、市公司进行的,员工层面并没有太多彼此的联系,又由于其业务的同质化竞争,其相互关系不如与中国移动之间的关系融洽。

在这种"竞一合"关系结构中,中国移动与其他三家运营商相比,生存环境更友好,也因为其业务的单一性,只与中国联通一家构成直接竞争关系,在发展初期没有受到过多的排斥和打压,从而得以快速成长。尽管在移动业务对固话业务替代趋势日益明显的今天,中国电信和中国网通与其竞争的态势更加明朗,但由于中国移动已经获得了非常突出的地位优势,又得到国资委的支持和嘉奖,运营商企业层面的竞争受到了一定的限制,这就更有利于中国移动保持并扩大自身的领先优势。

二、中国移动利用政府监管结构和企业间关系结构获取垄断地位

中国移动在成长过程中利用原中国电信的人脉,并与中国电信和中国网通保持着合作关系,从而积蓄了发展的力量。在获得了国资委的明确支持后,利用信产部、发改委与国资委部门间监管目标和利益的冲突,一方面宣称"国有资产保值增值",坚持双向收费和高资费获取高额利润;另一方面又利用与中国电信和中国网通的人脉联系联合打压直接业务竞争对手中国联通;同时,在资费下调成为必然趋势的时候,中国移动在国资委和信产部的默许下,利用擦边球业务进一步推进企业价值增长,并同时挤压竞争对手,从而一步一步地获取垄断地位。

首先,中国移动打着"国有资产保值增值"的旗号,联合中国联通,坚持双向收费和高手机资费攫取超额利润。在移动业务的经营中,中国移动与中国联通是直接的竞争对手,但是在移动资费下调成为社会呼声的时候,中国移动联合中国联通以国有资产保值增值为由拒绝资费下调。话费收入一直在中国移动的主营业务中占80%以上,手机双向收费制度从移动业务诞生之日起一直延续至2007年。关于手机单向收费、取消月租费、漫游费下调、手机通话费下调以及网间通话费用下调等讨论一直是消费者以及社会舆论关注的焦点,但移动通话费用的下调一直处于非常尴尬的境地,一方面,这是全球大趋势,中国市场应与全球接轨;另一方面,移动居高不下的通话费用作为中国移动通信企业的重要利润来源一直被指斥为垄断的重要弊端。老百姓对与高资费并存的通信行业高工资的质疑声也很大,这都使信产部承受了很大的压力,也加剧了移动运营商"垄断""暴利"的形象。而中国移动与中国联通在此问题上形成稳固的同盟,在消费者要求通话费用降低的呼声中,常常以国资委对于国有资产的保值增值为由,拒绝资费下调。

其次,中国移动利用政府监管结构与企业间的关系,在互联互通关键方面打压中国联通。国内外一些观察者认为中国移动电话业市场行为的最大特点是互联互通难以实现。[1]中国电信凭借其对电话网络的垄断性控制对联通公司移动电话网和市话的接入给予种种限制，主要的策略是以各种技术、经济的理由或不置可否的办法，对联通的接入要求"拖"而不办，使中国联通网络难以互联互通；另外还存在接续费定价不当、交叉补贴等不正当的价格竞争行为。对中国电信的上述问题不易得到系统的证据，但可以观察到有关现象。如尽管是中国联通先决定要上GSM数字移动电话系统，且在发展之初两家差距不大，但1995年7月19日到1996年7月19日整整一年内，中国联通新建的GSM移动电话网没有一个能与中国电信的网络连通。这样中国电信和中国联通数字式移动电话的比例，1995年大约为4∶1，1996年迅速扩大到16∶1，1997年仍高达16∶1，两家的市场份额差距已极为显著。电信网络必须互联互通，中国联通不能进入电信网，其市场占有率当然很低。而在中国移动从中国电信剥离之后，凭借占优势比例的客户群，中国移动以网间结算成本过高和与用户数较少的中国联通相比不公平为理由，以设置网间通话和短信高收费的方式抵制互联互通。以移动短信互联为例，最近证据就是2008年北京移动单方面宣布，中国移动用户给中国联通用户发短信的单价从0.10元涨为0.15元，涨幅达50%。不难推测，仅此一招，中国移动用户给中国联通用户发短信的需求量就被抑制。[2]

再次，中国移动利用擦边球业务挤压竞争对手。在面对"移动市话"小灵通对中国移动利润产生巨大冲击时，中国移动又联合中国联通要求进行资费下调。2003年开始，随着小灵通[3]的快速发展，对中国移动和联通的移动业务产生了一定的影响，中国移动又联合中国联通要求信产部

---

[1] 关于中国电信对付联通的做法，见张维迎(1998)、余晖(1997)及联通提供的有关资料。外国专家的意见见DunCanClark(1997)。

[2] 周其仁. 非管制的互联互通. 周其仁个人网站. 真实世界的经济学：2008-9-13.

[3] "小灵通"无线市话(Personal access System，PAS)，是一种新型的个人无线接入系统。它采用先进的微蜂窝技术，通过微蜂窝基站实现无线覆盖，将用户端(即无线市话手机)以无线的方式接入本地电话网，使传统意义上的固定电话不再固定在某个位置，可在无线网络覆盖范围内自由移动使用，随时随地接听、拨打本地和国内、国际电话。

采取措施对这一问题进行解决。最终解决的结果毫无疑问只能从资费方面入手,但直接的资费下调遭到了中国电信与网通的激烈抵制。于是,中国移动和联通便采用了资费套餐的方式进行应对。如在广州市,2003年3月中国联通推出了"小灵通套餐",其实是一种移动电话的"市话套餐",其资费标准是:基本月租20元,在指定的区域内呼叫130、131、133用户0.15元/分钟(从化地区只需0.11元/分钟),呼叫其他电话用户0.2元/分钟,被叫10元包月①。中国移动随后也在广州市推出全球通"四大单向套餐"。20天内,前往广州中国移动分布在全市107家营业处(点)办理相关手续的"全球通"客户数,以日均4 000人。一路飙升。截至4月28日,"四大套餐"的总用户数已达8万多名。之后中国移动继续推出神州行大众卡,服务与资费"优惠"包括:在自己的小区范围内拨打本地电话或外地电话,基本通话费为0.2元/分钟,接听移动网内电话完全免费,接听移动网外电话0.2元/分钟,月租为26元。② 2006年5月8日,信产部在其网站上公布了《关于中国移动北京地区移动电话资费方案的批复》③,并以红色大字放于头条位置,允许中国移动在北京地区执行几项新的手机资费方案。新的话费套餐方案包括4款全球通本地套餐和两款针对全球通、神州行的"超级畅听"套餐。其中,4款本地套餐通话费最低可优惠至0.2元/分钟,"超级畅听"套餐接听电话更是最低达到每分钟两分钱,"接近单向收费。"5月17日,中国联通也出台了其在北京地区的资费下调方案,其中,CDMA网的"如意133"业务实行免费接听,主叫费用降至0.2元,长途最低可至0.3元,实现了单向收费;CDMA和GSM两网用户都可以选择一种"畅听王"套餐。④ 一系列的资费下调措施给快速发展的小灵通业务以沉重打击,2006年、2007年,小灵通市场全面萎缩。在此之后,虽然中国电信和中国网通向信产部进行申诉,但信产部和国资

---

① 小灵通杀出程咬金 联通抢闸推出"小灵通套餐" 南方网:2003—3—18.
② 移动再出手狙击小灵通 "大众卡"挺进广州市区[N]. 羊城晚报:2003—4—30.
③ http://www.miit.gov.cn/n11293472/n11293832/n11294327/n11303938/11641157.html.
④ 电信资费降价做秀 专家称仍有降价空间[N]. 第一财经日报:2006—5—23.

委对中国联通和中国移动的行为一直容忍,中国电信和中国网通只得无奈以移动业务对固话业务的冲击无法逆转宣告失败,并要求政府重组电信产业。

最后,中国移动为了迎合政府产业监管部门,树立良好公众形象,从而进一步获得政府的支持。信产部和发改委都是以市场化改革为导向,致力于推进产业内公平竞争,因此,对运营商普遍存在的问题,中国移动往往因其垄断地位而遭到信产部的批评。2006年信产部曾发文严厉指责中国移动的违规行为。[①] 对此,人民网网友发表评论:"中国移动这次被信息产业部点名的主要原因是一些擦边球业务,如果真要落实下来,几乎每个运营商各地的分公司都或多或少开展过擦边球业务。我们应该更多地鼓励市场竞争,做到公平、公正、公开,对于一些处于垄断地位的企业,有关部门应该加强监督、管理,从而保证社会和谐发展。"[②]对此,中国移动并未进行辩解,而是积极迎合信产部和发改委的目标,对两部委的倡导积极响应,并在信产部和发改委正式措施出台之前便开始行动。在2004年短信二次确认规范和对SP[③]的整顿,以及2006年清理资费套餐事件中,中国移动都积极响应政府部门的号召,其行动都早于政府相关政策的出台。2002年开始,随着移动业务的快速推广与普及,SP为提高销售和利润造成的短信欺诈事件频发,激起消费者极大反感。虽然移动运营商并未参与欺诈行为,但因作为短信平台获得巨额收入分成也使其成为消费者质疑的对象。2003年6月,中国移动高调处罚了新浪、空中网、北京洪讯电信等几大全网SP,8月全部暂停了短信代收费业务。[④] 2004

[①] 信产部408号文《关于要求中国移动通信集团公司加强经营管理自觉检查纠正违规经营行为的通知》

[②] 信息产业部发文指责中国移动五大违规行为[J].国际金融报:2006-9-18.

[③] SP(Service Provider)是指移动互联网服务内容应用服务的直接提供者,负责根据用户的要求开发和提供适合手机用户使用的服务。SP通过运营商提供的增值接口为用户提供服务,然后由运营商在用户的手机费和宽带费中扣除相关服务费,最后运营商和SP再按照比例分成。手机终端上的SP服务包括纯文本短信(SMS)它是最简单的SP业务。还包括用户可以获得各种个性化多媒体内容的彩信。除此以外,游戏、彩铃、交友社区、广告等都是增值业务。

[④] 中国移动"清理门户"意欲阻止SP坐大[NOL].人民网.2004-10-25.

年4月15日,信息产业部才正式发布《关于规范短信息服务有关问题的通知》,这份通知除了明确资费透明、订制确认和退订自由等多个规定之外,也同样明确了运营商和SP们的关系。2006年,由于移动资费下调压力带来运营商利用资费套餐欺骗消费者的行为,公众意见很大。中国移动率先推出"八项承诺",响应信产部关于资费混乱治理的号召,一方面在良好的公众反应方面取得先机;另一方面也得到了监管部门的肯定和支持。而信产部和发改委关于清理资费套餐的具体措施,直到2007年6月才正式出台。

第四节 2008年后的中国电信市场

2008年,中国电信产业在运营商企业重组之后进入新的历史阶段。本文之前对政府监管与企业战略互动的理论和实证研究也有了新的发展。但是,政府监管结构与企业战略选择共同建构的中国电信产业发展的基本结论仍然适用。

中国电信产业2008年出台的重组政策将原有的六家运营商合并为三家:中国电信、中国移动和中国联通。2009年政府又给三家运营商发放了三张不同技术制式的3G牌照。因此,在新的竞争格局中,3G到4G的技术路线选择成为市场争夺与成败的关键。中国移动利用国家"自主创新"的战略目标把持着对技术标准使用的主导影响力,并在TD-SCDMA处于3G劣势的情况下采用不断的4G测试换取政府对TD-LTE(TDD)在政策上的支持,保持了优于其他两家运营商与政府的博弈能力,继续"一股独大"。其营业收入在三家运营商中的占比一直超过50%,净利润则稳定在三家净利润总和的80%左右(见表2—6)。

表 2—6 2008～2014 年三家运营商总收入和净利润在行业中占比

运营商 年份	营业收入在行业占比(%)						
	2008	2009	2010	2011	2012	2013	2014
中国移动	55	55	55	53	51	50	53
中国电信	25	26	25	25	26	26	27
中国联通	20	19	20	20	23	24	20
	净利润在行业中占比(%)						
中国移动	74	83	86	86	86	81	79
中国电信	13	10	11	11	10	12	13
中国联通	13	7	3	3	4	7	8

资料来源：数据依据 2008～2014 三家运营商年报计算。

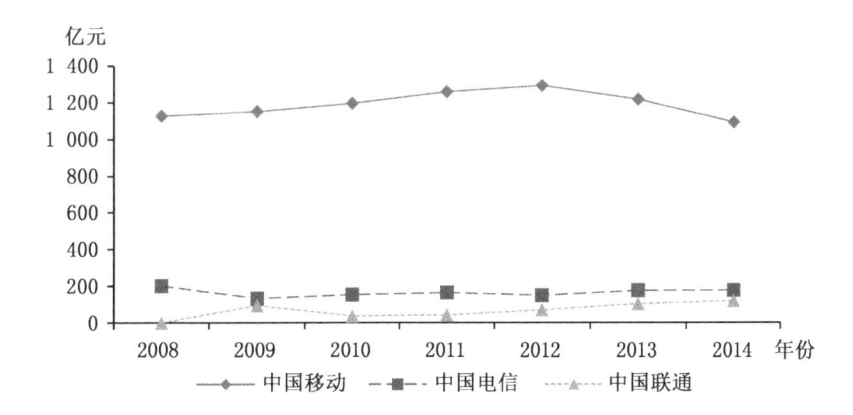

注：1. 数据引自 2008—2014 三家运营商年报。
2. 电信数据除去前期摊销连接费用。

图 2—4 2008～2014 三家运营商总收入

虽然在重组后新的发展阶段中呈现出技术快速变化的新特征，但在技术路线选择的背后，仍然是国家监管与运营商企业战略的持续互动。因此，对电信市场的研究依然可遵循之前的分析框架：首先，国家监管结构中新增加的"自主创新"战略目标给中国移动以获取支持和主导技术选择的力量。其次，中国移动利用不同的策略，促使政府在 3G 和 4G 技

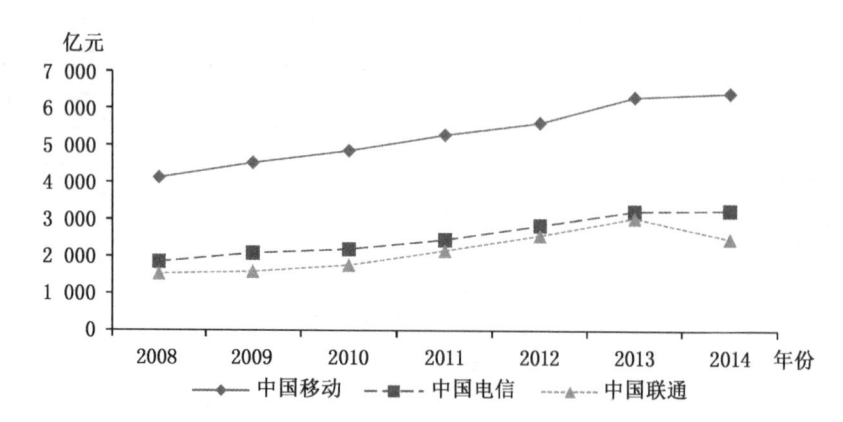

注：2008年中国联通的净利润有很多计算方式，图中的数据根据归属于上市公司股东的部分计算。

图2—5 2008～2014三家运营商净利润

许可选择中制定对其有利的政策，保持了自己的优势地位。

一、新的监管目标："自主创新"的国家战略

尽管2008年电信重组后，电信产业的监管结构没有改变，但监管目标在国资委所持的"国有资产保值增值"、工信部的"产业内部均衡竞争"基础上，增加了"自主创新"这一国家战略目标。[①] 而中国移动最早进行研发的TD-SCDMA就是我国自主研发的3G制式，成为中国移动获取国家支持的重要砝码。

TD-SCDMA是在2006年被国家信息产业部规定为中国移动通信行业标准。2009年1月7日，工业和信息化部向中国三家基础电信运营商发放了3G业务经营许可，除中国移动的TD-SCDMA是我国自主研发的3G制式外，中国电信的CDMA2000和中国联通的WCDMA均是在西方发达国家已经较为成熟的商用3G制式。虽然TD-SCDMA较之其他两

---

① 2007年11月17日，中国共产党第十七次全国代表大会，胡锦涛在会上代表第十六届中央委员会向大会作报告时指出，提高自主创新能力，建设创新型国家，这是国家发展战略的核心，是提高综合国力的关键。

种 3G 制式技术上不够成熟,但由于其具有自主创新的性质而得到了政府的支持。2010 年 4 月,工信部等八个部委联合发布了《关于推进第三代移动通信网络建设的意见》,明确指出 TD-SCDMA 作为国家自主知识产权标准的重要意义与地位。[1]

TD-LTE 是 TD-SCDMA 自然演化序列的 4G 技术制式,虽然并非完全国产,但是我国众多有国资背景的厂商的投入以及技术占比使得中国政府必然更重视 TD-LTE 技术在 4G 时代的优势,为了让中国在国际电信领域能够在技术标准上获取更多的主动权,中国政府在 4G 未全面成熟的情况下,提前向三大运营商发放了 4G(TD-LDE)牌照,显然中国联通和中国电信由于成本和技术考虑不可能直接将其所有的 3G 网络演进至 TD-LTE,这一政策举动帮助了 TDD 在市场占有上取得了绝对的领先优势。经过 1 年半后,中国电信与中国联通才获得了 FDD-LTE 牌照,中国的 4G 时代才真正来临。3G 和 4G 的发放方式与国家发展通信技术的自主创新战略在行动逻辑上是一致的。

二、中国移动的战略博弈:3G 到 4G 技术的控制与选择

中国移动在 2008 年重组后面对持有国际成熟 3G 技术制式牌照的新电信和新联通,在移动技术上失去了部分优势。因此在 3G 时代来临时其对 TD-SCDMA 商用一直拖延,并在 TD 固有技术缺陷无法改进的情况下,促使政府提前发放其自然演化序列的 TD-LTE 牌照,使得电信和联通无法与其在 4G 技术层面展开竞争,从而再次奠定了竞争优势。

3G 时代中,尽管中国移动利用 TD-SCDMA 的研发获得了政府监管部门的支持和投入,但技术的不成熟毕竟存在巨大的市场风险。中国移

---

[1] 工信部联通(2010)106 号,《意见》指出:"发展 3G 是 提升自主创新能力和相关产业竞争力的重要手段,也是应对金融危机影响,实现扩内需、保增长、促就业的重要举措,对于我国国民经济和社会长远发展具有重要意义。TD-SCDMA 是我国通信业第一个拥有自主知识产权的 3G 国际标准,对于建设创新型国家,加快产业结构调整和优化升级,保障网络与信息安全具有重要意义。"

动一直在争取 WCDMA，直到 2006 年也没有放弃①。但迫于压力，必须接受 TD-SCDMA 之势已定的情况下，移动希望 TD-SCDMA 能有更长的时间成熟②。为了实现在奥运会前开通 3G 的承诺，政府不得已在 2009 年 TD-SCDMA 还未成熟的情况下开始了 3G 的商用，并引入 WCDMA 和 CDMA-2000 作为补充。这就是中国政府在 2009 年 1 月给三家运营商发放了三张不同的 3G 牌照的缘由。

然而，由于终端厂商的不跟进和 TD 固有的技术缺陷，中国移动为了谋求更稳固的市场地位和把控未来，很早就布局了其技术演进序列的 TD-LTE 技术制式，③并通过不断测试的方式换取国家对 TD-LTE(TDD)在政策上的支持。④ 中国政府在 2013 年 12 月 4G 未全面成熟的情况下，向三大运营商发放了 4G(TD-LTE)牌照，这一政策举动帮助 TDD 在市场占有上取得了绝对的领先优势。经过一年半后，也就是 2015 年 2 月，中国电信与中国联通才获得了 FDD-LTE 牌照，在建网和商业应用上都落后中国移动一步。从 2015 年 2 月 12 日中国移动公布的数据中看出，4G 用户已经超过 1 亿，相关分析显示移动的市场占有率已经高达 97%。

---

① 2006 年 2 月 15 日按照业界预测，首张牌照很可能是向固网运营商颁发 TD-SCDMA 牌照，中国移动近来被视为是官方指定运营 TD-SCDMA 的热门运营商之一。不过，王建宙委婉地表示，中国移动有信心在北京奥运会之前推出 3G 服务，这意味着中国移动有可能按照现有路径升级至 WCDMA。这番言论等于间接否认了中国移动将成为 TD-SDCMA 网络运营商的传言。

② 2007 年 5 月 17 日，据香港媒体报道，中国移动董事长王建宙昨日对媒体透露，中国 3G 牌照发放时间须待中国移动 10 月完成 TD-SCDMA 测试后才有眉目，暗示在此之前中国 3G 发展进程将会维持现状。

③ 2012 年 8 月，中国移动研究院院长黄晓庆表示，随着移动互联网的迅猛发展，当前，制约移动互联网发展最主要的瓶颈是移动通信网络新接入技术的建设和使用，因此需要马上进入 4G 商用阶段。

④ 2013 年，中国移动董事长奚国华曾表示，今年将实施 TD-LTE"双百"计划，TD-LTE 网络覆盖将超过 100 个城市，TD-LTE 终端采购将超过 100 万部，构建成全球最大的 LTE 网络。根据 2013 年 2 月中国移动在世界移动通信大会上透露出的信息，继 2012 年建成 2 万个 TD-LTE 基站后，中国移动 2013 年将建成 20 万个基站，总投资额高达 1 800 亿元。

本章小结

电信产业作为国家严格管制产业,其市场结构与国家政策的作用密切相关。中国电信产业市场结构在以信产部为代表的"市场派"思想指导下,经历了由垄断到双寡头,再到多竞争主体的转变,试图建立充分均衡的市场竞争结构,但结果却是由中国电信一家独大发展为中国移动一股独大。这种格局的根源并非移动技术的优势胜出,而是中国电信企业在实际控制人——国资委的领导下,与信产部的竞争路线相背离,通过打压中国联通、依靠垄断获取超额利润快速成长为超大型企业的方法,继续巩固甚至扩大着其垄断的利益。因此,中国电信产业的监管结构与电信产业发展过程中形成的企业间关系是中国电信产业市场结构失衡的原因所在。

中国电信产业市场结构的形成,充分向我们呈现了国家直接使用影响治理机制的选择来构架经济的情景——尽管此文中的政府存在两股力量:一股是代表市场取向的信产部,另一股则是代表国家垄断获取国家利益的国资委。如果说中国电信产业前两次主辅拆分与南北拆分是以信产部为代表的自由竞争逻辑进行改革重组的话,那么,随后的电信改革面临着两种逻辑的斗争与取舍。中国电信改革新一轮政策已于 2008 年 5 月 23 日出台,"六合三"的方案兼顾了"均衡竞争"与"保持企业现有的实力",体现出两种逻辑共同作用的结果。电信产业内部的运营商企业,利用了这种特殊监管结构,迎合有利于自己的目标而规避甚至抵制不利于自己的政策。中国移动便是充分利用这种政策空间,快速做大做强,实现了自己"一股独大"的地位。

本章以电信产业为例,阐释了国家作为行动主体和一种结构对经济的建构过程。一方面国家作为行动主体,通过产业政策和产权操纵的方式作用于市场和企业;另一方面,国家部门形成的监管结构又为企业行动的选择提供了决策空间。企业作为行动主体也没有完全被动地接受国家的控制,而是在监管结构决定的战略决策空间内,与作为行动主体的政府部门进行互动,并最大化自己的利益。政府监管结构与企业战略选择共同建构了中国电信产业市场发展的逻辑与进程。

第三章 中国电信产业的国家建构

——以 3G 到 4G 为例

第一节 研究背景与研究问题

1998年之后，中国建立了信息产业部推进了电信行业里业务与管制的分离，极大地推动了中国电信产业管制体制的发展。然而，由于信息产业部的地位不明确，也不具备独立的管制权利，只接受国务院的直接领导。同时，发改委在宏观政策制定与规划中的横向制约以及国资委中组部对人事考核的把控，使得中国电信行业内的行动者处于一个复杂而尴尬的位置。企业的经营者间以及与政府部委之间的人事变动，使得企业与管制部门的博弈能力得到提高。另外，中国政府部门所认定的国家战略利益又要与电信产业内的主体经营者捆绑，因此国有企业是国家实现战略目标的手段。在4G逐步成熟并且进入商业应用阶段，这次电信产业的重组与牌照的发放，以及中国通信设施服务有限公司的成立，不仅是中国政府推动市场化改革的契机，也是技术变革的延伸。2001年中国加入WTO，为了迎合世贸组织的标准，中国针对垄断性行业展开了一系列改革，对电信行业的运营主体进行了重组，但是各自经营业务并不重合，最后主要形成了中国网通、中国卫通、中国联通、中国铁通、中国电信和中国移动6家通信网络服务公司，然而运营主体之间的竞争关系并不明确。

到了2008年,3G技术已广泛商用,为了让国产TD-CDMA技术能够推广,又为了进一步推进改革,运营商都获得了全业务经营的牌照,中国移动作为垄断市场的优势方,承担了发展TD-SCDMA的重任,这意味着中国移动要重新组网并要投入大量成本。而中国电信从中国联通收购了CDMA网络获得移动网经营的权力,中国联通分离GSM和CDMA网络,兼并中国网通也取得了宽带业务的牌照,至此三大运营商格局形成。到了2014年,中国移动获得TD-LTE的牌照,4G牌照重新塑造了不同运营商之间的资源禀赋与竞争格局。

随着3G技术的日渐成熟,不同发展程度的经济体内的通信企业都相应地开始商业化运用3G技术,以提高移动通信的服务质量获取更大的市场利润。然而技术的变迁和一个国家的经济水平并不能决定3G技术是否能进入市场。中国商用3G的时间无论对比发达经济体还是相对于落后的经济体而言都太迟了,表3—1可以说明该问题。

表3—1　　　　　　　部分发达经济体商用3G时间

	日本	欧洲	韩国	中国香港
各国3G商用时间	2001年NTT DoCoMo开通WCDMA	2003年,和记黄埔(H3G)第一个在欧洲推出了3G商用服务	2000年10月,SK Telecom就推出了世界上第一个商用CDMA2000 1X	2004年1月27日,中国香港正式开通商用3G网络

巴西(2001年12月)、智利(2002年7月)、越南(2003年7月)、巴基斯坦(2005年1月)、中国台湾(2003年7月)、秘鲁(2003年11月)、墨西哥(2003年1月)、印尼(2002年12月)、印度(2002年11月)、罗马尼亚(2001年12月)、俄罗斯(2002年12月)以及哥伦比亚(2002年10月),分别在表3—1所列时间布局了3G。[①]从表3—1中我们可以看出,无论在发达国家(地区)或经济水平不如中国的地区,WDMA和CDMA2000技术本身在各个国家都已经普遍商业化应用,而中国直到2009年才发放3G

[①] 周其仁,《竞争与繁荣—中国电信业进化的经济评论》中第三章从IP电话到3G,中信出版社,2013—08

的技术牌照。国外 3G 牌照往往以拍卖或类似的形式发放,由于技术的成熟使得通信服务的运营商有利可图,他们往往会花大量成本购买牌照组织建网,这一情况并未在中国发生。周其仁在其文章中也批评监管者没有尽早地发放 3G 牌照,因为早点发放 3G 牌照显然对于提高用户 ARPU 值和中国电信产业的发展是有好处的,但是中国政府并未紧跟发达国家的脚步发放 3G 牌照。另外,中国政府发了 3 张不同技术制式的牌照,而不统一发一张牌照或者二张牌照是什么原因,对此市场结构决定论和技术外生论并未给出很好的回答。

到了 4G 时代,中国先后在 2 个不同的时间点推出 TDD-LTE 和 FDD-LTE 的牌照。2013 年 12 月,三大运营商都获得了 TD-LTE 牌照,而 2015 年 2 月,中国政府才发放 FDD-LTE 的牌照。国家为什么要以这样的方式和时间来推出 3G 和 4G,是本研究主要试图回答的问题。

第二节 国家与市场建构

经济学将国家和技术都视为一种外在的变量,国家作为市场的补充可以帮助或破坏资本。对于制度主义学派来说,国家不仅仅是一种外生变量,它可以从根本上影响经济组织的形式,正如 Lindberg 与 Campbell 所言:"政治并不是凌驾于经济之上,它直接渗透在经济结构中。"(Lindberg and Campbell,1991)

一、组织制度主义的视角

不同于大多数经济学家把政府行为当作是一个外生变量,组织制度主义学者强调国家建构与市场建构是一个相互交织而不可独立的过程,国家可以被理解成以一系列政策束的场域,每个场域构成了政治行动者的舞台,而这个舞台代表了不同利益集团的组成并实现自身利益(高柏,2008),当意识形态的原则被应用到支持特定的政治实践,政治事件会由于特定的历史原因而获得其特殊意义。每个国家都存有核心而不可变更的政治原则。在道宾(Dobbin,2004)的分析框架看来,从 3G 到 4G 的过程,是中国政府利用其在政治上的集权规制的逻辑来组织产业发展。弗雷格斯坦(Fligstein,1991)认为,企业在某段时期的经营决策和商业实践反映了该时期的宏观制度,这也部分解释了为何在特定时刻下,电信产业内处于不同产业链位置的企业能够与政府合作。国家对于电信产业的规制首先出于是一种合法性逻辑的延续的深层动机,中国缺乏独立的规制机构,而国务院为了实现其在宏观经济管理与国家利益的条件下,利用政治的集中性来解决产业问题与推动国有企业发展的战略,而产业或国有企业的发展最终的目的是维持效用合法性增长。同时,国家建构逐渐利用市场的力量来达到其符合国家利益的战略。对于组织制度学派而言,在中国的制度大背景下,市场建构的结果必然是国家建构的一个部分,国家与市场在某种程度上是相辅相成、相互交织的过程。但是有一些疑问仍然未能解决,电信行业被国家的不同部委监管,不同部委的利益冲突是否会影响政府治理的政策逻辑。从时间跨度看,从 3G 到 4G 的时间过程较短,组织制度主义的分析可能有其独特的优势。

二、历史制度主义的视角

历史制度主义学者认为司法权、立法权与行政权的分离,以及不同部门为了权威与利益而进行斗争会导致一个不稳定的政府治理结构(Campbell and Lindberg,1991)。另外国家会通过改变政府治理的模式从而塑造经济,无论是直接或间接,国家可以影响经济生活中的资源和信息的生产和配置,在我们的研究中体现为国家对于技术的操纵来实现约束经济活动中的经济主体。历史制度主义的分析框架较为宏大,而我们研究的时间跨度较小。另外一个问题是在中国的政策背景下,即便存在不稳定的治理结构,实践层面,从 3G 到 4G 的过程中让中国移动承担的 TD 网络制式的运营,究竟是对中国移动的非对称性管制还是为了实现国家利益。自始至终,政策逻辑是否发生过改变,这些问题还未得到统一的答案。

三、分析框架

国家在建构电信产业的过程中是依照自己的政治逻辑来进行的,作者认为,从 3G 的发展到如今的 4G、5G,国家通过产业战略的设定,技术标准的控制和企业绩效的把控使得电信产业的发展要符合国家利益而单纯市场利益的最大化。其根本就在于两次技术条件的变革必须符合"自主创新"的国家战略和经济增长的需求。但是,发展并非一帆风顺,国家的行为也受到市场内行动主体的制约。我们可以在图 3—1 中看到,技术的价值要在终端商处得以实现,而运营商提供这个价值实现的平台。因此,运营商和终端商有了与政府进行博弈的可能。与此同时,这种合作与博弈还要依赖于技术条件的变化,国家得以通过对技术标准在执行过程中的行政垄断来制约终端商和运营商的行为。

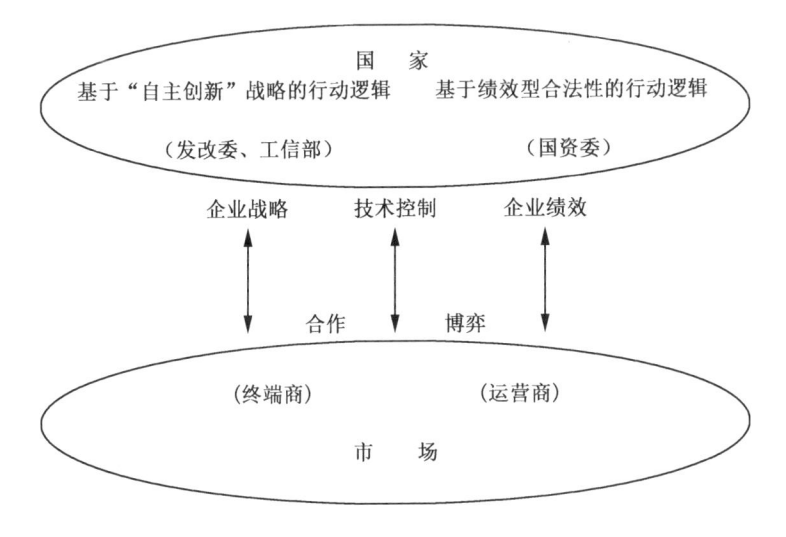

图 3—1 国家与市场作用机制的分析框架

在下文中,我们会依据这个框架对电信行业从 3G 时代过渡到 4G 时代进行分析,阐述国家是如何通过不同的产业战略、技术控制和评估企业绩效来达到对电信产业的塑造,而同时,终端商与运营商又是如何利用自身的资源改变国家的行为,最终来解释和回答我们的研究问题。

第三节　国家塑造电信产业的机制分析

一、基于绩效型合法性的行动逻辑

诺斯认为,"路径依赖"类似于物理学中的惯性,事物一旦进入某一路径,就可能对这种路径产生依赖。这是因为,经济生活与物理世界一样,存在着报酬递增和自我强化的机制。中国的国有企业改革从开始就是带有计划性质的,自上而下的改革决定了政府对于产业政策的安排是以政府本身为出发点,是为经济增长的合法性服务。"如果一个国家的统治的正当性是基于一个被民众广为信仰的价值体系,我们可以说这个国家的的统治是基于意识形态的合法性。如果一个国家统治的正当性来源于国家向社会提供公共产品的能力时,这个国家的统治则基于绩效的合法性。如果一个国家的领导人是通过大多数人所认可的程序产生,这个国家的统治则基于程序的合法性。(赵鼎新,2012)"我国政府从1998年开始推进国有体制改革,其目的是以经济手段解决政治与社会等意识形态领域的问题,这是我国政府在制定政策时最重要和基本的思考路径。同时,长久以来官员对于企业的计划思想导致了政策的制定容易与企业本身的利益脱钩,为了实现特定的政治目标,是可以牺牲或者有意地避免了企业利益的最大化。

中国政府对于电信产业的规制和引导必然符合大背景下国有企业改革的政治逻辑,在中共中央十五届四中全会通过的《关于国有企业改革和发展若干重大问题的决定》中明确指出:"到2010年,国有企业改革和发展的目标是:适应市场经济体制与经济增长方式两个根本性转变和扩大对外开放的要求,基本完成战略性调整和改组,形成比较合理的国有经济布局和结构,建立比较完善的现代企业制度,经济效益明显提高,科技开发能力、市场竞争能力和抗御风险能力明显增强,使国有经济在国民经济中更好地发挥主导作用。"另外,"发展壮大国有经济,控制国民经济的命脉,对于发挥社会主义制度的优越性、增强我国的经济实力和国防实力,具有十分重要的作用。"因此,政府对产业的发展投资和规划最终要与经济发展的形势挂钩。

从图3—2中我们可以看出,2008年经济大幅度下滑,而在2013年中国经济总量年增速30年来第一次低于8%。而这两个时间点正好是3G和4G牌照发放的时刻,中国政府在不同的公开场合表示,希望3G和4G的商业化应用能带动投资从而扩大内需。经济增长是中国政府30年来最大的合法性来源,促进经济发展也是产业政策的基本逻辑。

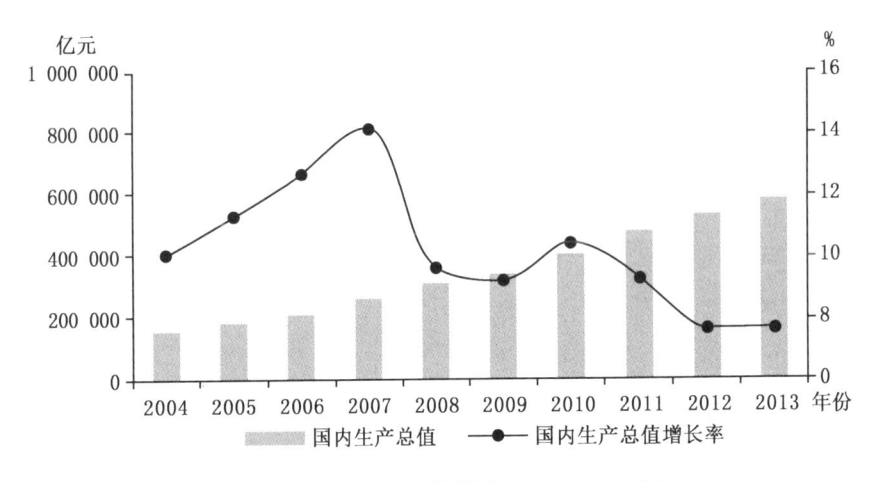

图3—2 国内生产总值增速(2004～2013年)

2008年12月31日,国务院总理温家宝主持国务院常务会议时决定,同意工业和信息化部按照程序,启动牌照发放工作。此时正值国际金融危机的发酵时刻,中国的经济增速开始减缓,国务院颁布的十大产业振兴规划中就提到了对通信服务业的发展。3G牌照的发放无疑是中国政府用促进内需的一个措施来促进社会投资刺激经济。而4G牌照的发放时机又再一次选在了当时中国经济发展减速的条件下,4G的商用被明确为实现"十二五"规划中信息消费规模年增长20%助力。从图3—3的时间轴我们可以看出,3G和4G牌照发放时机与总体经济形势之间的联系。

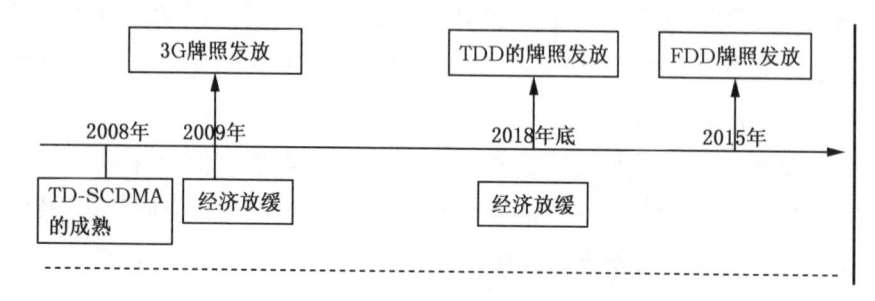

图 3—3 我国 3G 和 4G 牌照发放时间顺序

很多产业发展关键决策并不是完全出于市场需求或自然的技术变迁所导致，而是出于特定政治体制下，"以经济发展为中心"这一命题出发的政策惯性以及国家战略的考虑。这就部分解释了为什么要在 2009 年这一时点发放 3G 牌照，此时中国正受到金融危机的冲击，经济增长放缓。而到 2014 年时，我国 3G 还处于培育期，业务成熟度和回报期都不能弥补前期的大规模投资，在这个时间点发放 4G，符合政府由于对绩效型合法性建构的需求而制定政策，寄希望以新技术的广泛推广来制造更多经济增长的空间，这一过程中政府有很大的控制与操作空间。

二、基于"自主创新"战略的行动逻辑

科技政策体现了政治主体对科技活动的价值选择，对于电信产业的安排可以看出政府出于国家利益的考量是如何塑造电信产业格局的。出于制度的惯性，作为中国电信产业的规制部门从来不具有独立而完整的职能，工信部很大程度上受制于发改委对于产业总体规划布局的限制和国家高层决策的指挥。

2006 年 1 月 9 日，时任国家主席的胡锦涛在全国科技大会上宣布中国未来 15 年科技发展的目标：2020 年建成创新型国家，科技发展成为经济社会发展的有力支撑。2006 年 1 月 20 日，国家信息产业部规定 TD-SCDMA 为中国移动通信行业标准。《国家中长期科学和技术发展规划

纲要（2006~2020年）》在2006年发表,提出要把自主创新提高成为国家战略。2007年11月17日,中国共产党第十七次全国代表大会召开,胡锦涛在会上代表第十六届中央委员会向大会作报告时指出,提高自主创新能力,建设创新型国家,是国家发展战略的核心,是提高综合国力的关键。

2010年4月,工信部等八个部委联合发布了《关于推进第三代移动通信网络建设的意见》[工信部联通（2010）106号]。《意见》指出:"发展3G是提升自主创新能力和相关产业竞争力的重要手段,也是应对金融危机影响,实现扩内需、保增长、促就业的重要举措,对于我国国民经济和社会的长远发展具有重要意义。TD-SCDMA是我国通信业第一个拥有自主知识产权的3G国际标准,对于建设创新型国家,加快产业结构调整和优化升级,保障网络与信息安全具有重要意义。"

发展TD-SCDMA和TDD作为国家实施创新型国家战略的重要内容,使得政府政策的出发点落在扶持和培育自主创新能力上,在2009年推出3G的原因主要在于:(1)等待国产TD-SCDMA技术的成熟。实际上在2005年时已经由于技术原因而延迟了3G的测试导致政府不得已延迟了3G商用的时间,而早在2000年初,西方发达国家已经开始大规模商用3G网络。(2)为了实现在奥运会前开通3G的承诺,政府不得已在2006年TD-SCDMA还未成熟的情况下开始了3G的商用,并引入WCDMA和CDMA-2000作为补充,这是由于中国处于国有体制改革和市场化推进的过程中,引入这两种技术标准是对国有体制改革在制度上的突破,希望借此打破中国移动在移动通信领域的绝对优势地位。另外WCDMA和CDMA-2000的发放还受到终端商和运营商等多因素的牵制。(3)运营主体的选择,中国政府将中国移动作为运营3G和4G的主体,是因为中国移动在运营通信移动服务的经验上更丰富,其企业的实力背景也更加雄厚,对于重新建网的成本负担能力更强,同时大量的客户基础能让中国国产的TD-SCDMA技术在3G诞生开始就有稳固的客户使用量。

TD-LTE 虽然并非完全国产，但是我国众多有国资背景厂商的投入以及技术占比使得中国政府必然更重视 TD-LTE 技术在 4G 时代的优势，为了让中国在国际电信领域能够在技术标准上获取更多的主动权，中国政府在 4G 未全面成熟的情况下向三大运营商发放了 4G 牌照，显然中国联通和中国电信由于成本和技术考虑不可能直接将现有的 3G 网络演进至 TD-LTE，这一政策举动帮助了 TDD 在市场占有上取得了绝对的领先优势。又过了 1 年半后，中国电信与中国联通才获得了 FDD-LTE 牌照，中国的 4G 时代真正来临。所以 3G 和 4G 的发放方式与国家发展自主通信技术的战略在政治逻辑上是一致的。

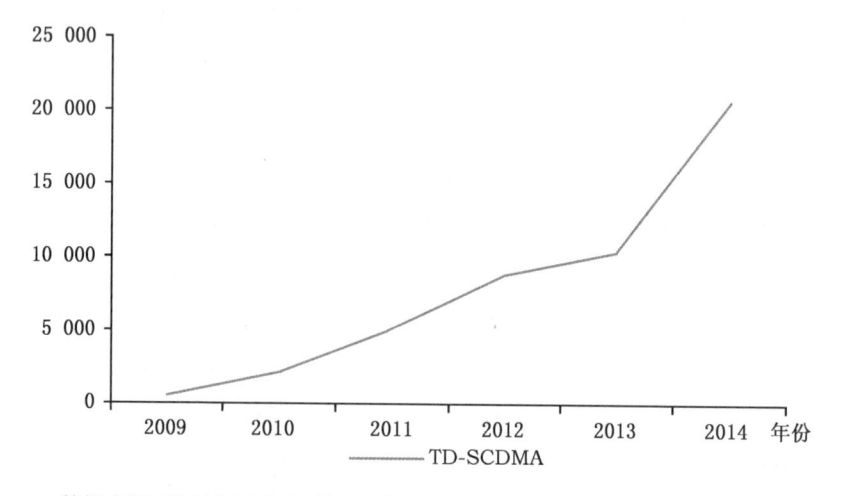

数据来源：根据中国移动财报 工信部相关新闻数据发布整理。

图 3—4　TD 用户数量增长示意

从图 3—4 中我们可以看出，TD-SCDMA 的普及速度相当快，移动 3G 用户到 2014 年已经突破 2 亿，根据 2015 年 2 月 12 日中国移动公布的数据，4G 用户已经超过 1 亿，相关分析显示移动的市场占有率已经高达 97%。从现实层面看，移动凭借着国家对其技术标准的支持率先推出了 TD-LTE 模式，而中国联通在 2015 年 2 月才获得 FDD LTE 牌照，在建网和商业应用上都落后中国移动一步。TD-SCDMA 和 TD-LTE 由于国家的战略扶持,在市场上都取得了较大优势。

第四节　国家与市场的互动

一、企业战略

我们可以看到,表3—2和图3—5中的人员作为央企的实际管理层,位置是尴尬的。三大运营商在市场上的定位是竞争者的关系,但实际上都对国资委负责,负责实现国务院对国企的改革目标。这样的运营商之间管理层的调换在中国电信业内并不罕见,部分管理层也会转入政坛成为官员。从政府及企业决策层上来看,运营商之间并不存在根本上的竞争关系。这就导致在实际操作层面政府不可能完全依照市场关系来运用政策及法规去平衡各个运营商之间存在的先天不平衡状态。对于实际经营者来说,职业经理人的双重身份,即既是官员也是企业法人,政府可以通过对他们的绩效考核来调整和规制产业的发展,同时人事组织的变动也会影响政策的执行。

表3—2　　　　　　　2008年电信业重组中的人事变动

	中国电信	中国移动	中国联通	中国网通
王建宙		董事长,职位不变		
张春江		调任党组书记		原总经理
王晓初	总经理职位不变			
尚　冰	调任党组书记		原总裁	
常小兵			筹备组组长,原总经理	
左迅生			筹备组副组长	原总裁
杨小伟	调任副总经理		原副总裁	
李正茂		副总经理	原副总裁	

	组成	高管	业务	用户规模
新移动	中国移动+中国铁通+TD-SCDMA	王建宙+张春江+赵吉斌等	TD-SCDMA网络,固网	移动:3.866亿(GSM) 固话:原铁通21(百万)用户, 宽带:原铁通4(百万)用户
新电信	中国移动+CDMA网络+CDMA2000	王晓初+尚冰等	CDMA网络,固网	移动:4192.6万(CDMA) 固话:2.28亿 宽带:3817万 小灵通:约5400万
新联通	中国联通(-CDMA网)+中国网通+WCDMA	常小兵+左迅生等	WCDMA网络,固网	移动:1.20564亿(GSM) 固话:1.1878亿,其中无线市话2868万 宽带:2266万 小灵通:约2400万

资料来源:搜狐IT整理 http://it.sohu.com/s2005/dianxinchongzu.shtml.

图3—5 2008年电信业务重组变化

企业管理层的法人性质使得企业管理层不得不对市场负责,需要为自己的企业谋得最好的发展前景,因此,运营商之间对3G和4G牌照内不同标准的争夺和时机的选择战略也有所不同,他们的言论和企业的行为都最终影响到政府牌照发放的方式和时机。运营商之间,运营商和政府之间,在不同时间和背景下与政府采取合作和博弈的策略来谋求企业自身的发展,从以下的言论内容中我们可以做进一步的分析。

以下是中国移动的立场。

2005年12月13日王建宙表示,中国移动在3G技术路线演进中,依然看好HSDPA技术(WCDMA升级版)。这项技术能够令中国移动在全球3G市场中,获得后发优势。但王建宙同时拒绝透露任何关于3G牌照的信息。

2006年2月15日按照业界预测,首张牌照很可能是向固网运营商颁发TD-SCDMA牌照,中国移动近来被视为是官方指定运营TD-SCDMA的热门运营商之一。不过,王建宙委婉地表示,中国移动有信心在北京奥运会之前推出3G服务,这意味着中国移动有可能按照现有路径升级至WCDMA。这番言论等于间接否认了中国移动将成为TD-SDCMA网络运营商的传言。

2007年5月17日,据中国香港媒体报道,中国移动董事长王建宙昨日对媒体透露，中国 3G 牌照发放时间须待中国移动 10 月完成 TD-SCDMA 测试后才有眉目，暗示在此之前中国 3G 发展进程将会维持现状。

中国电信和中国联通的立场。

2005 年，中国电信董事长兼首席执行官王晓初在股东大会后表示：国家将于 2008 年前推出 3G，这对中国电信是个利好消息。

2006 年，王晓初这样说道，"如果我们希望 2008 年可以推出 3G 服务，那么发牌的日期确实不能再拖了。因为与固网业务不同，移动网络需要更多的时间来对服务进行优化和改进。"

2006 年，在中国香港例行的一次分析师会议上，张春江（时任中国联通董事长）表达了自己的看法："我个人的看法是，3G 牌照发放问题将于今年某个时间得到解决，网通可能拿到相应牌照。"中国网通高级副总裁左迅生亦在一旁补充表示，公司拿到 3G 牌照后，将向用户提供更多服务，从而最终有利于提高销售收入。

资料来源：作者根据历年新闻稿整理。

从上述言论可以看出，在 3G 时代，中国移动一直在争取 WCDMA 直到 2006 年，从开始积极面对 3G 服务，到 2007 年的态度转变。中国移动希望 TD-SCDMA 能有更长的成熟时间，希望维持 2G 时代的一家独大优势。另外两大运营商又有所不同，我们可以从下面的言论中加以分析。对于中国电信来说，早日运营移动通信服务业务本身对公司就是利好，而中国联通也迫切希望通过 3G 牌照的发放来打破中国移动寡头垄断的格局。三大运营商的高层不断表态，给资本市场以期许，直接或间接地向政府管制部门表达自己的意愿，希望行政部门的产业政策能朝有利于自己的方向倾斜。

以下是中国移动的立场。

2012 年 8 月，中国移动研究院院长黄晓庆表示，随着移动互联网的迅猛发展，当前，制约移动互联网发展最主要的瓶颈是移动通信网络新接入技术的建设和使用,因此需要马上进入4G商用阶段。

2013年,中国移动董事长奚国华曾表示,今年将实施TD-LTE"双百"计划,TD-LTE网络覆盖将超过100个城市,TD-LTE终端采购将超过100万部,构建成全球最大的LTE网络。根据2013年2月中国移动在世界移动通信大会上透露出的信息,继2012年建成2万个TD-LTE基站后,中国移动2013年将建成20万个基站,总投资额高达1 800亿元。

以下是中国电信和中国联通的立场。

2012年3月22日,在出席业绩发布会时,中国联通董事长常小兵表示,有关4G牌照政策,经过管理层的研究,决定将坚定不移走现有技术路线,即FDD制式的4G网络。

2012年3月21日,在中国香港出席业绩发布会时,中国电信董事长王晓初透露了真实想法:中国电信希望获得FDD LTE牌照,但如果未来政府不发给FDD LTE牌照,那就将与中国移动共同建设TD-LTE网络或者租赁中国移动的TD-LTE网络。

2014年,中国电信董事长王晓初表示,由于竞争对手推出4G服务及加强营销推广,希望政府尽快扩大试点至50个城市。今年6月,中国电信获得了在16个城市进行TDD/TDD混合组网试点许可,但比预想的试点城市少了很多,令人惊讶的是,连广州都未成为中国电信的4G混合组网试点城市。

资料来源:新浪网,http://tech.sina.com.cn/t/2013-03-22/03188170931.shtml。

在4G牌照发放之前,中国联通和中国电信的高层都通过各种方式来表达对于FDD制式的强烈需求,其实是不断在向政府寻找博弈的空间,从技术上来看优先发放TD-LTE的牌照对中国联通和中国电信没有任何优势,并会让其与移动在4G的竞争中处于先天劣势,这一点我们可以从图3—6中分析。

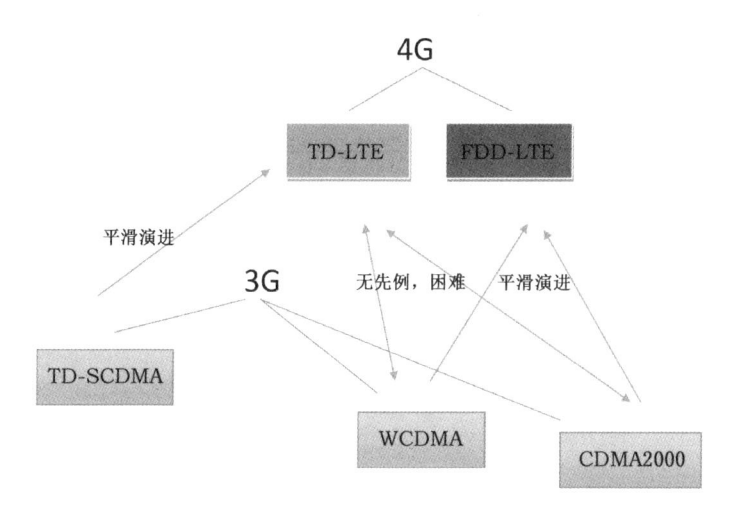

图 3-6　3G 与 4G 技术之间的联系

由图 3-6 中我们就能看出，中国电信与中国联通所掌握 WCDMA 和 CDMA2000 的 3G 技术是无法快速直接地演进到 TD-LTE。因此迟发或不发 FDD-LTE 牌照对于中国联通和中国电信在 4G 时代对抗中国移动来说是非常不利的。另外，中国移动以不断测试的方式换取国家对 TD-LTE（TDD）在政策上的支持。

表 3-3　　　　　　　　　移动测试 4G 过程

2010 年	2011 年	2012 年	2013 年
中国移动展示全球首款 TD-LTE 测试手机。中国移动已提交工信部"扩大 TD-LTE 试验网建设"部署计划，在部分城市建设 TD-LTE 试验网。包括日本软银在内的国外多家运营商已经开始建设 TD-LTE 试验网	中国移动技术部副总经理魏冰表示上海、南京、杭州、广州、深圳、厦门六大城市建设了超过 850 个基站。中国移动集团在终端研究方面投入已达数亿元，至 2012 年底前，预计还将投入 2 亿元。目前 32 个国家已经建设了 TD-LTE 测试网络	中国移动副总裁李正茂透露，TD-LTE 扩大规模试验计划今年增加北京、天津、青岛三个试点城市。在 2012 年世界移动通信大会上，中国移动宣布了未来三年 TD-LTE 全球规模部署计划	广东、江苏和浙江三个省的几大试验城市都相继开启了试商用阶段。各地都有众多的用户参与了友好用户测试和体验活动

从表 3-3 和移动管理层的言论中，我们可以发现中国移动大规模地

测试 TD-LTE 实则是不断呼吁政府尽快发放 4G 牌照。中国电信和中国联通由于对政策的不明确性和其所持 3G 制式本身的特性并不具备和中国移动一样有与政府的博弈能力。

二、企业绩效的评估

由于中国的政治体制结构,不同的管制部门有不同的利益,横向的交叉监管就会使得电信行业内的企业主体行为和绩效受到不同因素的影响。在前文中我们提及,国家基于绩效的合法性和"自主创新"的战略两个逻辑展开产业政策的制定,但是这两个行动逻辑有时可能是相互冲突的。

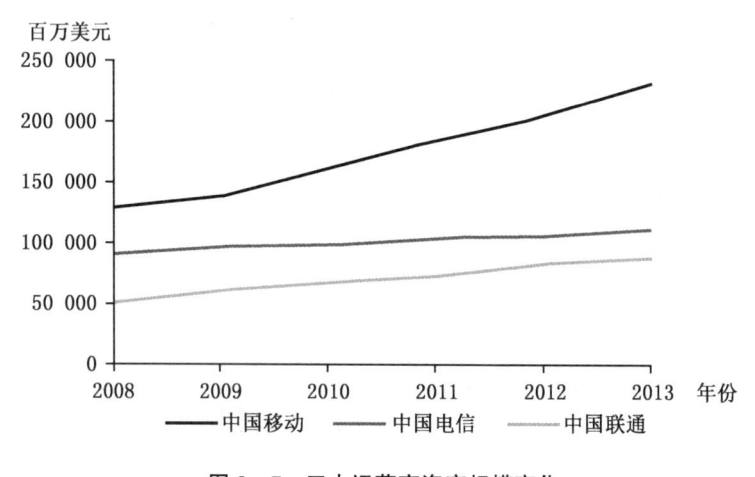

图 3—7 三大运营商资产规模变化

从图 3—7 和图 3—8 中的数据来看,三大运营商无论在资产规模上还是世界 500 强的排名中都取得很大的进步,这在一定程度上符合国资委对于国有资产保值增值的目标。尤其在 3G 牌照发放之后,中国移动和中国联通的排名上升较快,中国电信由于购买 C 网支出的原因,其排名在 2009~2010 年阶段明显提高。

从图 3—9 中我们可以看出,从 2008 年 3G 推出之后,中国移动的 ARPU 值持续下降,2013 年到 2014 年开始有所缓解。中国电信的

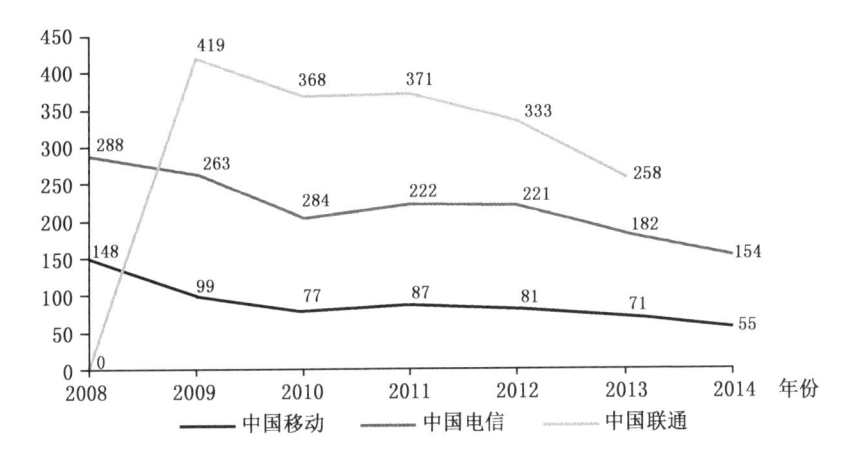

数据来源：http://www.fortunechina.com。

图 3-8 三大运营世界 500 强排名变化

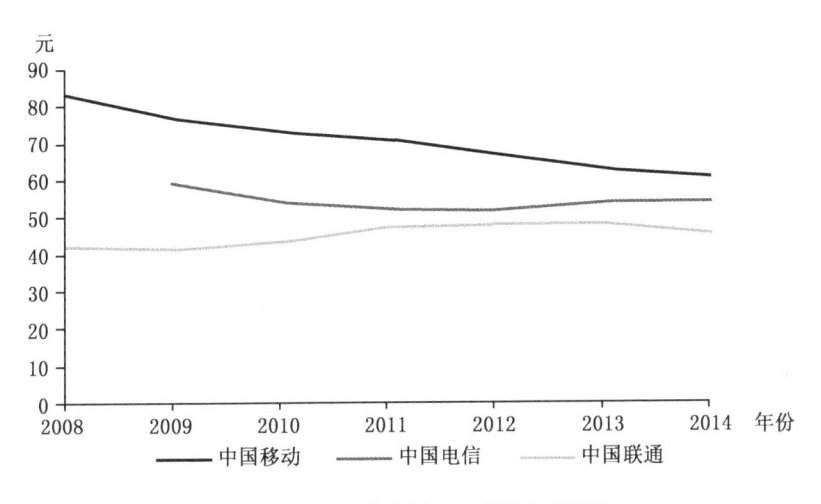

图 3-9 三大运营世界 500 强排名观测值

ARPU 值趋于平稳变化幅度不大，而中国联通的 ARPU 值持续上升，直至 2013 年到 2014 年才开始有所下降。2008 年是 3G 改革开启之年，而 2014 年是 4G 开始逐步推出商业化应用的年份。从图 3-9 中我们可以看出，在 3G 开始之后中国移动的优势开始逐步缩小，直到 4G 业务的开展这种趋势才有所缓解。

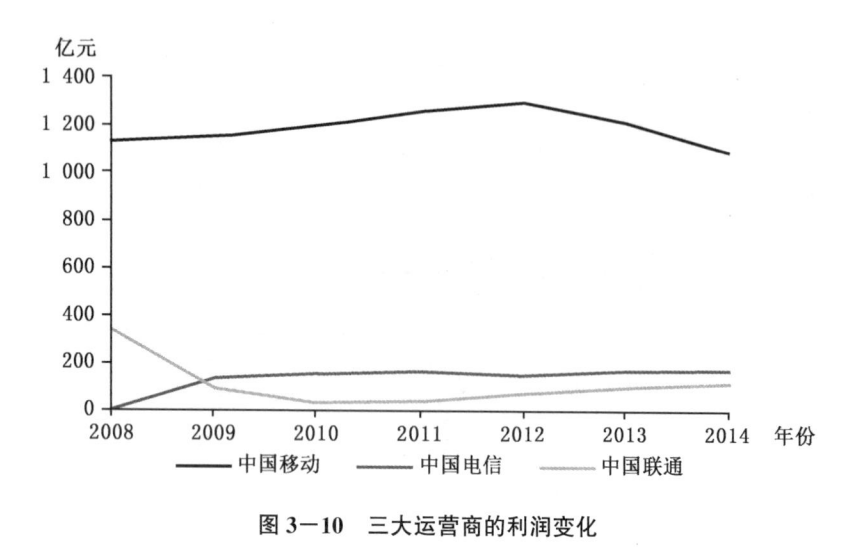

图 3—10 三大运营商的利润变化

图 3—10 显示,2008 年中国电信的利润大幅下滑而中国联通的利润大幅上升的原因在于,在工信部的指导下中国联通出售 CDMA 网络给中国电信并且兼并了中国网通,所以利润有了大幅上升。从该图看,中国电信利润有小幅上升,2011 年到 2012 年的利润下滑主要原因是由于补贴苹果终端吸引高端用户而造成的,而中国移动则显示出了利润大幅度的下滑。对于运营商来说,在 3G 之后,尤其是对移动的 APRU 值和利润增长趋势都有所减缓。由于移动承担了运营 TD-SCDMA 的国家战略,企业的绩效并未最大化,3G 牌照的发放还让中国移动承担了独立建网的成本,也表明 3G 牌照以这样一种方式来发放并未实现市场内企业绩效的提高。

三、技术控制与博弈

实际上,中国政府对于如何开展新通信技术的商用是有其特殊考量的,其深层动力来源于政府经济发展合法性的需要和国家战略的考虑以及政策的惯性。通过对不同运营商牌照的控制以达到用操作技术演进的过程来实现自身的政策目标。在3G时代表现为对TD-SCDMA的支持，通过拖延WCDMA和CDMA-2000技术市场的准入来帮助国有的TD-SCDMA在市场上避免被过度冲击。

表3—4　　　　　　　　政府在3G牌照发放前的言论

	2004	2005	2006	2007
国家	王旭东周六出席博鳌亚洲论坛2004年年会时说："我们将按国际通行的做法、根据技术的成熟和市场的需求,由企业在国际标准之间选择(3G的标准)。"他指出,前两年一些地区和国家在推出3G方面出遇到了一些问题,信产部正在综合研究。他说,"前段时间,我们组织了规模比较大的试验,最近正在准备网络试验。最终还是要看技术成熟程度及市场发展的情况来决定3G发展的进程。"	10月18日上午,出席第15届中国国际通信展的信息产业部副部长奚国华,延续了9月份在3G大会上的低调姿态,在发言中对3G和牌照发放只字不提	9月举行的"3G在中国2005全球峰会"上,奚国华曾表示,"中国发展3G的条件已经基本具备,我们将会同有关部门适时提出决策建议"	12月28日全国信息产业工作会议上,信息产业部部长王旭东说,我国发展第三代移动通信(3G)的条件已基本成熟,2007年要继续做好了G"中国标准"TD-SCDMA规模网络技术应用试验,确保了G发展平稳起步

表3—4中可以看出,政府是如何通过对于3G牌照的控制来实现对自主TD-SCDMA的推动和实现国家战略的。但是,政府行为仍然受到来自市场内的运营商和终端商的限制。比如为何不只发两张牌照或一张牌照？为何既要发WCDMA还要发CDMA2000？这些问题我们可以在表3—5中找到答案。

表3—5　　　　　　3G牌照不同发放组合方式的对比分析

	终端商	运营商	政府
TD-SCDMA	不跟进		支持,符合国家战略
WCDMA	跟进,终端成熟	跟进,技术领先	不支持,信息安全没有保障
CDMA 2000	跟进,但受制于高通	跟进,已有C网升级成本低	不支持,信息安全没有保障

续表

	终端商	运营商	政府
WCDMA CDMA2000	跟进,有竞争,利益最优	跟进,技术成熟且成本低	不支持,不符合国家战略
WCDMA CDMA2000 TD-SCDMA	跟进,尽可能少研制TD-SCDMA手机	不愿跟进,技术限制终端少	支行,既符合市场利益也执行国家战略

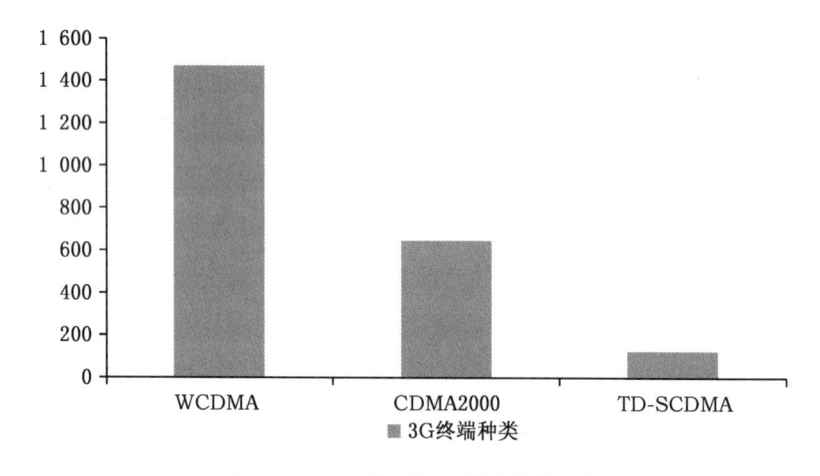

图 3—11 不同制式 3G 终端种类对比

图 3—11 中我们看到,TD 终端的种类相较于其他两种技术指标来说十分稀少,这就决定了众多厂商不会过多投资专门为 TD 研发与其相符的终端设备。也因此在 3G 时代,中国移动无法取得太好的销售业绩和企业利润。在 4G 时代,虽然 TD-LTE(即 TDD)并非完全国产,但是众多有中国国资背景的企业间有更大的利益关联,并且中国对该技术有更多的主导权。TD-LTE 仍然被提前颁发牌照抢占市场。这亦是相关利益方与政府博弈的一个侧面,迫使政府有限发展 TDD 从而保证他们的利益。图 3—12 可以看出国家是如何利用 TDD 和 FDD 牌照发放的时间差来帮助 TDD 技术建立优势。

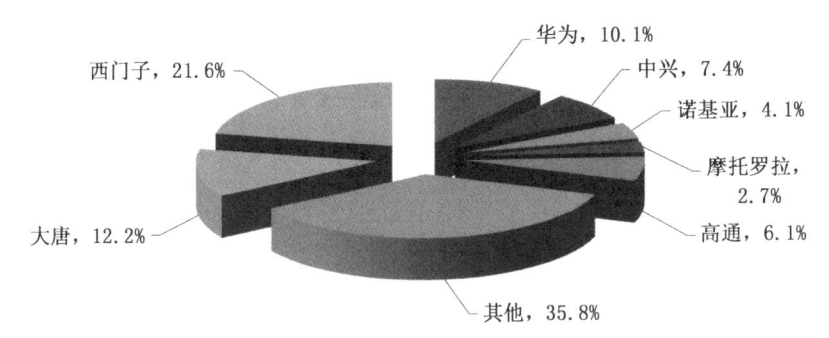

TD-SCDMA的TDD专利分布（诺盛电信咨询）

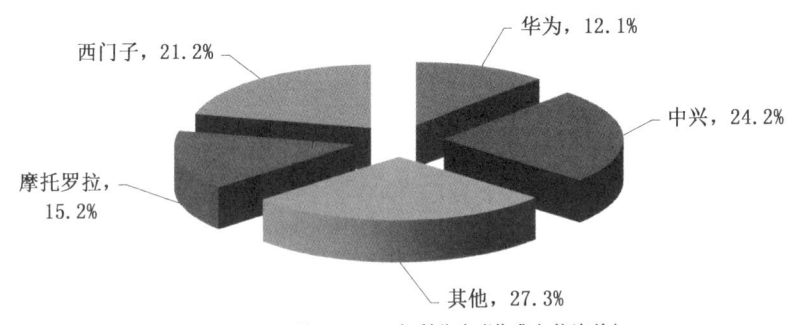

华为，10.1%
中兴，7.4%
诺基亚，4.1%
摩托罗拉，2.7%
高通，6.1%
其他，35.8%
大唐，12.2%
西门子，21.6%

TD-SCDMA的SCDMA专利分布（诺盛电信咨询）

华为，12.1%
中兴，24.2%
其他，27.3%
摩托罗拉，15.2%
西门子，21.2%

资料来源：诺盛电信咨询。

图 3－12　TDD 和 TD-SCDMA 专利分布

从图 3－12 中我们可以看到在 TD-SCDMA 技术专利中，大唐、中兴、华为在专利分布中共占到了 51.5% 的份额，处于一个控股地位，而在 TDD 即（TD-LTE）中的占比是 29.7%。说明了在中国 3G 和 4G 的发展中，中国政府对其拥有专利的制式抱支持态度。

本章小结

出于自主创新的国家战略，从 2009 年到 2015 年，3G 与 4G 作为关系到国家信息安全的战略性技术标准，国家必然给自主研发和投资的技术标准予以支持。由于 3G 中 TD-SCDMA 制式的研发与专利都是被中国方面所掌握,4G 中的 FDD-LTE 技术标准是由众多有中国国家背景的企业参与并且拥有一定的发言权,这就从某种程度上决定了中国政府会以现在这样的方式来发放 3G 和 4G 的运营牌照。首先,之所以让中国移动来运营 TD-SCDMA 和 TDD-LTE 制式的标准,是出于中国移动雄厚的资本远超其他两个运营商的资本基础,同时在移动运营通信领域还有更为丰富的经验来考量。其次,中国政府通过拖延 3G 牌照的发放时间让 TD-SDCMA 技术更加成熟,又通过先于 FDD-LTE 制式发放 TDD-LTE 牌照为其赢得抢占市场的先机。这里需要说明,相对于 WCDMA 和 CDMA-2000,国产的 TD-SCDMA 在技术指标上缺乏竞争力,即使提早发放牌照也很难改变用户体验差异过大的尴尬。而相较于 TDD-LTE 和 FDD-LTE,从先天条件上看,二者在技术指标上的差异并不大,所以先发放 TDD-LTE 有利于其在市场取得优势。

中国政府的另一个政策目标在于使国有资产增值,国有企业的效率提高可以拉动经济增长。因此,在 2009 年和 2013 年年底这样的时间点选择发放 3G 和 4G 运营牌照。但是,这样的目标并没有完全被实现,三大运营商的重复投资和中国移动效益下滑等问题由此引发。为此,政府成立了铁塔公司来统筹三大运营商的资源分配。另外,这也说明中国移动在 3G 时代的利润增长下滑和 ARPU 的持续下降,表明政府行为是具备一定风险,并不能实现经济学意义上的市场最优的结果。

中国政府之所以能够通过这样的政策来安排其两种不同行动逻辑和我国特殊的政治制度架构,无论是企业组织结构还是人事安排上,中国通信业的三大运营商都不是完全市场化的。相关的职能部门有权决定人事的调配与企业的市场行为以及改变市场结构。同时,根据相关法规,运营商没有权力申请运营牌照,只有工信部在国务院的批准下才能按照其政策目标来发放运营牌照。但是这并不表示企业与政府之间没有博弈的空间,例如在 3G 时代,由于终端厂商不愿意投入大量成本去开发与 TD-SCDMA 制式相匹配的终端。另外,通过 WTO 等相关规定也使得这些厂商通过运用部分外部条件约束政府行为,迫使只发 TD-SCDMA 制式的情况不会发生。4G 的提前发放也与部分具有国家背景的通信制造商的推动有关,有利于他们在相关领域与 FDD-LTE 制式的竞争。

第四章 中国标准缘何未被大规模推广
——中国电信运营厂商的行动逻辑研究

第一节 技术标准选择与电信产业自主创新

在中国通信发展历史上,由于缺乏核心技术,经过模拟移动通信时代和第二代移动通信发展阶段,我国逐渐发展为全球最大的 GSM 市场。然后,我国运营商仅能获取约 5% 左右的微薄份额,先后有将近 7 500 亿元流向了海外。这引起了业界的忧思:中国移动通信丢失了第一代,错过了第二代,第三代怎么办?在以"市场换技术"方针的误导下,中国丢失了市场,却没有换来技术,沉痛的教训使人警醒:必须自主创新。在 3G 时代,我国迫切地需要在通信业进行技术创新,建立属于自己的标准,提高中国在世界移动通信市场的国际地位。而发达国家及其企业也正是利用了技术标准中的必要专利来争取竞争的主动权和垄断地位,于是知识经济社会的产业形成了"一流企业卖标准,二流企业卖技术,三流企业卖产品,四流企业卖苦力"[1]的格局。

1998 年,时任电信科学技术研究院副院长的李世鹤提出了拥有自主知识产权的 3G 标准 TD-SCDMA 技术,此技术于 2000 年 5 月 5 日被国

---

[1] 中国通信企业协会.2006 年中国通信业发展分析报告[M].北京:人民邮电出版社,2007—3:241.

际电信联盟(ITU,简称国际电联)正式批准成为 3G 系列国际标准之一。2009 年 1 月 7 日,工业和信息产业部(以下简称工信部)正式发放 3G 牌照,分别将 TD-SCDMA、WCDMA 和 CDMA2000 三张牌照发放给中国移动、中国联通和中国电信三家运营商。中国移动运营的中国 3G 标准 TD-SCDMA 在覆盖范围、终端规模和融合应用业务等方面都与中国联通、中国电信相距甚远,在中国 3G 领域显现出"三分天下"之势,中国移动也正面临着逐渐失去移动通信业龙头地位的危险。自 2009 年始,中国移动在推进 TD-SCDMA 建设、经营的同时,更加积极推动 TD 的后续演进技术 TD-LET 产业的成熟与发展,这无异于放弃 TD,即直接跳过 3G,进入 4G 领域。这也宣告了 TD-SCDMA 希望发展成为中国 3G 标准主流制式的失败。

3G 引发了包括政府、运营商、通信技术专家、学者、媒体及消费者在内的广泛人群的大辩论。在本章中将探讨以 TD-SCDMA 为代表的中国标准缘何未得到大规模的推广,中国 3G 标准 TD-SCDMA 为什么未发展成为主流制式,甚至一统华夏?首先回顾业界专家和学者对此的讨论,主要有三种解释:一是受进化论的影响,基于技术本身的市场决定论,认为 TD-SCDMA 技术存在的缺陷,无法与成熟的 WCDMA 和 CDMA2000 相抗衡而导致的优胜劣汰;二是运用组织学的研究方法,认为 TD-SCDMA 产业链不完善,缺乏与之相配套的终端设备——手机终端款式少;三是从政治经济学的角度出发,认为国外鼓吹的技术中立论与中国政府支持自主创新之间权力的斗争中,中国政府的妥协。但它们均未能深入地揭示出中国 3G 标准 TD-SCDMA 发展背后制度性和结构性的根源。

中国 3G 标准 TD-SCDMA 要得到大规模的推广,必须在三个阶段同时取得成功:第一阶段,成功确立 TD-SCDMA 作为国际的 3G 标准;第二阶段,成功完成 TD-SCDMA 的研发和制造,即产业化;第三阶段,TD-SCDMA 得到成功运营,即商用化。在 TD-SCDMA 发展的前两个阶段,采取了等级制、行会、推广网络等治理模式,它们共同的特点在于能集中力量整合市场资源,于是成功完成了 TD-SCDMA 国际 3G 标准的确立、研发和制造。但在 TD-SCDMA 商用化阶段，中国电信业奉行市场竞争的产业治理模式。3G 在中国电信市场的发展中，建构了三家同时拥有全国性网络资源、实力与规模接近、具有全业务经营能力的市场竞争主体。与新古典经济学和理性选择理论所谓的存在先验的、外在的理性不同，组织制度主义认为，行动并不总是受功利主义的驱动，更多地是出于合法性的考虑，包括强制、模仿和规范，同时，也否定理性是先验的、外在的存在，认为理性行为本身的选择偏好就是来自制度。比如，等级制、行会治理模式的合法性分别来自政府的强制和模仿，运营阶段实行的市场竞争的治理模式也并非绝对的理性选择，而是在新自由主义认知下所产生的与世界电信业治理模式的趋同。

本章接下来将从四个方面来展开讨论：首先从用户规模、网络、终端规模和融合应用业务四个维度界定中国 3G 标准 TD-SCDMA 未得到大规模的推广；其次回顾已有的对 TD-SCDMA 发展现状及其原因的文献，并进行评述；再次从组织制度主义层面探讨中国电信产业治理模式对 TD-SCDMA 发展的作用机制及其自身的行动逻辑，同时，本文特别关注政府部门在建构电信业治理模式中的特殊角色；最后总结概括产业治理模式塑造中国电信市场，进而直接导致中国 3G 标准 TD-SCDMA 未发展成为中国 3G 的主流制式。

第二节　中国 3G 标准 TD-SCDMA 发展的弱势局面

自工信部向三家运营商发放 3G 牌照以来，中国移动运营的中国 3G 标准 TD-SCDMA 各方面都与中国联通、中国电信相距甚远，在中国 3G 领域显现出"三分天下"之势。自 2009 年始，中国移动对 TD 的演进技术 TD-LET 产业的积极推动，显示出其放弃 TD 的趋势，这也直接宣告了 TD-SCDMA 希望发展成为中国主流制式的失败。以下将从 TD 的用户规模、网络、终端、应用业务四个维度与其他两个 3G 标准 WCDMA 和 CDMA2000 的对比中，测量出中国 3G 标准 TD-SCDMA 未发展成为中国 3G 的主流制式。

一、用户规模

根据三家电信运营商 2010 年年报所示数据，截至 2010 年 12 月，中国移动、中国联通、中国电信三家运营商所拥有的 3G 用户数量分别为 2 070.2、1 406、1 229 万户，中国移动在用户规模上暂时领先，占有 40% 以上份额（具体参见表 4—1）。但这 40% 的用户数量含有较大的水分，据某一 3G 社区的在线调查[①]显示，80% 以上的 TD 手机用户还是使用 GPRS 的套餐。基于此，做出以下假设，中国移动的 3G 用户中只有 20% 是真正的 3G TD 的用户，经过调整，移动的 3G 用户实际不到中国 3G 用户的 15%（见表 4—2）。相比之下，联通的 WCDMA 发展迅速，联通手机电视用户达到 240.7 万户，手机阅读业务注册用户超过 700 万户。

移动 3G 用户新增速率的减缓与中国联通中国电信 3G 用户的迅猛势头形成鲜明对比，更有甚者，中国联通正在借助 iphone4 蚕食中国移动的高端商业用户和年轻人市场。根据瑞银发布的一份中国电信业分析报告的调查数据[②]显示，截至当时已经有 5%～10% 的中国移动全球通用户转投签约接受中国联通 3G 的服务，预计到 2011 年年底，签约中国联通并可能会彻底转网联通的中国移动全球通用户比例有望升至 15%～20%。

表 4—1　　　　　三大运营商调整前 3G 用户数据及占比情况

运营商	2009 年 12 月（万户）	占比	2010 年 7 月（万户）	占比	2010 年 12 月（万户）	占比	2012 年 2 月（万户）	占比
移动	340.8	33%	1 183.4	42%	2 070.2	44%	2 454.7	44%
联通	274.2	27%	850.1	30%	1 406	30%	1 668	30%

---

① 李正豪. TD 用户无奈：3G 当做 2G 用[J]. 通信世界周刊. 2010-7-18. http://www.c114.net/news/118/a525396.html.

② "创收生力军转投联通 中移动打响用户保卫战". 2011-4-20. http://www.c114.net/news/118/a596466.html.

续表

运营商	2009年12月(万户)	占比	2010年7月(万户)	占比	2010年12月(万户)	占比	2012年2月(万户)	占比
电信	407	40%	775	28%	1 229	26%	1 476	26%
总计	1 022	100%	2 808.5	100%	4 705.2	100%	5 598.7	100%

资料来源：作者根据中国移动、中国联通、中国电信三家运营商发布的运营数据整理得到。

表4—2　　　　三大运营商3G调整后用户数据及占比情况

运营商	2009年12月(万户)	占比	2010年7月(万户)	占比	2010年12月(万户)	占比	2012年2月(万户)	占比
移动	68.16	9%	236.68	13%	414.04	14%	490.94	14%
联通	274.2	37%	850.1	46%	1 406	46%	1 668	46%
电信	407	54%	775	42%	1 229	40%	1 476	41%
总计	749.36	100%	1 861.78	100%	3 049.04	100%	3 634.94	100%

资料来源：作者根据中国移动、中国联通、中国电信三家运营商发布的运营数据整理得到。

二、网络

下面将从网络覆盖范围和网络质量两方面来说明 TD-SCDMA 的 3G 网络现状。

1. 网络覆盖

工信部电信研究院院长杨泽民在"3G 创新应用高层论坛"[①]上指出，到 2010 年 6 月，全球应用的 3G 网络中，170 个国家选择的是 WCDMA 标准，129 个国家是使用的 CDMA2000 标准，只有中国使用的是 TD 标准。

自 2007 年，中国移动开展了三期 TD 网络建设，TD 四期已完成招标，截至 2010 年 12 月 31 日，中国移动 3G 网络覆盖 656 个城市，开通基

---

① 卡卡网速测试平台."全球3G网络，最多国家选择WCDMA网络". 2010-12-6. http://www.webkaka.com/info/archives/news/2010/12/06635/.

站数13.5万个。① 同时期中国联通3G基站数量达到18.3万个,3G网络已覆盖全国县级以上城市和东部发达乡镇,②迅速形成了网络规模;中国电信天翼3G基站14.3万个,覆盖全国县以上城市和77%的乡镇,建成5 810个信息化示范乡镇、宽带村和1.47万个天翼村。③

中国移动面临着网络移动设备老化且维护难度大的问题。中国移动的网络移动设备是最早建立起来的,它覆盖率广,网络信号强在国内是有目共睹,但经历了15年之后硬件设备开始逐渐老化,由于绝大部分基站都分布在农村和山区,很多农民出于电磁辐射等多种原因,不愿配合设备的维护工作。

2. 网络质量

2011年初发布的《2010年移动网络第三方测试结果通报》表明,目前中国联通3G版本支持HSPA,网速已经超过全国大部分区域的有线宽带速率,用户可以享受高清点播等移动流媒体业务。中国联通3G的带宽是其他3G通信技术标准的3倍以上;中国移动3G无线接通率为99.45%,掉话率为0.4%。

由卡卡专业测速平台在狭小密闭空间进行的中国电信、中国移动、中国联通三大运营商3G网络质量的测试结果显示:一直口碑不错的电信CDMA2000网络在对于宽带拥有较大需求的3G应用仍表现得十分完美;中国移动的TD-SCDMA网络对于宽带拥有较大需求的则无法应用,信号较弱;在网速方面具有优势的中国联通WCDMA则在网络的覆盖性和稳定性上仍存在问题。④

---

① 中国移动."移动2010年年报".2011-4.
② 中国联通."联通2010年年报".2011-4.
③ 康钊."中国电信3G基站已达14.3万个,非语音收入56.8%".新浪科技.2010-12-29. http://news.mydrivers.com/1/183/183155.htm.
④ 卡卡网速测试平台."中国电信、中国移动、中国联通三大运营商3G网络质量的比较".2010-9. http://www.webkaka.com/info/archives/knowledge/2010/09/22477/.

三、终端

中国移动 2010 年年报显示 TD 手机厂商达 52 家,在销手机为 173 款。2011 年 4 月,"TD-SCDMA/LTE 芯片及终端产业高峰论坛(上海)暨联芯科技 2011 年度客户大会"上,中国移动终端部副部长耿学锋指出,截止到 2011 年 3 月,TD 产品超过 510 款,其中手机产品增长迅速超过了 240 款。TD-SCDMA 终端上的合作伙伴超过 200 家,推出 TD-SCDMA 终端产品的厂家约为 150 家,多家知名国际厂商在国内组建了较大的 TD-SCDMA 终端研发团队。

中国联通主要得益于 WCDMA 价值链的更好支撑,中国联通的盈利能力更强,能在移动市场赢得高端客户。2010 年,中国联通推出百余款 3G 定制终端,并成功引入 iPhone4,加之中国联通的速率优势,满足了不同消费能力的用户对终端产品的需求,从而拉动了用户快速增长。

中国电信积极推动 CDMA 终端产业链加速壮大,主推 3G 智能手机,并强化业务适配和预装,满足业务发展需求。截至 2010 年年底,3G 手机已超过 300 款,其中有竞争力的明星机型和千元智能手机不断涌现,品种不断丰富,性价比进一步提高。

四、应用业务

中国移动大力推动 3G 在关键领域和重点行业的信息化应用,手机电视、无线音乐、飞信和手机报等受到了 3G 客户的广泛欢迎;中国联通在 2010 年,公司坚持"品牌、业务、资费、包装、终端政策、服务标准"统一策略,适应市场和客户需求变化,科学调整和优化营销政策,丰富 3G 套餐,推出沃商店,提升用户 3G 应用体验,沃商店应用下载量突破 50 万,[①] 规模发展手机音乐、手机电视等资源聚类型业务,发展手机阅读、即时通

---

① 蒋水林."沃商店应用下载量突破 50 万"[N]. 人民邮电报. 2011-4-15. http://www.drcnet.com.cn/DRCnet.common.web/docview.aspx?version=Integrated&docid=2514309&leafid=3025&Chnid=1020.

信等社区交互类业务,加快培育用户数据消费习惯。

从以上现有的客户规模、网络、终端和应用业务四个维度的资料显示,中国移动的 3G 网络与中国联通中国电信仍相距甚远,中国 3G 标准 TD-SCDMA 远未达到中国 3G 主流制式的阶段。并且从发展趋势来看,瑞银证券发布的 2011 年中国电信业资本支出前瞻中,预计 2011 年国内电信业 3G 资本支出总额将同比下降 24%,从 2010 年的 1 220 亿元降至 930 亿元。其中中国移动的 3G 资本支出减少最为明显,预计将从 2010 年的 640 亿元降至 2011 年的 380 亿元;中国电信的 3G 资本支出将从 210 亿元温和降至 180 亿元;而中国联通的 3G 资本支出将从 370 亿元略降至 360 亿元[①]。中国移动积极推动 TD-SCDMA 演进技术 TD-LTE 的发展,无异于放弃 TD。

第三节 电信产业治理结构与 3G 标准演进过程

中国 3G 标准 TD-SCDMA 的演进主要分为三个阶段:第一阶段在 1997 年至 2000 年间,TD-SCDMA 被提出并确立成为国际 3G 标准之一;第二阶段在 2001 年至 2008 年间,TD-SCDMA 技术的研发和制造大规模开展;第三阶段在 2009 年初至今,TD-SCDMA 牌照发放给中国移动运营(如图 4—1 所示)。在不同的阶段采取了不同的治理模式来主导中国 3G 标准 TD-SCDMA 的发展,使其被成功列为国际标准,在研发和制造环节形成了以企业为主体、市场为导向、官产学研相结合的发展道路,而在运营环节确为被大规模推广。

---

① 孙旭."中国电信业资本支出前瞻"[N].人民邮电报. 2011-3-25. http://www.drc-net.com.cn/DRCNet.Common.Web/DocView.aspx? docId=2496078&leafId=3027&chnId=&version=Integrated&viewMode=content.

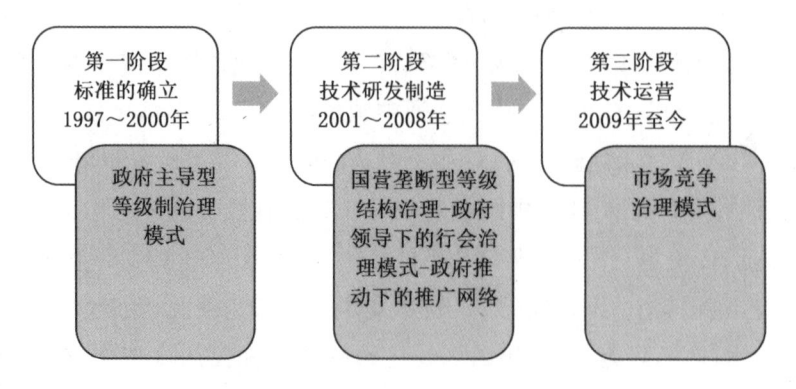

图 4—1 中国 3G 标准 TD-SCDMA 发展的演进过程

一、第一阶段，中国 3G 标准的确立

1. 政府主导型等级制治理模式

TD-SCDMA 的提出及被确立为国际 3G 标准之一是国家坚决支持自主创新的结果。1997 年国际电信联盟（以下简称国际电联）向各国发出 3G 技术标准征集函，制定了详细的第三代无线通信标准无线传输技术形成的时间表和步骤，要求全部提案在 1998 年 6 月 30 日之前提交到国际电联。中国接到此征集函之后，关于中国要不要做 3G，究竟怎么做的问题，是中国政府采取的等级制治理模式来实行的，具体来说主要是邮电部（后分离出信息产业部）整合体制内各部门的资源，垂直控制下产生的治理模式。

为再提出和确立中国 3G 标准上实现政府主导的等级制控制，主要采取了四阶段的步骤。首先，1997 年 7 月底，在邮电部领导下成立 3G 无线传输技术评估协调组。其负责对提交的候选技术进行评估，并在国际电联进行了注册，成为国际上第 11 个评估组，这是参与国际 3G 标准行动的第一步，也是国际电联制定的 3G 标准形成的九个步骤之一。同年 10 月，时任邮电部电信传输所副所长的曹淑敏接替担任评估组组长。以曹淑敏为代表的电信传输所追根溯源是邮电部邮电科学研究院分离后的电信科学研究规划院,统归邮电部负责(见图4—2)。

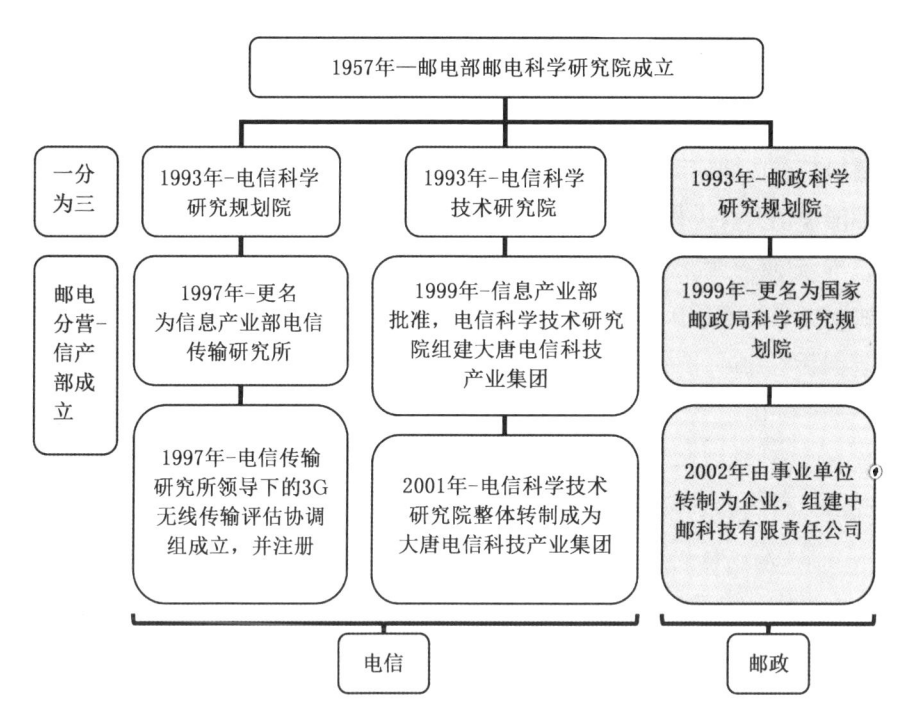

```
                    1957年—邮电部邮电科学研究院成立
                                    │
        ┌───────────────────┬───────────────────┬───────────────────┐
        │                   │                   │
  1993年-电信科学      1993年-电信科学       1993年-邮政科学
  研究规划院           技术研究院            研究规划院
        │                   │                   │
  1997年-更名         1999年-信息产业部      1999年-更名为国家
  为信息产业部电信     批准,电信科学技术      邮政局科学研究规
  传输研究所          研究院组建大唐电信      划院
                     科技产业集团
        │                   │                   │
  1997年-电信传输      2001年-电信科学技术    2002年由事业单位
  研究所领导下的3G     研究院整体转制成为     转制为企业,组建中
  无线传输评估协调     大唐电信科技产业集团   邮科技有限责任公司
  组成立,并注册
        │                   │                   │
        └─────────┬─────────┘                   │
                  电信                          邮政
```

左侧标注:一分为三；邮电分营-信产部成立

资料来源:由作者综合以下资料整理所得。http://baike.baidu.com/view/4639297.html,http://baike.baidu.com/view/2920317.htm;http://baike.baidu.com/view/596691.htm,分别为百度百科:"电信传输研究所""电信科学技术研究院""大唐电信科技股份有限公司";http://www.chinapostnews.cn/b2009/604/06040101.htm,"走在科技兴邮的路上——国家邮政局科学研究规划院十年发展启示录",张卫。

图4—2 中国3G标准 TD-SCDMA 确立和研发等级制结构

政府主导的等级制治理控制下的第二个步骤是,时任邮电部下属电信技术研究院副院长的李世鹤,在 SCDMA 技术的基础上引入时分多址(TDMA)技术,用 TDD 方式做下一代的移动通信,命名为 TD-SCDMA 技术。该技术的优势在于不需要对称频率,可以灵活地设置上下行业务占用时间,最大限度地利用宽带和系统资源,非常适合未来应用广泛的数据业务的需求。该技术得到了时任邮电部科技司司长周寰的大力支持,周寰在2001年辞去了科技司司长的职务,跳到电信产业的前台,担任大唐电信的董事长兼总裁。TD-SCDMA的提出机构电信技术研究院实则是邮电部邮电科学研究院分离后的电信科学技术研究院。

政府主导的等级制结构下的第三个重要决断是:1998年1月,邮电部科技委主任宋直元在以"中国是否提出3G标准,提出什么标准"为议题的香山会议上作出重要决定,"中国移动通信的发展不能永远靠国外的技术,总得有个第一次。第一次可能不会成功,但他们会留下宝贵的经验。如果真碰到了问题,失败了,我们也看作是一次胜利,一次中国人敢于创新的尝试。"[①]显示出政府支持中国提出3G标准,建议把TD-SCDMA提到国际上去。尽管会议上争议激烈,反对者认为搞移动通信标准成本太高,难度非常大,怀疑我国是否有能力玩得起这个游戏,但是最终政府以行政力量作出重要结论:支持TD-SCDMA。

最后,政府主导的等级制治理模式显示其极大力量在于TD-SCDMA递交至国际电联后,对来自国际移动巨头的巨大阻力的反应上。移动巨头们提出诸多技术缺陷,希望废除TD-SCDMA,接着信息产业部把几乎所有的国际移动巨头公司的高层请到一起开会,明确传递出一个强烈的信号:就算国际上不接纳TD-SCDMA,中国也要自己做。在此后近三年的时间里,我国政府各主管部门在各种场合也多次重申了对我国TD-SCDMA标准的支持。在中国政府和国内电信运营商的全力支持下,TD-SCDMA技术经各项判定,于1999年11月被国际电联列为3G系列国际标准之一。同时,中国政府意识到如果想让TD-SCDMA成为真正的商用标准,就必须得加入标准化组织:第三代合作伙伴计划(3GPP)和第三代合作伙伴计划2(3GPP2),它们作为3G项目的两个组织,负责具体制定3G标准,其成员涵盖了世界上几乎全部的电信运营商和设备制造商,随后,曹淑敏代表中国签署了正式加入这两个组织的协议。

2. 等级制治理模式的合法性

---

① 蔺玉红."从3S到3G:中国来了"[N].光明日报:2006-1-27. http://www.gmw.cn/01gmrb/2006-01/27/content_367685.htm.

组织制度学派认为,行动往往是处于合法性的考虑,而不是通过绝对地理性计算得到的结果。为了更好地理解合法性机制问题,迪马吉奥将其划分为三类:一是源于政治影响和合法性问题的强制性;二是源于对不确定性进行合乎公认的反应的模仿性;三是与专业化相关的规范性。[1]但在实际的情景中,这三者并不绝对是截然分开,而往往是相互交织的。

等级制治理模式的合法性主要来源于强制性机制。所谓强制性,是源于一个组织所依赖的其他组织向它施加的正式和非正式的压力,以及由其所运行的社会中存在的文化期待对其所施加的压力。政府行为是强制性机制的一种最直接的表现,政府可以通过国家法律、政府指导等各种形式对经济进行干预,即在特定的环境中政府作为占主导地位的规范、价值及常规的代表,有能力限制经济活动的形式与范围。例如,在中国3G标准的确立过程中,首先从3G无线传输技术评估协调组的建立、TD-SCDMA技术的提出,到TD-SCDMA得到大力支持并建议提到国际上去,再到遇到国际移动巨头的巨大阻力和积极反击,结合图4-2所示,可以看出,这些都是邮电部及其下属部门的直接行动。政府相关部门希望在中国3G时代占领移动通信领域的制高点,自主创新成为必然选择。而政府导向型等级制治理模式并非理性计算的结果,甚至当时没有任何人提出其他的方案,比如通过私有化的模式来争取TD-SCDMA成为国际标准,从这一方面来说,这也是强制性机制和模仿机制的结合,因为我国向来是由国家来领导大型项目的开发和运行的。

二、第二阶段,TD-SCDMA的研发与制造

1. 国营垄断型等级结构治理模式

TD-SCDMA被确立为国际标准后,研发和制造等产业化提上日程,其提出单位电信科学技术研究院,即大唐电信科技产业集团(以下简称大

---

[1] DiMaggio, Paul J., and Walter W. Powell. 1983. "The Iron Cage Revisited: Institutionalized Isomorphism and Collective Rationality in Organizational Field." American Sociological Review 48(2, April): 147-160.

唐),毫无疑问地承担起研发和制造的重担。大唐是于1999年经信息产业部批准电信科学技术研究院组建而成(见图4—2),归属国务院国有资产监督管理委员会(以下简称国资委)管理。在中国通信技术设备制造业,从科研院转制过来的大唐在技术研发上具有优势,大唐作为TD-SCDMA标准的提出者,希望通过自主创新,实现通信技术设备的国产化和企业自身的跨越式发展,挑战当时中国移动通信设备制造领域的在位者华为技术有限公司(以下简称华为)的地位,占领行业制高点。

大唐在TD-SCDMA研发初期建立国营垄断型等级结构治理模式,主要通过三方面的尝试来实现。第一,转制的大唐是国有企业,在企业内部营造国家使命导向的企业文化氛围,保证垂直化控制。初期大唐的核心理念是"建光荣的国家,做自豪的大唐人",[①]企业以履行社会责任为己任,大唐员工在此种企业文化氛围下,在进行技术开发和市场开拓的过程中,往往怀有一种国家使命感,走出国门参与到国际会议中时,他们也认为自己不仅仅代表着大唐,也代表着中国。企业内部组织内各行动主体严格依据科层体系的有关规定,协调彼此的行动。在这种治理结构下,企业作为政府的代言人,拥有等级制的控制权。第二,完善企业自身的治理,创建形成横、纵交叉的灵活的研发格局,为技术创新提供组织条件和保障。研发格局中横向研发部门包括硬件、软件、结构、测试和总体五个大组,纵向每个研发人员又隶属于超级基站和宏基站两个大的产品线,这样的结构灵活多变,能适应通信业技术不断创新的环境,同时形成有效激励企业员工的良好的外在环境。第三,为获得TD-SCDMA在通信技术设备制造商中的独家地位,就必须建立坚实的专利壁垒。大唐充分发挥技术研发优势,积极向国际电联提交关于TD-SCDMA方面的专利申请,国际电联的认可使得大唐在TD-SCDMA技术的研发和制造上享有绝对的垄断特权。这种治理模式的合法性最关键在于技术壁垒,但随着大唐一家无力承担整个标准的建立和发展,TD-SCDMA的成功需要建设一个

[①] 黄友庚.建光荣的国家队 做自豪的大唐人——访大唐微电子技术有限公司总经理赵纶[J].中集成电路,2004(2).

完整的产业链,继而这种模式被政府领导下的行业治理模式所取代。

作为国企的大唐肩负起打造中国标准的重任,志在实现国资委国有企业保值增值的目标。同时,国家意识到新技术的发展不能仅依靠大唐一家之力,于是在国家发改委、科技部、信息产业部的共同推动下,建立了TD-SCDMA产业联盟,之后成为支撑和推动整个TD-SCDMA产业链发展的关键载体和重要平台,中国已成为全球TD-SCDMA技术与产业化基地。随后,由信息产业部带领,先后开展了MTNet测试第一阶段和第二阶段、2005年的产业化专项测试,取得了技术研发和测试的重大突破。

2. 政府领导下的行会治理模式

TD-SCDMA标准前几年是由大唐独自开发的,其在财力、人力、物力方面均感到非常吃力。而与此同时,WCDMA与CDMA2000在迅速发展。与其他两大国际3G标准相比,TD-SCDMA的影响力极其微弱:在时间上,当时TD-SCDMA的开发不过两年,而WCDMA和CDMA2000的研发已经将近10年;在资金上,世界各大厂商,及国内的华为、中兴等都在WCDMA、CDMA2000上投入了巨额的研发资金,对TD-SCDMA的投入则几乎为零;在参与企业的数量上,国际国内大多数通信企业均在其他两大标准方面进行了研发和跟踪,其中参与研发WCDMA的企业有27家,研发CDMA 2000阵营里也聚集了高通、朗讯、摩托罗拉等全球性企业,而TD-SCDMA标准中只有大唐一家在支撑。

大唐认识到仅仅依靠一家企业是很难推动TD-SCDMA产业发展的,必须有一个产业群体形成合力来共同推动,因此有必要发起成立TD-SCDMA产业联盟,该想法得到发改委领导队的极大支持,接下来关键在于如何让相关且有实力的企业加入此产业联盟,一方面,大唐在全国预选的九家企业中一家家游说,另一方面,政府参与干预,表现为发改委在后面做工作。随后,在国家发改委、科技部、信息产业部的共同推动下,大唐集团、南方高科、华立集团、华为公司、联想集团、中兴通讯、中国电子和中国普天8家企业作为发起单位,共同签署了《发起人协议》,成立了TD-SCDMA产业联盟。此时的TD-SCDMA联盟扮演着行会的角色,行会是一种正式的多个行动主体的治理机制,体现了组织之间的结构性协商,蕴含着各方相互认可他人的地位和权力,力图通过纲领、规章制度和程序建立正式的组织,以便于推行相对稳定的正式的协定,其中既有对共同利益的追求,又包含了国家绝对权威的干涉,由此形成政府领导下的行会治理模式。但由于仅有国家权威,企业自身没有内驱力,这一模式最终被推广的网络所取代。

3. 政府推动下的推广网络治理模式

TD联盟成立初期,由于只有大唐主导政府助力,联盟内的其他企业都是被游说和政府部门敲边鼓加入的,没有发掘出联盟内其他企业的内在动力,于是技术的研发工作没有得到实质性的推进。

为转变现有治理模式,政府采取了两方面行动:一方面政府通过资金补贴和其他各种财政手段,让各企业能看到短期的开发利益。例如,2003年国家发改委、科技部、信息产业部三部委通过联合立项,获得TD-SCDMA研究开发与产业化专项资金7亿元,解决了大唐将TD-SCDMA技术授权给普天、华为、中兴等企业的问题,当时联盟内除大唐以外的企业对TD-SCDMA技术是一张白纸,如果各起炉灶,各企业都需要投入大量资金,产业化周期也将会被拉长,且华为在WCDMA、中兴在CDMA2000方面已经投入了大量的资金,又未看到TD-SCDMA的前景,就对TD-SCDMA投入大量的资金,现实压力也太大。所以技术的共同开发势必建立在大唐的技术开放之上,如果大唐免费转让,之前投入的数亿元资金就毫无回报;而如果收取高额转让费用,对于市场不明朗的情况,又会给其他企业带来巨大的压力。随后国家批准了"移动专项""863"科研项目、"科技攻关项目""电子发展基金项目""TD-SCDMA研究发展和产业化项目""TD-SCDMA专项试验"和"第三代移动通信网关键技术TD-SCDMA标准研究"[①]等各项资金拨款,为开发新技术提供资金。政府的资金支持直接导致了各企业的共同参与。

---

① 杨晔,逯宇. TD-SCDMA产业联盟是TD产业发展的必要保证[M]. 北京:知识产权出版社,中国3G:TD-SCDMA,一个大型高科技产业崛起的历程. 2010.

另一方面,政府通过资源分配的倾斜,使得各企业明确看好 TD-SCDMA 的前景。例如,在国家发改委、科技部、信息产业部三部委的共同支持下,信息产业部顶着巨大的压力,突破国际通信惯例,高举自主旗帜,划拨了超出国际 3G 标准组织为 TDD 划分的频率范围,为 TDD 划分了 155M 频段,国家通过划拨这一频段资源,显示了政府强烈支持的信号,显示了 TD-SCDMA 的前景大好,且是一张覆盖全国的大网。

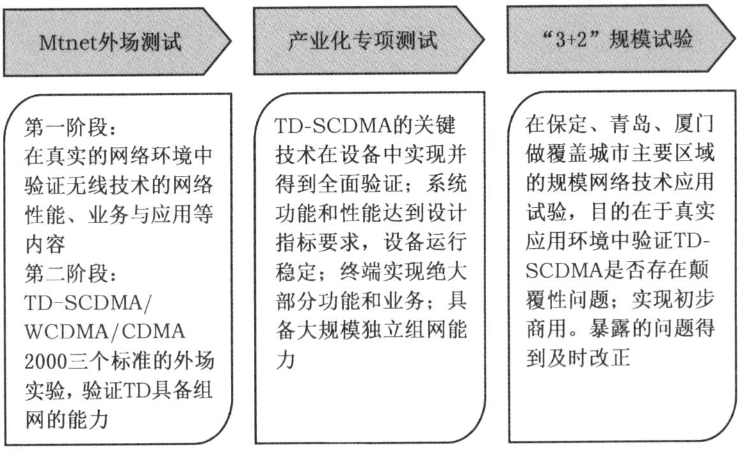

Mtnet外场测试	产业化专项测试	"3+2"规模试验
第一阶段: 在真实的网络环境中验证无线技术的网络性能、业务与应用等内容 第二阶段: TD-SCDMA/WCDMA/CDMA2000三个标准的外场实验,验证TD具备组网的能力	TD-SCDMA的关键技术在设备中实现并得到全面验证;系统功能和性能达到设计指标要求,设备运行稳定;终端实现绝大部分功能和业务;具备大规模独立组网能力	在保定、青岛、厦门做覆盖城市主要区域的规模网络技术应用试验,目的在于真实应用环境中验证TD-SCDMA是否存在颠覆性问题;实现初步商用。暴露的问题得到及时改正

资料来源:作者整理得到。

图 4—3 TD 研发和制造阶段发展历程

TD 产业联盟内的各企业考虑到政府的大力支持,同时寄希望于未来将全面胜利的中国标准下的收益,TD 联盟内形成了"专利共享、共同开发、协同组织"的机制并逐渐成熟,建立起了覆盖无线接入网、核心网、天线、芯片、终端、测试仪表以及配套设施等各产业环节的完整产业链,并实行统一规划。TD 联盟将测试与研发并行并举,举全国之力,先后进行了 MTNet 测试第一阶段和第二阶段、2005 年的产业化专项测试和 2006 年"3+2"规模网络技术试验(见图 4—3),共同完成了技术验证、产品开发、产品验证、网络及业务应用试验等研发和制造阶段的产业化发展。经过 2007 年在北京、上海、广州、深圳等十个省会城市一场大规模的 TD-

SCDMA 网络建设，2008 年 4 月 1 日起，中国移动面向北京、上海、天津、沈阳、广州、深圳、厦门、秦皇岛、青岛和保定等城市用户，正式进行 TD-SCDMA 放号。2008 年 8 月至 9 月，TD-SCDMA 成功服务北京奥运会和残奥会。

"专利共享、共同开发、协同组织"机制的形成和成熟标志着推广网络治理机制的形成。联盟内开始为了共同开发技术、整体提高产业的效能、建立行业标准的目标而努力，与行会方式相比，推广网络能更加灵活地促进生产、更加有效地面对技术变革、更加迅速地适应不稳定的市场行情。TD 联盟八次扩员，各个行动者通过加入推广网络，就有可能在一些问题上寻找到共同语言，达成一致意见，如技术变革、交易原则、生产过程标准化、产品标准化，常规程序的标准化等等。各个行动者之间使用这些方式的越多，他们之间的信任度就越高，这会进一步促进他们关系的稳定，并带来一些附加收益，如较低的交易成本。

4. 行会、推广网络治理模式合法性

TD-SCDMA 产业联盟的建立借鉴了美国、欧洲发展电信业的经验。欧洲在第一代移动通信时代，为了统一技术标准，1987 年欧洲 11 个国家的邮电部部长组成了 Group of Special Moment Association(GSMA)，于是在 1992 年就成功确立了 GSM 标准，全欧洲的频率统一在 900MHz。而美国为了抵挡欧洲的力量，也于 1993 年成立了 CDMA Development Group(CDG)。

TD-SCDMA 产业联盟的合法性在于模仿机制，即在一个组织的技术没有得到人们的充分理解时，当一个组织的目标模糊不清时和互相矛盾时，或者当一个组织的环境中出现了符号象征方面的不确定性时，该组织可能以其他组织作为参照模型来建立自己的制度结构。

TD-SCDMA 标准被确立之初，是由大唐垄断研发，但随后在财力、人力、物力方面逐渐感到乏力，这里即是不确定的出现。在这种情境下，模仿作为非最佳也非最坏的方式出现，国内开始探讨国际上电信产业或者其他产业发展中的治理模式。根据欧洲和美国的发展经验，电信技术的研发、制造和运营并非一家所能及,需要形成完整的产业链,集中力量完成新技术的开发。因此,2002年,TD-SCDMA产业联盟成立,随后形成了"专利共享、共同开发、协同组织"的机制,建立了覆盖无线接入网、核心网、天线、芯片和终端等各产业环节的完整产业链。

三、第三阶段:TD-SCDMA的运营阶段

在TD-SCDMA被确立为国际标准之后,国内就引起了关于中国选择何种3G技术和如何发放3G牌照的争论。针对以上两个问题,在"发展第三代移动通信系统的策略"[①]课题研讨会上给出了三种不同的发展思路:第一种是多数人的主张,他们认为鉴于我国在2G时代GSM和IS-95,相对应的3G制式为GSM升级演进为WCDMA、IS-95升级演进为CDMA2000,这两种系统都已经存在,并且已经具有相当规模,因此,应该允许运营商根据自己的情况来选择3G标准,关于发牌照,认为应该发不同标准的3G牌照;第二种观点是以东方通信公司施继兴董事长为首的少数人认为优先选择WCDMA,施继兴以人大代表身份列举了国民生产总值、扩大就业等理由认为应该大规模推广成熟3G制式WCDMA;第三种观点是以第七研究所李进良总工程师为首的少数人的主张,他们认为中国应该支持自主创新技术,主张TD-SCDMA"一统华夏,三分天下",建议给国内运营商发放TD-SCDMA的统一牌照。

工信部对于发展中国3G的看法是采取市场竞争的治理模式,最直接的反映是在3G牌照的发放上。2008年工信部主导中国电信业进行重组,工信部、发改委和财政部三部委联合发布《关于深化电信体制改革的通告》,指出了在电信改组完成之后,形成三家拥有全国性网络资源、实力与规模相对接近、具有全业务经营能力和较强竞争力的市场竞争主体,重组完成后将会发放3G牌照。

这一次改革实际上是工信部借发展3G,实施不对称管制手段,再一

---

① 杨骅,逯宇.中国3G:TD-SCDMA,一个大型高科技产业崛起的历程[M].北京:知识产权出版社,2010.

次平衡国内电信运营商的实力。工信部在3G发牌的问题上，主张技术中立，由企业申报，用市场机制激励3G在中国的发展。由此可见，"技术中立论"和"市场决定论"在政府主管部门具有极强的影响力。

在当时，全国拥有三张2G网络：中国移动的GSM网、中国联通的GSM和CDMA网，相对应的3G制式为WCDMA、CDMA2000以及作为中国自主创新的3G标准TD-SCDMA，全国统一于TD-SCDMA网还是多种制式并存中国，成为焦点。争论的两派分别为：自主创新派和市场竞争派。自主创新派是指以李进良、丁守谦、李世鹤等为代表的支持将华夏统一于中国自主创新的TD-SCDMA网，其认为中国的移动通信业错失了1G和2G时代，借中国3G标准TD-SCDMA占领移动通信的制高点至关重要，而首先TD-SCDMA需要在中国的土壤上发展成熟才有可能与世界成熟的标准一决高下，若贸然将国际成熟标准引进来，势必与中国3G标准TD-SCDMA形成激烈对抗，从而TD-SCDMA的发展将因此受到巨大的阻碍。而市场竞争派是指国内外主张引入竞争机制建立电信业有效竞争市场格局的大多数人，其认为统一发放TD-SCDMA的牌照并不能改变严重失衡的市场结构，是闭关自守的做法，而只有通过形成三家拥有全国性网络资源、实力与规模相对接近、具有全业务经营能力和较强竞争力的市场竞争主体，才能使得电信资源配置进一步优化，竞争架构从而得到完善。

从均衡竞争、保值增值、3G因素和可操作性四个角度，其提出了如表4-3所示的6种重组方案，此次重组与3G牌照的发放密切相关，2009年1月7日，工业和信息产业部正式发放3G牌照，分别将TD-SCDMA、WCDMA和CDMA2000三张牌照发放给中国移动、中国联通和中国电信三家运营商，彻底宣告了市场竞争派的胜利和自主创新派的失败。

表 4—3　　　　　　　　　　各种重组方案比较

方案编号	具体内容	均衡竞争	保值增值	3G因素	可操作性	总计	可能获得的3G牌照
NO.1	移动	3	3	5	3	14	TD-SCDMA
	联通（C网）						CDMA 2000
	网通（北）+联通（南G网）						WCDMA
	电信（南）+联通（北G网）						WCDMA
NO.2	移动	3	4	5	4	16	TD-SCDMA
	电信（G网）						WCDMA
	联通（C网）+网通						CDMA2000
NO.3	移动	5	4	5	4	18	TD-SCDMA
	电信（C网）						CDMA 2000
	联通（G网）+网通						WCDMA
NO.4	移动	3	3	5	4	15	TD-SCDMA
	联通（G/C网）						CDMA 2000
	网通（北）电信（南）（新网）						WCDMA
NO.5	移动+网通	2	5	5	5	17	TD-SCDMA
	电信+联通（G/C网）						WCDMA+CDMA2000
NO.6	移动+卫通	2	4	5	3	14	TD-SCDMA
	联通（G网）+铁通						WCDMA
	电信+网通+C网						CDMA2000

资料来源：朱金周.电信转型：通向信息服务业的产业政策[M].北京：北京邮电大学出版社，2008.

第四节　电信产业市场竞争治理模式的建构

组织制度学派强调理性是被社会所建构出来的，而认知的因素在社会建构的过程当中起着非常重要的作用。迪马吉欧指出，文化能够建构经济，此时，文化对经济而言是内在的，它提供的理解是行动主体参与经济活动的基础。自中国实行有中国特色的市场经济以来，中国电信业一直努力建立市场竞争的治理模式,这一治理模式也并不是先验的,而是受新自由主义认知影响的结果。对于理解 TD-SCDMA 为何未被大规模的推广,关键在于理解中国电信业市场竞争的产业治理结构。接下来将从中国电信业展开的四次改革中探讨 20 世纪 90 年代后中国电信业的治理模式是如何被建构起来的。1994 年,中国电信业开始了"鼓励竞争,破除垄断"的电信体制改革,致力于建立公平公正、有效有序的市场竞争秩序。中国电信业经历了四次改革,首先是迈出打破垄断的第一步,其次是进一步打破垄断,第三次是初步建立有效竞争体系,第四次是深化电信体制改革。

一、市场化前的电信业

1949 年至 1993 年间,我国实行计划经济体制,中国电信业是政企合一、由邮电部独家垄断,形成国家等级制垄断的格局。

1949 年成立了邮电部,下设邮政和电信两大总局,分别负责经营邮政和电信业务。当时电信网的运营和基本网的服务合二为一,由邮电部独家垄断经营,政府对电信业实行的是全面管制。邮电部对其所属企业从投入、生产、销售三方面垂直控制,进行严格的价格管制。邮电部承担着监管者和经营者的双重角色,呈现国家等级制垄断的格局,财政注资是企业资金的唯一来源,当时电信业的需求量较小,电信业尚处于不盈利甚至亏损的状态。当时主要的考虑是电信为国家、为人民服务,进行严格的价格监管,以政府补贴的形式保证企业的正常运营,所以那时的电信业完全不受供求关系和成本变动的影响。同时导致的恶性结果是电信业长期处于亏损状态,企业的生产效率低下,成本反而居高不下,供不应求的现象异常显著,这就势必要求电信业进行制度改革。

国家意识到国家等级制垄断的弊端,加之国际"去规化"(deregulation)的影响,中国从 20 世纪 80 年代开始对中国电信业放松管制,探讨有效的现代企业管理方式,开始实施"收支挂钩、差额包干、超额分成"的激励机制。随着管制的放松,问题也随之产生,垄断定价行为开始出现。例如,1980年国家批准电信企业能够收取电话初装费,导致初装费价格从几百元暴涨到五千多元。价格过高,消费能力受到限制,市场需求难以转化为有效的真正消费,电信业要实现规模效益就必须让消费者承担高昂的费用。一方面话费居高不下,另一方面电信服务质量低劣,导致消费者怨声载道,放松管制产生的新问题让再次改革成为必然。

综观当时全球的电信业,几乎全部被政府所垄断。欧洲各国于20世纪80年代陆续开始走市场化道路,政企分开、电信企业私有化;美国则是依据反垄断法,由强行将AT&T拆分为一个长途电话公司和7个地方性电话公司而引发了市场竞争的改革。对中国而言,关键在于1992年邓小平的南方谈话和中国共产党十四大的召开,提出转变计划经济旧观念,实行中国特色社会主义市场经济体制,作为国家关键领域的电信行业成为这一新体制的践行者。

二、电信第一次市场化改革

中国电信业的第一次市场化改革想法的提出主要集中在邮电部和电信行业内,最初尝试型的探索表现在国内开放了部分电信增值业务。但对于电信固有的国家等级制垄断体制而言,这无异于隔靴搔痒,根本无法撼动国家等级制垄断的基石。因此,为了初步打破垄断,需要更大幅度的变革。

当时国际上有两种比较成功的模式:美国模式和欧洲模式。一方面,以1984年AT&T解体为代表的美国模式,主张将原有电信企业拆分为几个企业以形成均衡竞争的格局,即首先分割长途与本地电话,再按地区将本地电话进行再次分割。美国以拆分AT&T为标志的改革实现了美国电信业打破垄断引入竞争的目标,世界各国出现了美国模式的电信改革,形成了各国电信业对内开放和有限竞争的国内竞争阶段。另一方面,欧洲模式是指实行政企分开,保留原有的国家主体电信企业,但通过立法对其进行监管限制,同时引入新的竞争者,对其进行扶植,以形成有效竞争。实践证明,欧洲模式优势明显,在短短几年内造就了一批全业务的、实力和规模相当的、国际化的、具有较强竞争实力的电信企业,在欧洲电信业形成了有效竞争格局。

在美国模式和欧洲模式的争论下,考虑到技术革新,不论是长途信号传送的新模式,还是电信与数据处理业务的融合,美国模式这种人为分割的改革方式,还是无法打破地方垄断,也不利于技术的进步。于是,中国决定仿效欧洲双寡头的竞争模式,在1994年引入了电信业新的竞争者经营长话、市话、移动通信的综合电信运营商中国联通。为了使中国联通尽快成长为能够与中国电信一争高下的竞争对手,中国政府开始以资源和信息配置倾斜等各种不平等管制方式来大力扶持中国联通,例如,政府规定在中国电信市场上,中国联通的资费可以比中国移动便宜10%～20%,以吸引消费者。但经过四年的经营,中国联通的资产只有23亿元,为中国电信的1/261;1998年中国联通的电信业务收入不超过16亿元,为中国电信的1/112;其主打的移动通信的用户只有100多万,为中国电信的1/20。[①] 由于政企合一的电信既是市场的监管者又是参与竞争的经营者,原始体量过大,尽管中国联通得到政府的大力支持,但还是未能形成预期的竞争格局。

三、电信第二次市场化改革

引入中国联通并未打破中国电信的垄断,中国电信在电信服务质量、电信资费等方面存在诸多问题,消费者要求电信业提高服务质量、降低资费,政府也意识到需要进一步打破垄断,于是开始了电信业第二次市场化改革。

这一阶段的改革结合了欧洲模式和美国模式,直指政企不分的中国电信,一方面,政企分开、邮电分营,1998年成立信息产业部,确定信息产业部的"裁判员"角色,完全行使政府职能部门的权力,力图维护电信市场

---

① 李荣华,柳思维. 我国电信业体制变革和产业重组对邮政改革的启示. 中国经济信息网. 2007-4. http://www.cei.gov.cn/loadpage.aspx?page=showdoc&categoryalias=zonghe/ggmflm_zh&blockalias=zjzjsd&filename=/doc/zjzjsd/200704202208.xml.

竞争的秩序,以期形成公平、公开、有序的竞争环境。另一方面,由信息产业部实行对中国电信业的改革,对中国电信进行拆分,大力扶持中国联通,且引入新的竞争者。第一,将中国电信一切为三,即成立中国电信集团公司,下辖几个总公司,分别经营国内外长途通信和国内本地网电信业务、全国移动通信业务、全国无线寻呼业务和卫星通信业务,随后成立了中国移动通信集团公司与中国电信集团公司。第二,大力扶持中国联通,当时为帮助中国联通在美国、中国香港上市,政府给予中国联通51亿元的资金支持和政策指导,同时将从电信剥离的国信寻呼成建制划入中国联通[①],使其成为当时电信运营市场上唯一一家具有电信综合经营权的公司。第三,新建了中国吉通网络通信有限公司(简称中国吉通)、中国网络通信有限公司(简称中国网通)和中国铁道通信信息有限责任公司(简称中国铁通),分别经营国际国内IP电话业务、高速互联网络示范工程的建设和运营工作及除移动通信业务外的固话、ISP、ICP、卫星通信等电信业务。此外,还出台了《中华人民共和国电信条例》,并对电信资费进行调整。

经过以上改革,中国电信市场出现了新的格局,其中有三个固定业务提供商:中国电信、中国联通、中国铁通;两个移动业务公司:中国移动、中国联通;六个数据传输和IP电话供应商:中国电信、中国联通、中国吉通、中国网通、中国移动、中国铁通;一个宽带批发商:中国网通;两个卫星通信运营商:中国吉通和中国铁通。《电信条例》的出台为这一新的格局增加了砝码,结束了我国电信业基本上无法可依的状态。但这六家运营商各自占领某一业务,例如,中国电信占领100％的固网业务,中国移动占有76％的市场份额,中国联通独占87％的寻呼业务,这实际上是电信运营商通过将电信业细分,虽然达到了某个细分领域的垄断,但仍然无法形成有效竞争。

---

① 信息产业部."信息产业部关于将国信寻呼有限责任公司成建制划入中国联通公司的通知",1999－5. http://www.chinalawedu.com/news/1200/22016/22029/22432/2006/3/ya02111254142360023971－0.htm.

四、电信第三次市场化改革

经过 1999~2000 年的改革,中国电信业形成了各业务领域的垄断形式,政府意识到电信业仍有很大的空间来引入竞争。当时,我国"入世"取得突破性进展,"入世"已成定局,根据 1997 年世贸组织签署的《全球电信基础协议》,要求各成员国向外国公司开放其电信市场并结束垄断行为。但中国的电信业一旦市场放开,将面临与国外公司凭借资金、技术实力及管理、市场经验的激烈角逐的局面,而对于整体实力弱于外国公司的我国电信服务企业,所面临的巨大竞争压力不言而喻,中国电信业如何与狼共舞成为迫切需要解决的问题。

要不要拆分电信及如何拆分成为关键,对此主要有两派观点:主拆与反拆,而主拆派里还另有因怎么拆而形成的两派,即横拆与竖拆。主拆派提出中国电信业发展进程中的症结在于不平等竞争,电信业虽初步形成竞争格局,但离有效竞争还有相当距离。横拆法是指把中国电信分拆为几个地区性运营公司或南北两大电信集团,各自经营市话业务、长话业务和数据业务,互相竞争。而竖拆法认为把中国电信的市话、长话和数据这三大业务分别归到不同的公司经营,各家公司互不相干。反拆派认为从国家安全角度不宜再拆分电信、我国电信业务市场竞争格局正在形成、再次拆分会导致新电信运营商之间因竞争所造成的大量资源浪费等方面强烈反对。

在这次改革中,重点在于打破固定电信领域的垄断,对中国电信再次进行拆分。2001 至 2002 年,中国电信在被剥离了移动等业务之后再次被南北拆分,北京、天津、河北、山西、内蒙古、辽宁、吉林、黑龙江、河南、山东等共 10 个省(自治区、直辖市)的电信公司归属中国电信北方部分,其余部门归属中国电信南方部分。中国电信北方部分、中国网络通信(控股)有限公司、中国吉通重组成为中国网络通信集团公司(简称中国网通);南方部分则保留"中国电信集团公司"名称,继续拥有中国电信的名称和无形资产。中国电信市场初步建立了中国电信、中国网通、中国移动、中国联通、中国卫通和中国铁通的有效竞争格局。信息产业部部长吴基传评价说:"中国电信产业仅用三年多的时间就走过了许多发达国家需要七八年才完成的改革历程①"。

五、电信第四次市场化改革

第三次电信市场化改革以后,我国电信市场格局的实质是中国电信、中国网通、中国移动和中国联通为主的专业型运营商和 22 000 余家中小增值企业并存的"葫芦型"结构。② 这种市场结构具有内在的不稳定性。2007 年,市场结构严重失衡并且呈现扩大趋势,最明显的表现为中国移动"一家独大"的现象日益凸显,2007 年上半年,我国四大电信运营商净利润约为 619 亿元,其中,中国移动净利润达 379 亿元,占四大运营商利润总额的 61.2%,且随着移动业务的快速增长,固话业务增长缓慢、经济效益差的问题逐渐突出,移动运营商行业地位不断增强并得到巩固,相反固网运营商则由原来的强势地位转变为明显的弱势地位。同时,伴随着中国如何发展 3G 的问题,电信业重组又被提上议程。以 3G 为契机的中国电信业重组引发了包括政府、运营商、通信技术专家、学者、媒体及消费者在内的多方人士的大辩论。

2008 年 5 月 24 日,工业和信息化部、国家发展和改革委员会、财政部三部委发布《关于深化电信体制改革的通告》,提出鼓励中国电信收购中国联通 CDMA 网,中国联通与中国网通合并,中国卫通的基础电信业务并入中国电信,中国铁通并入中国移动。同时,通告指出改革重组与发放第三代移动通信即 3G 牌照相结合,重组完成后发放 3G 牌照。2009 年 1 月 7 日,工业和信息产业部正式发放 3G 牌照,分别将 TD-SCDMA、WCDMA 和 CDMA2000 三张牌照发放给中国移动、中国联通和中国电信三家运营商。自此,开启了 TD-SCDMA、WCDMA 和 CDMA2000 的

---

① 吴基传主编.世界电信业:分析与思考[M].北京:新华出版社.2002.
② 中国通信企业协会.2007 年中国通信业发展分析报告[M].北京:人民邮电出版社.2008.

激烈角逐格局。

从中国电信业的四次改革中,我们可以清晰地看到鼓励市场竞争的产业治理结构在其中的巨大作用。而 2009 年 1 月三张不同制式 3G 牌照的发放是其产业治理内在逻辑的一环,这也是中国 3G 标准 TD-SCDMA 缘何未被大规模推广的结构性原因。自建立中国特色社会主义市场经济体制以来,中国电信业发展的内在逻辑是打破垄断,形成有效竞争格局,以实现资源的优化配置,为消费者提供优质低廉的电信服务,也只有中国电信企业自身综合效益和整体实力得到提升,才能真正践行 2004 年中国政府所提出的"走出去"战略,发展 3G 实则是推动电信业整体市场化进程的手段。

本章小结

中国 3G 标准 TD-SCDMA 最初"一统华夏"的战略目标并没有在中国得以实行,而是否能在国际上"三分天下"在 3G 时代也一直是未知数,从中国移动运营的 TD-SCDMA、中国联通运营的 WCDMA 和中国电信运营的 CDMA2000 在现有的客户规模、网络、终端规模和业务应用四个维度的比较上看,TD-SCDMA 并未得到较好的发展,就发展趋势而言,中国移动积极开发 TD-SCDMA 的演进技术 TD-LTE,这无异于放弃 3G,希望直接进入 4G 占领移动通信业的制高点。相较于如火如荼发展的中国联通和中国电信的 3G 网络,TD-SCDMA 在当时的发展堪忧。

中国 3G 标准 TD-SCDMA 的发展分为标准的确立、研发和制造、运营三个阶段,本章以等级制、行会、推广网络和市场竞争等产业治理模式加以解释,指出产业治理的模式在塑造中国电信市场,而政府在其中起着举足轻重的作用。在标准的确立、研发和制造阶段,政府直接干预或者领导采取垂直控制手段打造中国自主创新品牌。但在运营阶段,自 1994 年以来,中国电信业始终推行"鼓励竞争,破除垄断",政府多次采用不对称管制手段来打造竞争市场,通过塑造市场实力均衡的市场主体、全业务竞争的格局、四次电信体制改革,从最初打破电信独家垄断,到政企分开、邮电分营、分拆电信、建立移动,形成多网竞争市场,到再一次将电信拆分为南北两家,初步形成六家运营商有效竞争格局,最后打造三家全业务经营的市场主体,以不同制式的 3G 技术均衡企业实力,进一步深化电信体制改革,形成电信有效竞争的新格局。中国电信业始终致力于建立公平公正、有效有序的市场竞争秩序,而中国 3G 标准 TD-SCDMA 并不能因为自主创新而打破牢不可破的鼓励市场竞争的产业治理结构,这一产业治理结构决定了自主创新需要在市场竞争的逻辑下展开,但鱼与熊掌不可兼得,所以作为自主创新的中国 3G 标准 TD-SCDMA 未得到大规模的推广。

第五章 三网融合为何进展缓慢？
——政府管制下的业务博弈与播控权争夺

第一节 背景概述

现代社会信息科技正向着综合化、个性化的方向发展，在各个分离网络所提供的不同类型的信息内容也越来越不能满足用户需求和社会进步的情况下，为用户提供集语音、数据和视频三种类型信息内容的新信息产业兴起，数字技术、光通信技术、软件技术的发展，与信息产业的融合，使得交互式多媒体网络的实现成了必然要求。在迅速发展的经济和技术的推动下，信息产业发生巨大变革，之前信息产业的三大网络——计算机网、电信网和有线电视网通过技术变革，由之前各自单一的网络运营商提供单一服务转向多家运营商提供统一服务，信息产业逐渐走向一个功能强大的综合业务平台。而这种网络综合性主要通过"三网融合"这一概念来体现。"三网融合"在欧美一些国家已经顺利实现，网络融合也成为国际性的趋势。我国也曾在1998年提出了网络融合的概念，但相比于近乎相同时间提出通信传媒产业融合的欧美国家而言，我国的三网融合的实践迟迟没有实质性进展。

所谓"三网融合"，不仅是指技术层面能够通过统一的TCP/IP协议，更是强调在业务层面上可以相互渗透和交叉，广电和电信两大运营商能够相互渗透进入对方领域实现横向一体化发展、行业管理体制上能够实现融合。但我国的三网融合从1999年的"82号"文件明文禁止广电和电信两大运营商相互进入，到2010年6月进入实质推行阶段，名为"双向进入"，但双方依旧持续博弈，在播控平台的控制权力方面一直未能达成一致；并且自网络融合以来，双方在业务市场方面存在恶性竞争行为。首先，双向进入方面跨越十几年的时间，直至2010年6月三网融合试点方案明确规定广电和电信可以交叉进入对方业务发展。一方面，广电不愿意放开自己在内容制作方面的优势，禁止电信进入视频业务的发展，2004年电信"试足"IPTV遭到广电抵制就是例子。另一方面，广电试图拓宽自己的业务领域，涉足电信的宽带业务，但又遭到电信的反对，标志性事件是1998年的广电整合有线电视网、铺设"干线图"而后升级到相互破坏设备。播控权的掌握涉及视频节目的控制权力，即在内容制作和审查方面看谁有发言权。广电作为媒体宣传工具，内容是广电的王牌；而电信方面由于正急于转型走向全业务发展，视频内容对于电信部门能不能走向下一个发展阶段是关键，因此，电信方面也希望得到内容的播控权。2010年三网融合终稿中规定内容播控权归广电所有，电信享有传输权。双方不仅在行业准入和内容控制方面争论不休，更在业务市场方面展开了多元博弈的格局。自三网融合进入实质推进阶段以来，广电和电信双方不断发生"价格战""剪电缆"等恶性市场竞争行为。

从最初的相互禁止到国家政策的引导，我国的三网融合至今仍处于未成熟状态，广播电视行业和电信行业两大产业之间的融合进程缓慢。为何在国家政策的有力倡导和社会需求的动力机制下我国三网融合至今没有广泛推广？什么因素导致了这种情况？这一问题已经成为学术界关注的问题。

本章接下来从几个部分来论述：首先是对现有的相关研究文献进行理论回顾，然后从新制度主义的视角提出经济社会学的分析框架；第二部分介绍国内外的三网融合情况，并且从"双向进入""播控权的争夺"和"无序的市场竞争"三方面描述了我国三网融合进展缓慢的表现；第三部分从经济社会学分析的角度,讨论了我国的三网融合是在国家信息和传媒产业转型发展的战略和国家政策下的指引下,由于产业管理体制所导致的部门利益博弈。最后一部分就产业发展和管制结构之间的联系展开讨论,对本章进行总结。

第二节 新制度主义的分析框架

产业发展的问题一直是各学科研究的重点,在研究产业发展过程中的发展规律、发展周期、发展政策、产业转移、资源配置和影响因素的过程中,社会科学形成了各种不同研究范式的学科理论。其中,以新古典经济学为代表的市场主义解释范式、新兴产业理论中的网络主义范式和新经济社会学为代表的制度主义范式三种解释理论为代表。这三种理论范式分别带有"市场决定论""网络决定论"和"制度决定论"的性质。[①]

其中,市场主义范式强调自由市场的作用,认为市场机制的作用是产业发展的来源,在理性经济人的假设下,比照经济学中的投入——产出理论,认为产业发展就是资本、人力、土地和技术等生产要求的有效利用和集合。而在特定的条件下,通过市场这只"无形的手"合理地导向就能实现资本、人力资本、生产技术等生产要求的合理配置。这种理论存在的缺陷即是,把产业发展理解为在自由市场机制引导与作用下的要素和资源最优化配置的结果。在个人主义的方法论和完全理性的假设下,过分强调了市场机制这一并不单独存在的要素的作用,而忽视了行业规范、产业结构等非市场因素的作用。因而陷入了片面的"市场决定论"。网络主义范式以个体的利益为前提,强调网络、社会资本与嵌入性等对产业发展的作用。在网络中,其他个体的存在对个体的行为产生一定的非正式的约束作用。网络主义范式的产业理论主要分为三种:企业网络理论、企业社会资本理论和嵌入性理论。这些理论的弊端在于,认为组织、社会、文化

---

① 梁波,王海英.市场、制度与网络:产业发展的三种解释范式[J].社会:2010(6).

结构是产业发展的重要约束性因素,而模糊了市场机制、政府等主体的作用。在这种解释范式下,网络所塑造的刚性结构让产业主体在产业发展中陷入被动,忽视了它的主体作用和角色行为,从而陷入一种"网络绝对论"。

与市场主义范式和网络主义范式不同,新经济社会学的制度主义范式始终把国家的角色放在重要位置,强调非市场的力量——政府这只"有形的手"的作用来避免市场失灵。制度主义范式认为经济活动与公共的制度安排,即治理结构的维持作用是分不开的,注重从集结的层面理解利益。换句话可以说,制度主义强调意义系统、认知和意识形态在经济生活中的作用,认为理性是被社会性地建构起来的。历史制度主义的观点认为,国家作为经济行为主体,是由很多的行动者组成,这些行动者由于自身的利益原因会对国家政策作出不同的解释,这些利益集团通过获得制度性机会而处于竞争与利益博弈之中。帕特里夏·麦金尼斯认为:"监管职责意味着需要利用政府的强制力量来管制个人或企业。"[1]从制度主义范式的观点看来,产业的发展与政府的管制环境是分不开的。无论是广电业还是电信业都不可能排除政府管制这一外在的环境因素自发成长。

三网融合过程中,牵涉到广电部门和电信部门两大行动者,由于政府对广电和电信的管制方式形成了广电行政性、政企"不分家"的性质,以及广电和电信多年来在媒体产业和电信行业的独霸一方、各自垄断。两大垄断行业的政府管制为彼此设定了严格的行业壁垒,包括准入制度、定价制度。这种截然不同的政府管制方式导致的不同利益结构造成了三网融合过程中两网按照各自的方式和利益操作,相互不配合的局面。广电一直以来作为国家事业单位受到政府的保护。首先,广电作为国家文化和信息宣传的工具,一直在政府和人民之间起着"喉舌"的作用。文化和信息内容的传送对于国家的文化安全起着重要的作用,因此,作为国家意识形态的载体,文化和信息内容的制作和管理的控制尤为小心,播控权经过

---

[1] 傅玉辉.大媒体产业:从媒介融合到产业融合[M].北京:中国广播电视出版社,2008.

广电和电信的争夺,最后由广电掌控。因此,就三网融合进展缓慢的原因来说,这是政府指导下内生的,而非外部的技术或者其他因素所导致的(见图5—1)。

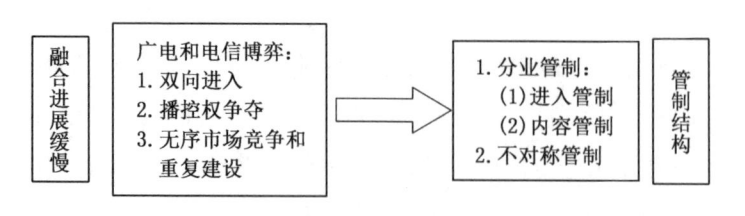

图 5—1 三网融合分析框架

第三节 三网融合及其在我国的进程

信息传播的产业融合就是指原先处于产业分立状态的两个或者两个以上的与信息传播相关的产业,由于技术、市场、服务和管制等因素的推动,逐渐趋向融合的一种产业现象。产业融合使产业间的边界出现越来越模糊化,不同产业间可以共存共生,并且可以促进产生新的产业环境和产业形态。[1] 我国信息传播的产业融合起始于20世纪末,我国曾在1998年首次提出"三网融合"(Triple play)的概念,至今已经有二十多年,我国的"三网融合"一直是各方关注的焦点。所谓三网融合,是指信息产业三大不同行业:电信业、计算机业和有线电视业的基础设施,即电信网、计算机网、有线电视网三大网络在向宽带通信网、数字电视网、下一代互联网演进过程中,通过技术改造,能够提供语音、数据、图像等综合多媒体的通信业务,将以往广播传输中的单向的"点"对"面"、通信传输中的"点"对"点"和计算机中的存储时移融合在一起。[2] "三网融合"的内涵主要包括几个方面:技术上趋向一致,使用统一的 TCP/IP 协议;行业体制融合,电

---
[1] 杨成,韩凌.三网融合下的边界消融[M].北京:北京邮电大学出版社,2011.
[2] 三网融合. https://www.mscbsc.com/.

信网、计算机网和有线电视网可以获得统一的行业许可制度和统一标准；网络层面上可以互联互通，可以突破目前三网分立的状态；业务层面上可以相互渗透和交叉，运营商之间相互渗透进入对方的业务领域，可以提供多元化、个性化的语音、数据、图像服务；终端融合，可以通过一个终端实现"三屏"内容的融合，即是三张网络能够实现同样的功能。[1] 三网融合的核心并非指计算机网、电信网和广播电视网物理层面的统一，而是指三者打破相互封闭的行业壁垒进行业务层面的相互渗透、政策层面的深层融合，以及在两种意义之上的产业结构的调整。[2] 由于计算机网和电信网这两大网络之间的融合已经实行很久了，两者无论在物理层面还是业务层面都基本实现了融合，两大网络的运营商目前实际为一体，所以本文中我们所讨论的三网融合其实是涉及广播电视网和电信网两大网络的融合。

20世纪90年代，特别是美国在1993年提出三网融合的初步计划后，各国都认识到网络发展的趋势和必要性，纷纷投入到三网融合的进展中来。欧盟等国几乎与我国同时提出三网融合发展的战略目标，在通过政策引导和法律规定后，各国先后冲破了行业分业经营、分业管理的限制，目前三网融合在一些国家已经顺利实现。技术上的改进和内容上的统一不仅为各网络用户体会到新产业革命带来的便利，成本上更加节约，更为国家科学技术的创新迈出重要一步及为产业融合后带来的经济效益提供了更大空间，也引领着世界迈向新的信息时代。

一、"三网融合"在国外的发展状况

这里以美国、英国和日本为例，看"三网融合"在这三国的发展状况。

美国：美国于1993年就提出了"信息高速公路"计划，并且在政策和法令上予以支持。这一计划明确规划了美国信息时代的未来：能够提供一个在任何时间、任何地点、任何人之间传递语音、图像和数据的网络平

---

[1] 周玉冰,刘辉.对我国网络融合现状的探究与分析[J].硅谷:2010(20).
[2] 杨状振.国家战略视角下的三网融合及其误读辨析[J].声屏世界:2011(12).

台。也即我们今天所讨论的三网融合。美国对于电信业和广电业的三网融合,经历了由最初的反对到后来的推行阶段。美国早先就于1996年颁布相关法律文件扫清了三网融合的障碍,即《1996年电信法》就为广电和电信提供了合法性,打破了行业间互不干涉的规矩,两大行业可以混业经营,双向进入得以实现。① 有研究显示,2009年,美国的IPTV用户数量只占全球用户的5%,而到了2011年,美国IPTV用户达到480万,占全球IPTV用户的比例为11.68%,到2013年,美国的IPTV用户将达到1 550万户,占全球IPTV用户总量的比例为13%。② 目前,美国三网融合后的"捆绑式"服务不仅融合了之前三项服务,而且价格便宜,网速更快,能提供265个数字频道的电视节目和电影。

英国:英国按照行业标准统一、终端设备的融合和业务融合"三步走"的战略方针实行,使三网融合得到了迅速的发展。数字技术、通信技术的发展为英国的三网融合提供了可能。2000年,英国成立了统一的监管机构,在通过《2003通信法》后,政策上提供的可能性促使通信业各方均跳出早先自己的领域发展牢笼,相互进入对方的行业发展。2005年就已经实现了固定与移动网络的切换。三网融合在英国得到有力推行,并且由于管理体制的完善使得产业融合加速发展。如今英国电信作为英国最大的网络运营商,也参与了网络电视节目的提供,而英国广播公司凭借其网络服务的提供也开拓出了巨大的用户市场。

日本:日本的三网融合分为两个阶段实行:第一阶段为广电和电信的两网融合阶段,2001年,日本IT战略总部召开会议宣布电信和广电可以相互渗透业务;第二阶段为2003年开始的三网融合阶段。日本的三网融合首先由政府直接干预并参与了相关产业政策的制定,从法律角度消除了广电和电信产业之间的障碍,另外从资金和技术支持方面为网络融合提供了可能。从2003年开始日本部分地区就已经启动数字电视的使用;

---

① 许宗敏.浅析三网融合的发展现状与未来展望[J].价值工程;2010(17).
② 陈凯.2011年美国IPTV用户可达480万五大经验供借鉴[N].通信信息报:2010-10-19.

2006年数字电视在日本全国使用;到2011年,模拟信号电视已经全面禁止,日本的三网融合发展迅速。截至2010年4月,提供电视服务的电信公司已达21家,到2008年年底,日本的计算机网用户数量达到9 091万人,比上一年增加280万,占日本总人口的73.5%,其中手机上网用户数量达到7 506万人,比上一年增加219万,电脑和手机并用上网者为6 196万人。[①] 目前,日本正在终端设备方面大力发展,日本最大三家移动通信公司相继推出了几款售价低、性能高的智能手机。日本的三网融合已进入全新的发展阶段。

自从20世纪90年代以来对于网络时代发展的共同认识,各国均先后踏上了对于三网融合的"试探之旅",而且在跨越技术、行业限制和政策的困境之后,之前不同利益的部门之间达成了合作,三网融合进入实质进展阶段。与其他国家相比,一方面,中国从1998年"三网融合"概念提出到2010年正式推行,在产业融合的推行时间上落后;另一方面,从2010年进入三网融合试点以来,到目前为止部门之间意见的不统一、行业间的博弈,使得业务、市场的融合始终处于缓慢进展中,三网融合后的业务,如IPTV、手机电视、互动电视等发展不甚乐观。

二、三网融合在我国的进展

首次提出到目前进入第二批试点地区,"三网融合"在我国经历了漫长的发展阶段。相对于欧美等率先已经实现"三网融合"的一些国家而言,我国的"三网融合"在经历技术不成熟到技术程度逐渐完善的条件下,相对耗时更长,阻碍更大。在政府推出一系列政策引导后仍遭受地区试点一再推迟、屡次"试水"失败,大致发展历程可分为以下几个阶段。

第一阶段:1997~2000年,"三网"概念的提出。

1997年国家召开第一次互联网会议,此次会议通过了《国家信息化总体规划》,规划中第一次出现对"三网"的表述,即"我国信息基础设施的

[①] 曹平.我国公共图书馆"三网融合"应用研究[J].图书与情报:2011(4).

基本结构是一个平台三个网。"①

1998年3月,王小强发表《中国电讯产业的发展战略》研究报告,随后提出展开了对于"三网融合"和"三网合一"的焦点讨论。自此开始,广电和电信部门展开了对"三网"的利益博弈战。②

1999年9月17日,国办发[1999]82号文件的出台,"电信部门不得从事广电业务,广电部门不得从事通信业务,双方必须坚决贯彻执行。"有线电视进军宽带、固话等电信传统业务遭到挫折。三网融合因为广电和电信两大部门"双向进入"问题就此利益博弈而出现暂行被搁置现象。

第二阶段:2001~2006年,"三网融合"的明确提出和推进阶段。

我国在2001年加入WTO后,经济的市场化改革进一步加推进,国民经济和信息化发展的需要和产业融合发展的趋势,使得"三网融合"在政策上得以落实:2001年通过的国家"十五规划"纲要第一次将"三网融合"从国家政策层面明确提出来:"促进电信、电视和计算机三网融合"。在2006年通过的"十一五规划"中,更是对"三网融合"进一步作出了明确要求,提出构建下一代互联网建设,形成较为完整的宽带通信网络建设。"三网融合"的理念在这个阶段得以确立,但仍未进入实质推进状态。

第三阶段:2007~2010年,是"三网融合"的实质推进阶段,但发展滞缓。国务院在2008年出台"一号"文件,提出推进网络融合的计划,鼓励广电机构发展数字电视、增值电信业务。之后电信业完成了运营商重组,形成了中国电信、中国移动和中国联通三大运营商进入全业务竞争的局面。随后国家六部委再次提出建设和完善宽带通信网,建设集有线、地面、卫星传输于一体的数字电视网络。2009年,《国家发改委的深化经济体制改革工作意见》中提出要实现广电和电信双向进入。之后,广电总局和工信部等相关部门也都相继出台了若干推进"三网融合"的政策。虽然产业融合所需的市场条件和技术要求已经达到,但是由于存在部门利益

---

① 陈志强,夏虹."三网融合"背景下对媒介融合的思考[J].今传媒:2012(3).
② 许宗敏.浅析三网融合的发展现状与未来展望[J].价值工程:2011(17).

争夺,"三网融合"依然没有取得实质性的发展。

第四阶段:2010年至今,"三网融合"全面启动,广电、电信博弈战不断。

2010年6月,三网融合第一批试点方案启动,该试点方案经过了五轮修改,最终公布了十二个试点城市的名单和相关方案。电信和广电的双向进入方面终于有所突破,在国家战略的指导下,双方的利益博弈经过国家的强势干预,广电可以进入电信相关业务,电信行业可以根据规定渗透广电行业的一些业务。同年12月,国家"十二五"规划中再次强调提出将全面加速我国的信息化水平的速度,实现电信网、广播电视网和互联网的"三网融合"。

2011年12月,工信部部长苗圩在"两会"时期宣布,2012年将加快推进三网融合试点城市的扩容。[①] 国务院在12月底颁布了第二阶段试点城市的名单,包括省会城市、直辖市和其他城市共四十一个城市。

从我国三网融合的进程来看,其间充满了不同部门之间的利益博弈。虽然从国家层面的战略推进较为清晰,但是在实践过程中却受到不同部门的阻碍。

第四节 广电与电信:管制背景的差异

所谓"管制",是指政府为控制企业的价格、销售和生产决策而采取的各种行动,是政府为应付市场失灵而采取的行政性干预手段。[②] 管制分为经济管制和社会管制两种,所谓经济管制是指政府对企业的进入、定价、收费等相关行为的控制,包括行业进入管制、投资管制、价格管制等。社会管制是指企业为承担维护社会和国家安全、保护环境等社会责任而必须受到政府控制。我国广播电视行业具有的政治属性导致它须受到严格的社会管制,而电信业则侧重于经济管制。

---

① 王冰睿.三网难融难合[J].IT时代周刊:2011(11).
② 李萌.煤电价格的放松管制[J].经济研究导刊,2011(17).

电信业经过几次重组之后,逐渐由国家垄断性产业退出到企业化经营,市场化和规模化越来越突出,因此国家对于电信的管制发生了变化:从过去依赖行政性开始向法律性管理转变;过去电信用户和运营企业对于电信业的管理政策和过程并不完全了解,也就是说,电信的管理呈现信息"非对称"性,而这种情况在电信经过几次重组后发生了变化,政府对于电信逐渐由隐蔽性管理向透明性管理转变。[1] 也可以说,对应于中国经济体制的变化,中国对电信业的管制是由计划经济体制转型到社会主义市场经济体制的管制方式,竞争式发展使电信产业呈现出更多的灵活性和适应性。作为文化传播性质的广电,不管是作为内容生产还是作为文化产业的重要组成部分,在信息传播活动中都有着不可替代的重要作用,因此,广播电视仍是我国政府管制最为严格的产业之一。与电信的管制方式转型一致,我国广播电视电影传播产业也逐渐由计划型向市场型转变,但由于广播电视电影产业的传播性质,传播的内容对于社会大众的影响作用、以及国家安全问题等方面的影响,因此,我国对于广播电视电影产业规制并没有完全走向市场化,而是更多从事业单位层面去考虑,给予政策方面的保护。

我国的三网融合在技术方面已经具备了成熟的条件和充分的市场需求,但三网融合一直停留在政府大方针和战略的层面上,从政策层面上,三网融合似乎正稳定地推进,但现实是广电和电信两大运营商按照各自的逻辑不断发展自身业务而无暇顾及其他。具体来说,是由于受到我国在信息传播领域的管制体制和制度等人为方面因素的约束,导致网络资源的重新分配遭到阻碍。因此本该在融合基础上开展的新媒体融合业务仍未实现。垄断分为三种形式:自然垄断、市场垄断和行业垄断。而网络性质的行业一般都属于自然垄断行业,如铁路、民航、电信等行业。[2] 因此,在我国,电信业属于自然垄断行业,广播电影电视行业则是自然垄断

---

[1] 胡立志. 依法加强监督管理促进电信行业又好又快发展——纪念《中华人民共和国电信条例》颁布实施十周年[J]. 通信管理与技术;2010(5).

[2] 吕祥永. 我国垄断行业改革的道路选择[J]. 理论学习(山东),2006(3).

和行政垄断的一种结合形式。电信业代表的是信息产业,广电代表的是文化产业,而整个信息传播产业的特点是:作为内容提供者的广电和属于传输"管道"性质的电信作为中国的两大垄断化经营模式的行业,分属于不同的部门主管。电信网由工信部主管,广电网凭其"事业性质,企业管理"属于广电总局主管。各行业鉴于自身的服务内容和管制不同,互不渗透,两大行业一直处于被分割状态。

一、政府管制下的广电业

广播电视产业的娱乐功能和教育功能等网络型产业属性赋予了广播电视产业的通用管制方式。同时,作为意识形态宣传工具,我国的广播电视产业因此承担了社会公共服务的功能而具有政治属性,因此其在设立上是严格受到控制的。

作为网络型产业,广播电视产业在进入管制、价格管制、互联互通管制方面具有严格限制,但作为政治宣传工具的广播电视产业更强调对内容的管制。严格的内容管制主要是为了维护国家信息安全,维护社会秩序和公民合法权利。

随着市场化经济改革的推进,我国垄断性行业的改革是一项重要的改革内容,事业单位逐渐向企业制改制。改革开放以后,我国由计划经济向市场化方向改革,财政拨款已经不能满足广播电视事业发展的需要,由此广播电视业的产业经营开始兴起。但由于政府几乎仍然完全拥有自然垄断性质的媒介资源,防止其他竞争者进入,因此我国的媒介产业仍然属于事业化管理性质,"事业管理,产业经营",企业的市场经营与行业管理相结合,有着双重的法律地位。一方面,作为具体业务的经营者,他们是民事主体;另一方面,作为行业管理上既是政策的制定者,又是执行者,双重角色导致我国的广电业具有"政企合一"的性质。我国的广播电视电影产业化发展道路由来已久,1987年上海的广播电视系统提出了"只有发展产业,才能建设事业"的新观念;1988年广东省电视厅也提出了"让广播电视台实行企业化管理,让它自我积累,自我壮大"的设想。[1] 1992年,邓小平南方谈话,同年6月,广播电视被纳入第三产业,同一时期,广播电视业还进行了跨行业经营。1999年以后,国办82号文件明确了广播电视的产业性质和集团化发展方向,规定有线电视实行网台分离。但是在我国,广电一直属于事业单位性质,是国家的宣传部门,承担着政府和人民的"喉舌"的重任,对国家政府有着重要的工具作用。因此,广电的政治属性导致市场化进程一直很缓慢,而且,自从1983年开始,我国长期以来采用"四级办电视"的政策,广电系统中又形成局、台、网、总台(集团)等交错的角色定位。国家广播电影电视总局是国务院直属机构,包括内设机构、直属单位和地方管理机构三大部分。其中内设机构包括宣传管理司、电影管理局、电视剧管理司和传媒机构管理司等;直属单位包括中央人民广播电视台、中央电视台、中国电影集团公司;地方广电局为地方广播电影管理机构。有线电视网络划分为国家级、省级、地市级和县级传输网四级散乱的网络建设,四级网络间相互不存在隶属关系,一地一网,一城一网,媒体批准建立权从属于相应各级党政机关,并与之始终保持行政隶属关系接受其领导,各自独立不互通导致各地广电企业资产权属复杂,短期内难以迅速完成整合,各电视网络间互联互通问题一直没有解决。

二、政府管制下的电信业

我国的电信产业早年就完成"政企分开",属于产业部门,按照企业单位性质操作,电信经过一系列的发展阶段,行政垄断性质已经得到了一定的解决,但仍属于自然垄断行业。1949年邮电部成立,随后电信经历了三个阶段的发展。

第一阶段(1978至1997年):电信市场化道路开始

为响应社会主义市场经济建设的目标,电信的市场化道路开始。标志性事件为1994年的电信改革,将邮电部改制为中国电信与新引入的中

---

[1] 张建珍,彭侃.中国广播电视产业研究概述[J].中国电视;2011(1).

国联通进行市场竞争,形成"双寡头"局面。新引入的中国联通从资金和市场基础方面都势单力薄,难以与之前完全市场垄断的中国电信相匹敌,因此这一阶段中国电信仍然处于实际市场垄断地位。

第二阶段(1998 至 2007 年):重组后的电信业进入初步竞争阶段

1998 年,在原电子部和邮电部的基础上组建了信息产业部,使电信业从国务院职能转为企业性质,电信业实现了政企分开,为随后一系列的电信产业改革奠定了最基本的体制基础。经过这次分拆重组,将移动和卫星业务分离出去,市场上形成了中国电信、中国移动、中国联通、网通、吉通、铁通和中国卫星通信七家运营商,为移动业务的发展奠定了基础。在先后经过纵向拆分和横向拆分以后,在电信业内形成了异质业务之间竞争的局面,移动业务替代固定业务得到了发展。

第三阶段(2008 年至今):全业务运营竞争阶段

2008 年,电信完成了第三次重组,中国电信、中国联通和中国移动三家运营商进入了全业务运营的竞争阶段。中国电信的第三次重组是将中国移动与中国铁通合并,运营 TD-SCDMA 网络,中国电信与中国联通 C 网合并运营 CDMA2000,而中国网通和中国联通 G 网合并运营 WCDMA,中国移动、中国联通和中国电信三家新运营商同时也获得全业务牌照包括移动和固话等业务。[①] 三家运营商"平分天下",并逐步由国家垄断走向充分市场竞争。

电信的三个发展阶段,是管制改革的重要举措,实际上也是从建立身份独立的管制主体、削弱在位厂商市场控制能力和引入竞争机制等引导产业化向市场化运营。电信业的改革是国家政策指引的结果,国务院曾多次强调电信业政企分营的重要性,并于十五大确立了相关部署,中国电信业进入了以"政企分开、破除垄断、引入竞争"为主要内容的新的改革进程。[②] 如同中国的经济体制——社会主义市场经济,既有市场的成分,又

---

① 张秋红,刘国亮.中国电信业改革的路径与效果分析[J].商业时代,2011(25).
② 王远方.中国电信"拆分"行为法理分析——从反垄断视角阐释[J].重庆邮电大学学报:社会科学版:2008(5).

夹杂着非市场竞争的因素，呈现出一种复杂的形态。既脱离了政府和企业合二为一的形态，但是又受到政府非管制因素的影响；既存在着市场经济的经营理念，又夹杂着非市场经济的经营观念。电信产业经过一系列的重组之后，如今的电信行业在充分竞争的市场环境——政府无形之手的调控下，取得了不错的成绩，打开了三足鼎立的新局面，使电信业得到了健康的发展，具有长远的战略意义。充分的竞争带来了更大的市场空间，根据统计，2010年，全国电话用户数量比上一年净增9 244户，总数达到115 339户；①全国网民数同比增长0.73亿人，总数达到4.57亿，互联网用户为12 634户，同比增长了2 236万户，其中IPTV用户占宽带接入户的6.33%。相对于电信业的迅猛发展，广播电视业由于市场化程度较差，所以发展相对缓慢。2010年，广电业务总收入为2 238亿元，电信业务总收入达8 988亿元，包括移动通信业务6 282亿元和固话通信业务2 707亿元（见表5—1）。②

表5—1　　　　　2005～2010年全国电信和广电业务总收入

年份	2005	2006	2007	2008	2009	2010
电信业主营业务收入(亿元)	5 799	6 483.9	7 280	8 319.9	8 424.3	8 988
广播电视总收入(亿元)	931	1 099	1 316	1 583.9	1 852.85	2 238

数据来源：工信部、国家广电总局。

　　电信业引入竞争、逐步市场化是产业发展的必要手段，但为了控制过度市场化操作造成的不必要的垄断和恶性竞争，政府的适当管制以形成有效竞争成为必要。在我国，政府对电信业的管制主要体现在价格管制、进入管制和互联互通管制等几个方面。在三网融合阶段，主要强调对于市场准入的管制，也即是电信部门对于广电部门跨行业业务渗透的接纳程度。一般市场准入主要采用备案和许可证两种方式进行。我国电信产

---

① 崔保国. 2010年中国传媒产业总产值5808亿元 预计2011年将达6882.4亿元——《2011中国传媒发展报告》发布[J]. 中国报业，2011(5).

② 张楠楠，李建元. 透视三网融合的合作困境[J]. 中国电信业：2010(12).

业采用许可证制度对行业进行进入规制,发证机关为国务院工信部及下属通信管理部门。行业准入的控制主要体现在对行业新进入者的数量和业务经营的内容。在我国电信业经过改组前,增值电信业务方面相对严格,电信业的基础电信业务和增值电信业务分别归属于不同的运营商经营。经过两次重组后,中国电信、中国移动和中国联通三家运营商实行全业务运营,进入管制方面相对放松。

第五节 管制结构的冲突与三网融合的缓慢进展

我国三网融合从1998年提出至今,历经14年时间,期间我国政府不断推出新政策和各方面的大力投资对三网融合提出新展望,但三网融合一直处于"雷声大雨点小"的缓慢推行阶段。从电信和广电两大部门博弈的焦点可以看出三网融合缓慢进展的端倪。三网融合涉及的产业链主要是广电和电信两大运营商、内容提供商和下游的通信设备商。网络融合的过程中,广电和电信双方争论的焦点无非在于对双向进入的行业准入方面、对内容的播控权争夺以及在用户市场的争夺中企图获取有利形势,而这三个问题是标志三网融合进程的重要标志。接下来,将从"双向进入"、播控权的争夺和市场竞争三个维度方面来测量中国的三网融合进展的弱势局面。

一、从完全禁止到不对称进入:行业壁垒的设置

双向进入是指:符合条件的广播电视企业可以经营增值电信业务和比照增值电信业务的部分基础电信业务、互联网业务;符合条件的电信企业可以从事部分广播电视节目的生产制作和传输,广电和电信之间能够建立起合作关系。[①] 按2010年三网融合试点方案对于双向进入的规定,通过向符合条件的广电企业、电信企业颁发相应的电信业务经营许可证

---

① 电信广电将双向混业经营 三网融合体制边试边[N]. 东方早报,2010-1-14.

和信息网络音视频节目服务经营许可证来实现。

在三网融合之前,电信握有网络资源,广电掌控内容。在经过广电和电信多年的产业分工后,双方都认识到融合的重要性。一方面,通信行业受到基础语音和宽带接入用户 ARPU 值效益预期下降的影响,把新的业务发展重点放到了基于下一代互联网(NGN)的媒介化上面。另一方面,电视行业在遭受单向传播、单一依赖广告收入之苦的基础上开始走向双向的下一代电视网络(NGB)的发展之路。在三网融合完成后,广电和电信曾经各自垄断的局面将会发生改变,一家公司既可以经营电信的传统通话和数据业务,也可以涉足广电的内容提供业务。按照规定,符合条件的广电企业可经营增值电信业务、比照增值电信业务管理的基础电信业务、基于有线电视网络提供的互联网接入业务、互联网数据传送增值业务、国内 IP 电话业务;符合条件的国有电信企业在有关部门的监管下,可从事除时政类节目之外的广播电视节目生产制作、互联网视听节目信号传输、转播时政类新闻视听节目服务,以及除广播电台电视台形态以外的公共互联网音视频节目服务和 IPTV 传输服务、手机电视分发服务。其中,IPTV 是双向进入的一个重要标志。

1. 双向进入:广电与电信争论的焦点

"双向进入"一直是广电和电信争论的焦点。从 1999 年开始到 2011 年三网融合进入第二批试点地区名单的公布,双向的进入一直在广电和电信的争执中缓慢进行。广电和电信都试图建立起自己的专网经营全业务,一方面能够守住自身的优势所在,另一方面又企图从对方的业务领域中分到"一杯羹"。纵观中国广电和电信两大产业的融合,双向进入可分为以下几个阶段:

第一阶段:互相完全禁止(从广电和电信诞生至 2006 年)

两者的竞争可回溯到 1998 年,当时广电部试图整合分散的有线电视网络铺设"干线图"而遭到电信的抵制,之后双方矛盾不断升级以至到后来相互破坏网络设备。1999 年,广电部门为了在传统的有线电视节目的基础上拓宽数字电视的发展之路,积极投资了 20 亿元进行了宽带接入等电信相关业务以解决带宽不足的情况,这一举动遭到了电信的不满,于是电信向相关主管部门进行了投诉。9月17日,国办发[1999]82号文件出台,"电信部门不得从事广电业务,广电部门不得从事通信业务,双方必须坚决贯彻执行",双方继续维持在自身业务方面的独霸地位。2001年,国家在提出对电信进行南北拆分时,电信为了避免被拆分,提出可以让广电参与所有业务,但由于当时广电实力弱小,市场化程度低,本身的弱势让广电拒绝了这一进入电信业务的好机会。与广电的保守不同,电信的市场化和规模化促使电信在业务方面追求更多。因此,从2004年开始,电信就开始联合地方广电发展IPTV业务,并在部分地区尝试性地进行了不同的"擦边球"运营,如上海模式、杭州模式等。① 但"82号文件"的严格规定及广电从自身的部门利益考虑,使得电信的IPTV业务遭到广电的强力抵制,使IPTV的推广不得深入。2005年12月,福建省泉州市广播电视局发出通告叫停泉州地区的"百视通"IPTV业务,此次事件的发生导致多个地方电信部门的IPTV业务遭到关停。双向进入至此陷入僵局。

第二阶段:广电与电信互相限制业务渗透(2006~2010年)

从2006年开始,国家"十一五"规划强调推进三网融合计划,双方矛盾再次被激化。2008年,国务院下发《关于鼓励数字电视产业发展若干政策的通知》,也即是所谓的一号文件。规定从当年2月1日起,鼓励广播电视机构利用国家公用通信网和广播电视网等信息网络提供数字电视服务和增值电信业务。同时,在符合国家有关投融资政策的前提下,支持包括国有电信企业在内的国有资本参与数字电视接入网络建设和电视接收端数字化改造。② 至此,在政策的推动下,"双向进入"又重新启动。但在2010年2月,广西14个市级电信公司的IPTV业务因"违规"开展被广电叫停;广电和电信的双向进入再次陷入僵局,正当二者积极沟通,所

---

① 曹海丽.三网融合猜想[J].新世纪周刊,2010(8).
② 沈金成,王良元.为三网融合铺平道路——浅析基于大部制下的三网融合政策与体制[J].中国电信业,2008(11).

有人都认为事情能够缓和的情况下,2010年4月12日,广电总局又下发"41号文件",要求各省广电局依法对未经广电总局审核而开通IPTV业务的地区进行彻查。中国电信的IPTV用户数量截至2009年年底已经突破362万户,中国联通IPTV用户数量为50万户,此外杭州华数则拥有56万用户,此次被关掉的用户数量达150万。[①] 广电总局的这一举措让电信措手不及,广东、福建等用户大省损失惨重,导致前期的大量投资荒废。

在确定第一批三网融合试点地区方面,两方又互不相让,广电和电信都希望把自身业务发展较好的地区作为三网融合的试点,从而成为自己发展的有利条件,两者在试点地区方面没有达成一致,三网融合方案一再被打回,根本原因还是在于各方在双向进入方面并不想对方进入自己的优势业务领域而有所作为。

第三阶段:广电和电信开放市场,不对称进入(2010年至2019年)

2010年6月,第一批三网融合试点地区名单公布,基本确定2010～2012年重点展开广电和电信的"双向进入"试点,此时,"双向进入"属于不对称进入时期,各方面政策更有利于广电。在试点方案中规定,内容的播出和审查由广电来掌控,同时国家将为广电出资组建全国性的有线电视网。2011年5月,公布首批的12个城市的有线电视网络和电信运营商可以通过交叉申报的方式向相应的行业主管部门进行试点业务的申请。在政策利好广电的条件下,电信对于广电也只放开增值业务、部分基础业务、互联网业务,还未涉及电信垄断着的互联网数据中心业务、国际宽带出口和互联互通网间结算等核心部分,双向进入并没有全部展开。

产业融合就是通过技术革新和放宽限制来降低行业间的壁垒,加强各行业企业间的竞争合作关系。在"合并后的产业"企业数量自然会增加,竞争也自然激化。产业融合后,来自其他产业的企业会新加入进来,竞争会进一步激化。但另外一方面,产业融合为企业提供了扩大规模,扩

---

① 罗俊.IPTV迎接"竞合"年[J].中国电信业:2010(10).

展事业范围,开发新产品、新服务等巨大的商机。经过这些过程,企业演化出了新的组织方式。[①] 广电和电信之间的融合是大势所趋,产业之间的融合成为产业发展的必然。显然,之前单纯做内容或者单纯做"管道"已经不能满足行业发展的需要,广电仅靠微薄的广告收入难以维持生存,而电信业的传统固话、移动电话以及低速的宽带已经不能让其获得长远发展。

当今世界电信和广播电视电影业的媒介化趋势明显,综合性信息成为必要。早在1999年,广电部门为了在传统的有线电视节目的基础上拓宽数字电视的发展之路,积极投资了20亿元进行了宽带接入等电信相关业务以解决带宽不足的情况,遭到电信的强烈反对,宽带是电信的传统业务,也是垄断业务之一。政府在电信的宽带和语音业务方面规制严格,设置了严密的行业壁垒,以防止其他竞争者的加入。广电和电信两大行业之间在技术和业务方面存在封闭性,也分属于不同的管理机构。因此,在产业融合方面完全没有政策指引和统一的监管体制的情况下,电信和广电之间好的业务渗透只会产生战争并让两大产业陷入混乱的混业经营状态,为了规范信息传媒产业的有序发展,于是政府颁发了让双方"互不干涉"的82号文件。但是,随着电信市场化的深入,竞争性的局面使电信越来越具有灵活性和适应性,电信产业同样出于自身拓展业务的需要向广电伸出了"橄榄枝",但由于广电在内容方面的优势和"政企不分"的性质让广电不敢冒风险接受已经市场化成熟的电信业务。另外,广电和电信仍分属于广电总局和工信部主管,管制结构造成的行业之间的壁垒没有打开,"82号文件"就是一重大信号,政府为行业之间壁垒的打破加以政策性限制。两大网络运营商并没有在利益问题上达成一致,部门之间的商讨只能停留在为各自的利益争斗。

2. 进入壁垒:管制落后于产业发展

"十五"计划后,为加快我国的信息化速度,以及面临网络融合带来的

[①] 植草益.信息通信业的产业融合[J].中国工业经济:2001(2).

巨大商机和新型产业格局，国家大力推进"电信、电视、计算机三网融合"，但国家战略层面的布局却受阻，电信部门依据《电信条例》中对于经营电信业务的规定，认为国务院信息产业部或者下属电信管理机构颁发的业务许可证即牌照，是经营电信业务的必要条件，而广电部门并没有取得这一业务通行证，广电部门在相关法律上也同样有着话语权，《广播电视条例》中规定经营广播电视业务也必须取得广电部门的许可。由于部门之间管理体制的不同，法律上都为各自提供了严格的进入壁垒，因此，2005年底，福建省泉州市和浙江省等地的电信IPTV业务相继被叫停。

在新媒体战略的前提下，"十一五"规划提出三网融合计划后，基于数字电视发展迅速的状况，为了鼓励我国数字电视产业的发展，引入更多的竞争者，2008年，国务院办公厅转发发展和改革委员会等部门《关于鼓励数字电视发展的若干政策》的通知，即"一号文件"，从融资环境和税收政策等方面对广电和电信的业务融合给予了支持。广电和电信的"试冰之旅"开始，双向进入对于广电和电信来说，都提供了前所未有的机遇，广电在内容方面的发展瓶颈可以得到缓解，电信的宽带化已经成熟，客户的飞速增长和强劲的市场竞争力正是迈向下一个发展阶段，开始进入"语音——数据+语音——语音+数据+图像"发展的有利机会，尤其对于电信来说，这无疑为IPTV业务的发展给予了政策的支持。因此，电信和广电方面都积极争取希望在进入对方优势业务领域的前提下，能够在自己业务发展较好的区域进行试点，双方的竞争进入白热化阶段。

在三网融合易稿五次后，最终公布双方进行交叉业务申报。如果完全放开广电和电信的双向进入，以市场化的方式让广电和电信处于完全竞争状态，在电信广阔的市场占有率和业务成熟的情况下，旧业务基础上加以内容方面的发展比起市场化起步弱、单靠内容方面维持生存的广电来说，无疑是更加占有有利条件的。电信三家运营商全业务运营的竞争局面导致三家运营商的任何一家已经在宽带和数据领域市场对广电这一新进入者有绝对压倒的趋势。在与电信经历了一系列的价格战后，广电在宽带方面并没有获得进展，前期资金投入的大部分处于闲置状态，而且广电和电信的价格战更是让这两行业处于混乱发展状态。因此，广电在没有政策庇护下的加入，无疑就是"赔了夫人又折兵"，不仅把自己的优势——内容方面拱手让给了电信，另外，在语音＋数据＋图像的市场占有方面处于劣势，更有可能把自己原有的客户源丢失。广电在完全市场竞争的条件下，有被电信三大运营商打败，甚至退出的危险。

从另一方面说，"政企不分"性质的广电，行业规制机构和行业经营者的双重身份同时肩负着使本行业利益最大化和限制行业追求垄断的双重责任，这样缺乏对管理者进行管理的管制结构导致广电总局作为管理者很难在国有垄断企业和市场之间保持公平公正的角色。为了增强广电这一市场化方面处于弱势的新进入者的竞争力，在广电逐渐转向产业化的过程中，用于市场化和非市场化的合作运作机制、政策方面的保护，让广电处于有利条件便成为必要。因此，政策引导广电内部积极整合，让竞争力弱的广电在话语权方面更加有力，实施网间整合成为必要。2009年7月29日，广电总局就下发了《关于加快广播电视有线网发展若干意见》，将全国大大小小的广电网逐步由"小网"向"大网"、开始以省为单位进行整合，由单向网向双向网改造，鼓励广电发展成为下一代广播电视网。

广电在政策利好的情况下，积极备战这场与电信的"宽带大战"。由于电信长期在宽带方面占有垄断性的优势，这对于新加入的竞争者广电来说，无疑就是"以卵击石"，根本无法比及，在竞争的起点方面就处于绝对的劣势。因此，广电积极参与了发改委针对电信的"宽带垄断案"调查。早在2010年三网融合试点方案公布前，广电就参与了调查电信的宽带垄断事件，真实目的是希望获得宽带等增值业务。2011年，针对发改委关于电信在宽带方面的垄断进行调查，最初是针对电信三大运营商网络的互联互通和网间结算问题，但在广电部门参与调查后，舆论方面将此次调查定性为宽带业务的垄断调查，目的是增加更多宽带市场竞争者。[①] 在垄断案的紧逼下，电信方面承诺的宽带升级换代、"光进铜退"加快速度便

---

① 郎朗，刘方远.广电或获基础运营牌照 宽带反垄断峰回路转[N].21世纪经济报道：2012—5—3.

成为必要。另外,广电的积极参与和舆论导向最终使得广电在 2012 年 5 月获得宽带接入业务。

此外,由于电信长期在宽带和音频方面的垄断,虽然在营业收入方面和客户市场方面取得了不菲的成就。但电信业由于在市场方面的垄断,已经开始缺乏自主创新与国际接轨的市场动力,在经历了多年的连续飞速增长之后,电信业开始进入低增长时代,电信业的发展遭遇瓶颈。虽然电信业的市场在日益扩大,但是电信产业的 ARPU(用户平均收入指数)在不断地降低,导致利润增长与市场增长难以成正比。尤其在互联网信息产业的影响下,电信产业语音业务的垄断地位受到极大的威胁,例如,SKYPE 等互联网语音通信软件利用 VOIP 技术在近年来实现了突飞猛进的进展。互联网语音通信技术针对不同地域的用户通信收取相同的费用,甚至还包括大量的免费服务,导致传统电信产业的语音服务丧失了定价权。虽然固话和移动业务在语音清晰度方面有着先天的优势,但也很难满足越来越开放的市场对低成本服务的需求。另一方面,除了市场竞争者的增加,用户的需求方面也随着生活水平的提高和科学技术的发展而产生了根本的变化。以往的电信运营商以语音服务为主体,数据等增值服务作为辅助业务,主要的利润来源于语音和文字信息业务。但当今的用户市场对游戏、娱乐、社交、多媒体和电子商务的需求越来越大,甚至包括银行业的电子支付也逐渐走入人们的生活。而电信运营商对新业务的扩展仅仅处于起步阶段,效果并不如想象中的明显,例如,中国移动虽然在飞信等社交业务方面取得了很不错的成绩,但是多年前推出的手机钱包业务仅在少数的城市和商户试点,收效甚微。从我国当前形势判断,电信业需要重新针对用户市场的需求进行改型,推进服务的多样化、专业化以及产业的可持续发展。

因此,广电和电信相互进入对方业务之所以频遭阻碍,是因为两大行业"历史遗留"问题造成的,产业管制落后于产业发展,在产业进行了一系列变革之后,相应的产业融合后的管理体制并没有顺应变化而发生质变。因为广电和电信的规制为两大垄断性产业各自都存在严格的行业进入门槛,行业壁垒的设置一方面从法律上限制了其他竞争者的加入,造成"一家独大"的局面,产业融合遇到了阻碍,广电本身的事业单位属性造成了对于国有事业单位的政策偏向和无法公平公正地引导网络融合;另一方面,行业壁垒的存在使广电和电信的垄断型特征一直存在,产业本身的发展遭到瓶颈,进步缓慢。因此,我国的信息和传媒产业跨越行业边界、实现融合,打破两大行业之间的壁垒是关键,说到底,也即政府对两大行业的管制体制要改革。打破垄断加速改革是当前必须要做的事,这也是三网融合能够更快实现的基本保障。尤其是广电故步自封的监管理念,应该进行改革。

二、播控平台的博弈:意识形态控制

所谓播控权,是指对网络平台系统的控制权。所有电视及音频类节目在播送之前必须先集中到一个内容集成平台上,然后由电视台、电台和广电相关机构对节目的播出进行控制和监管,也即拥有所谓的播控权。广电和电信对于平台系统的控制权之争一直存在,握有通讯和信息平台是广电多年来的愿望,而电信也一直在为广电拥有的内容和媒体平台努力。电信部门在经过几次重组后,多年的市场化经营模式使得它在用户数量、服务质量和利润方面获得了巨大发展,因此,一旦获得视频内容的播放权,电信部门就可以在原本传统业务的基础上继续拓展业务范围,在手机电视、IPTV等业务上获得新的利益;相对于电信的潜在市场利益,广电由于长期的事业单位体制,不能完全放开进行市场化经营,广播电视的用户数量、节目质量以及利润等方面与电信相差甚远。而且,视频内容一直是广电的优势领域,一旦视频播放权由电信来掌控,电信不但在已经发展迅速的传统业务上能够继续前进,更能够引入广电的优势来弥补传统业务中的不足部分,这对于广电来说,与电信的竞争更加使自己处于不利地位。因此,视频内容的播放权是双方博弈的焦点。

1. 播控权争夺:抢夺三网融合的制高点

在三网融合之初,广电与电信就产生了播控权的争夺。从 2009 年下半年,政府针对互联网文化,展开了一系列"网络扫黄打非"活动,以打击电信对于网络内容监管的不力。广电方面则借机发力,央视在黄金时段痛批移动互联网传播的色情内容和其他低俗文化,矛头直指各大电信运营商的监管不力。虽然电信在内容方面一直遭到广电的打击,但在"内容为王"的时代,夺得内容播控权对于电信的转型发展至关重要,因此电信一直积极参与到与广电的播控权之争。2010年,三网融合试点方案第三稿广电总局曾放开了部分内容播控权,包括电子节目菜单EPG和影视播控权给电信,但在第四稿中,这两项内容播控权又被广电全部收回。2010年6月6日,国务院副总理张德江召开国家三网融合协调小组会议,通过了三网融合试点方案第五稿。工信部、广电总局僵持不下的IPTV内容播控权,最终划归广电来操作和管理。[1] 就在试点方案公布之后,中国网络电视台(CNTV)和百视通获得了IPTV的播控平台的建设。CNTV和百视通在播控权争夺中占据的有利位置让电信大为不满,因为电信虽然有IPTV内容的购买和制作权,但是由于需要通过CNTV和百视通的播控平台才可以播放,所以需要将利益部分分成给广电的百视通等企业。于是,电信和广电的谈判开始。

2011年11月,CNTV与百视通两大播控平台合并。2011年,电信方面IPTV和光纤宽带的迅猛发展让广电的竞争压力更大。一方面,截至2011年11月,IPTV用户数量已经多达1 300多万户,而且随着三网融合的推进,第二批试点城市名单即将公布,电信在IPTV发展方面更加可以大展手脚,威胁到了广电的数字电视业务的发展;另一方面,电信升级换代,光纤宽带的建设在速度上达到了广电所不能及的水平。数据业务本身就是电信的优势,光纤宽带的推进以及电信推出的各种优惠政策让广电更处于弱势水平。广电为了更好地与电信竞争,在三网融合后的市场中有所作为,便使用自己对于内容的播控权来限制电信的发展。同时,由于百视通和电信在IPTV方面的业务合作用户达到了1 500万户,电

---

[1] 三网融合方案敲定 运营商戴着枷锁跳舞?[N].慧聪通信网:2010-6-9.

信在与百视通合作方面不仅获得的利益分成多,而且电信考虑到百视通在技术方面的优势而拒绝了广电。最终,在这场战争中,百视通成了利益博弈的牺牲品,以 CNTV 和百视通两大播控平台的合并告终,并且电信承诺完成与广电播控平台的对接。

在广电内部也存在同样的竞争。在播控权之争结束后,广电获得了内容播控权。2010 年 7 月,在试点方案完成后,IPTV 内容播控平台的建设由中国网络电视台(CNTV)和上海广播电视台(文广百视通实施)完成。IPTV 播控平台实行两级制,即央视不仅需要建设自己的中央 IPTV 播控总平台,央视还需和地方电视台合作建设播控分平台。CNTV 之前对于 IPTV 的作为很小,因此希望在建设 IPTV 的播控平台时有所作为,能够在地方播控分平台上大展拳脚,但是地方电视台并不愿将这一机会拱手让人。在青岛播控分平台方面,CNTV 就与华数、青岛电视台展开了谈判,最后,以 CNTV 占有主导权而告终。同样的情况发生在杭州。

2011 年 7 月,CNTV 就叫停了互联网经机顶盒向电视终端传输试听节目,8 月,中国网络电视台(CNTV)就广东电信和江苏电信 IPTV 业务没有接入其 IPTV 播控平台,认为其侵权盗播中央电视台相关电视栏目视频的行为而提出相关诉讼。① CNTV 这一举动名为侵权,实为逼迫电信断开与百视通在 IPTV 的对接,从而转向与 CNTV 对接。至此,广电内部博弈开始。广电认为根据试点方案,CNTV 拥有建设中央级播控平台、以及与各地方电视台建立播控分平台的权力,百视通只拥有其之前在四个试点城市继续运营 IPTV 播控平台的权利。② 在两级播控体制下,由于 CNTV 的步步紧逼,百视通逐渐放弃了深圳等试点地区,但在其他地区不断与电信携手开拓新市场,形成广电内部 CNTV 与百视通在市场上的两大竞争对手,但是最终,这场内部争斗以百视通与 CNTV 合并而结束。

2. 主导权的争夺:意识形态控制与安全的考量

---

① 汪小星."三网融合"在博弈中艰难前行[J].民主与法制:2011(25).
② 丁少将.资本强势推动 受电信制约 IPTV 难言乐观[J].中国有线电视:2011(2).

文化是一个民族的核心,是一个国家和民族生存的根本。随着全球化的深入、网络时代的崛起,一方面,各种新的文化形态不断出现,文化越来越呈现出个性化、非主流化、无国界化,这些新生文化事物的出现不断冲击着传统文化。另一方面,因全球化带来的"世界扁平化"的呈现、网络技术方面的进步为文化的交流提供了更大的空间,给予了文化传播充分的自由和权利。如今不同文化之间在吸收新血液的同时也遭受着各种非主流文化甚至糟粕冲击的危险。因此,文化的建设和管理是维护国家长治久安,社会有序发展的充分必要保障。

在我国,媒体大都是作为意识形态宣传的工具。作为文化产业的核心部分和意识形态的载体,广播电视电影产业是引领中国文化前进发展的重要力量。由于传媒产业的传统内容的部分发展遭遇瓶颈,随着信息传播基础设施和网络的不断完善,信息传播的网络基础为内容部分的发展提供了动力基础。一方面,产业的更新换代可以继续推进内容对传媒业的发展,另一方面,可以推动传媒业将产业链往信息传播方面延伸。因此,作为文化传播的载体,广电网和电信网的产业融合有着重要的发展意义。

约瑟夫·奈曾经提出,国家的行政权力包括两种,一是以军事、经济等看得见的方式使他国从属于自己的能力,这称为"硬实力";而相对"硬实力"而言的,是国家的"软实力",软实力是一种柔性力量,包括国家的凝聚力、文化被普遍认同的程度和国际接轨的程度等,而一国的文化、国内政治价值观和政策制度等都是国家软实力的重要来源。[①] 而作为一种政治和文化承载工具,广播电视的内容对整个国家意识形态的建设方面起着关键作用。作为广播电视内容的传送网络——广播电视网是党和人民最重要的舆论宣传阵地,是社会主义物质文明和精神文明的重要舆论工具,在国家和人民之间起着"喉舌"作用,是有着政治属性,涉及意识形态和国家政治安全。[②] 因此,传媒产业在内容传送方面一直受到国家的严

---

① 林德山.约瑟夫·奈新著《软力量》一书解读[J].国外理论动态:2004(9).
② 刘颖悟.三网融合与政府规制[M].北京:中国经济出版社,2005.

格规制，一直靠政府的行政力量去控制内容的播放。事业单位和产业这双重属性导致广电一直既是内容制作者又是监管者，因而广电对于内容的把控方面具有十足的经验和管理方式。

但是内容方面为电信业的发展转型提供了机会，所以电信把大力发展 IPTV 当做是下一代电信业务收入的重要来源，不仅网络资源得到了充分的发挥，并且新业务的出现能够产生新的利润。但是在只获得了一定的内容制作权和传送权后，电信只能作为内容传输的管道，不仅内容播放方面受到限制，而且需要向广电缴纳一定的费用。因此，内容播控权的争夺对于双方来说，至关重要。但是我国的内容播放方面一直受到严格的规制，广播电视电影产业作为文化产业的一部分，也必须由政府来严格把关。之前对于内容的控制权力有过放松规制阶段，在三网融合试点方案第三稿时也曾把部分内容播控权交给电信。但是不具备事业单位性质的电信从企业的角度去看待自己的产业发展，把利益当做立足的根本。网络文化安全事件频频出现，黄色视频、色情网站等都对社会文化体系构成了威胁。在 2010 年中国移动就遭到了"黄色短信整治风暴"。另外，涉及时政、新闻方面的内容更是有关国家的安全，网络的交互性为一些西方意识形态的侵入提供了机会，对这方面的内容如果没有严格监管，会对整个国家的政治安全造成威胁。文化部曾在 2004 年就颁布了《文化部关于落实打击淫秽色情网站专项活动，加强网络文化市场管理的规定》，规定中强调要加强对互联网内容监管制度，严格的内容审查成为必要。因此，内容的播控权需要交给具有丰富的监管经验的行政部门去执行，而我国由于之前广电"政企一身"的性质，内容的播控权一直掌握在广电总局手里，广电总局承担舆论引导、审查与管理的责任，并非一个单纯的行业主管部门，而这种特殊的职能导致了它在一定程度上必须掌握传输网络的控制和管理权。

在三网融合推进的过程中，一直伴随着广电和电信对于内容播控权的争夺。电信在三网终稿提交前几番要求获得播控权，国办不得已带队广电和电信到上海等地进行调研，最后确定了播控权的媒体性质。而对媒介资源的管控一直是广电部门的责任。正当三网融合试点方案进入讨论时，打击网络文化安全事件对广电获得播控权起到了关键作用。2010年5月21日，美国国防部宣布，为了打击敌对国家和黑客的网络攻击，"网络司令部"于当天正式启动。此后，中央电视台、中国国际广播电台多次对此新闻做了报道。而彼时，正值试点方案第四稿提交前夕。中央国际广播电台在节目中指出"美国成立'网络司令部'将可能引发在网络领域的军备竞赛，它将给世界安全和地区稳定带来新的影响。"在新的国际背景下，广电获得骨干网接入权有所必要。[①] 因此，从意识形态和文化安全的角度考虑，广电总局一直把控着内容的播控权，在内容监管方面更有优势。于是，2010年6月，三网融合试点方案终稿中就公布了由广电获得内容的播控权。一方面广电总局对于播控权的掌握维护了国家意识形态安全，保证了文化软实力不被侵蚀。但是另一方面来说，没有一个独立于广电和电信的内容监管之外的部门导致了对于意识形态的维护演变为广电扼杀电信的有利工具。广电为控制电信在内容业务方面的发展，不时以"电信没有接入广电的网络平台"为借口，电信方面的IPTV业务发展频频被叫停就是证据。2012年4月，广电内部大量搜集电信违规开展IPTV的证据，针对各地的IPTV业务进行业务基本内容和节目内容等相关调查，并要求广电总局对电信的IPTV业务有所限制。

目前，我国正在提倡要把文化事业与文化产业分开，解决三网融合对于内容的播控权方面的纷争，就应该把广电的事业单位属性与产业属性分开，广电应该更大程度上成为国民经济支柱型产业，身兼管理者和经营者的身份只会让广电和电信都身处"困境"，在体制方面得不到真正的融合，没有一个立足于两者利益之上的第三方监管者的出现，广电和电信两大网络的融合问题得不到根本解决，这是三网融合进展缓慢的原因，也是影响后续网络融合工作的关键性因素。

---

① 神州通信湖南分公司.广电进军基础电信将受阻网间结算[J].中国新通信:2010(12).

三、市场无序竞争

三网融合之前，广电网和电信网由于各自产业的技术和业务的专用性和独立性，导致二者在市场、运作和终端都是相对的。三网融合不仅是指技术方面的融合，业务方面的融合，而且也指在业务市场方面形成统一、有序的竞争。而我国三网融合自进入实质推进阶段至今，各大运营商之间一直存在与竞争对手展开的无序的市场竞争。

1. 市场化：电信的无序竞争

我国电信业经过几轮分拆重组后，由市场化带来了很强的竞争效应，有利于企业形成灵活、有活力的经营效益，但市场并未完全形成有效竞争的局面。早期由于电信行业带有严重的自然垄断性质，其资本投入大、规模效应较强，因此，行业进入的壁垒较高，竞争者数量少，不容易形成恶性竞争局面。早在1999年之前，中国电信一家独大的市场局面不存在竞争压力；1999年，电信业经过分拆剥离，形成了中国联通和中国电信"双寡头垄断"的局面，虽然当时中国联通作为行业新竞争者受到政府政策的庇佑，实行了不对称的价格管制，但此时中国电信由于经营时间、资金等方面的优势，仍然占有绝大部分的市场份额，因此市场竞争者少且弱的局面并没有给中国电信带来威胁，电信市场的恶性价格竞争也没有出现；在2008年中国电信经过第三次重组后，形成了中国移动、中国电信和中国联通三家网络运营商，进入全业务竞争时代。自此后我国电信产业宽带业务市场处于"寡头垄断"局面，实行的是"价格双轨制"，普通用户和事业单位享受的接入价格要低于网络运营商。在互联网对接方面需要向中国电信和中国联通妥协，中国移动和广电要想使用户登录公众网站，就必须接入中国电信和中国联通的IDC并缴纳网间结算费用。这种网间结算费用的方式源于2001年工信部规定的单向结算方式，以弥补中国电信和中国联通在互联网基础设施方面的投资，进而出台了第一部网间结算法。网间结算的高费用以及针对结算方式的确定曾引起了各方的议论，但是几经修改，网间结算费用在具体内容方面有了修改，单向结算仍然存在。

根据2007年12月1日起施行的《互联网交换中心网间结算办法》和2003年4月重新调整的《中华人民共和国电信条例》所附的《电信业务分类目录》等文件对宽带接入的结算价格进行的相关规定,三大骨干网间:中国电信、中国联通和教育网之间不需要缴纳网间结算费用;经营性的二级互联网服务提供商,如中国移动须以1 000元/Mbps/月的价格向骨干网运营商结算;非经营性互联单位费用则低于二级运营商的一半。[1] 因此,高额的网间结算费用使得像铁通和天威视讯等广电和电信运营商的宽带运营成本上升,进而无法提供低价格、高质量的服务,市场规模方面无法与中国电信和中国联通较量。根据统计,截至2012年5月,95%以上的宽带接入市场份额归中国电信和中国联通两大骨干运营商所有。[2] 在宽带领域一直处于劣势的广电和电信为了在市场规模方面有所突破,所以竞相参与到这一"价格战"中,而且从另一方面获得骨干网接入资格对于这些二级互联网运营商而言至关重要。早在2000年的时候,长城宽带网络有限责任公司和广电就着手进军宽带网,斥资改造其骨干网和接入网。但2001年作为当时电信主管部门的信息产业部和国家计委的一纸声明终止了此次宽带网络竞争,当时广电系统的项目投资最大,因此,其实质是阻止广电对于电信宽带业务构成的潜在威胁。之后在"宽带反垄断案"中,广电方面反复呼吁"宽带市场需增加竞争者"。2012年5月,针对中国联通和中国电信的"电信反垄断案"在广电积极参与后,广电有望获得互联网运营牌照,而且广电和中国移动合作宽带领域的趋势渐强,这对广电介入宽带业务市场是难得的机会。

从某种程度上看,市场的无序竞争更多地体现在电信内部,广电则由于其在网络建设方面的弱势,使得其在三网融合的市场竞争中处于下风。但是随着广电开始涉足宽带业务,加之其对内容播控平台的掌控,很可能形成较强的竞争力,并由此在三网融合中占据主导地位。但是就目前而言,广电仍然在市场空间中处于较为弱势的地位。

---

[1] 高山.广电欲搅动宽带市场 电信联通枪口一致对外[J].南方都市报:2011—11—10.
[2] 向霜.二级网络运营商迫切需要公平的市场竞争机制[J].互联网:2012—5—10.

2. 广电的介入：新的竞争开始

广电在进入"双向进入"试点阶段后，渗透了传统的电信的宽带业务，对于其自身业务来说是有利的补充，因此试图与电信部门在宽带方面相抗衡。双方在用户市场的争夺主要表现为相继通过价格上的优势来吸引受众。宽带业务竞争主要通过直接的价格竞争和隐蔽性的价格竞争——"资费套餐"两种形式进行。

2010年9月，三网融合刚刚启动，武汉、重庆、南京等地均出现了广电和电信在业务方面的"价格战"的恶性竞争现象，双方都大张旗鼓地进行低月租、买电视送宽带的服务，甚至出现了剪断对方网络等低层次的竞争行为。价格层面的恶性竞争导致的直接结果是服务质量的降低，武汉等地遭受过广电和电信宽带业务"价格战"的用户反映服务质量大不如前。在江西九江发生了用户因不满广电宽带网络的恶劣服务质量而通过网络论坛和其他实际行动对广电进行攻击的现象。

在"价格战"之后，广电和电信方面在宽带业务上继续存在竞争。2011年5月，武汉广电和武汉移动联合推出了广电和电信的"捆绑业务"，其中高清互动电视和2M宽带业务由武汉广电方面提供，武汉电信方面提供移动电话业务。这一看似在武汉已经率先实现的网络融合其实是广电方面打着合作的旗号进攻电信宽带业务的信号，广电借力电信方面的营销渠道和缴费渠道，并将移动通信的优惠服务捆绑在套餐当中，希望由此打开高清互动电视和宽带业务介入电信市场。中国电信和中国移动签署了战略联盟，共同开发下一代宽带网，并在一些地方展开了项目建设，而广电方面也不甘示弱，国家广电总局随即筹集资金和人力着力在下一代广播电视网（NGB）的建设方面加快速度，双方在宽带市场方面展开竞争。

广电在介入宽带业务之后与电信展开的一系列"价格"博弈战，其实只是之前电信三大运营商——在宽带业务方面发展较弱的中国移动和势力强劲的中国联通、中国电信之间的无序竞争的延续，只不过目前增加了广电这一新竞争者，宽带市场的竞争由之前三家演化为四家。

本章小结

产业融合是产业演进和发展中的一种常见现象,在产业发展的每一个阶段都离不开政府的指导和规范,而作为规避市场"失灵"所带来的风险,管制常被用于作为政府干预经济的一种手段。在政府管制的过程中,各个行动者之间——作为利益集团的被管制者之间、管制者与被管制者之间产生互动,影响着管制的均衡和产业的发展。在信息化时代,以广播电视网为传输网络的广播电视产业和以互联网为技术基础的电信产业正在朝着横向一体化的产业融合方向发展。本章正是通过阐述广播电视网、互联网和电信网——我国三大网络产业的融合发展与管制之间的关系、以及在这个过程中各个行动者之间是如何互动的来诠释政府管制对产业发展的影响。

随着产业发展的演变,产业的管理体制应随之发生改变,以适应其发展。在三网融合的背景下,我国广电和电信业仍处于分业管制的状态。又由于广播电视行业和电信行业本身所具有的垄断性质,这两个行业在我国都是受到管制的。由于广播电视行业属于具有政治属性,作为宣传部门,广电在我国属于事业单位性质,广电总局为其主管部门。而随着市场化改革的推进,我国电信业经过几次改革重组,形成了中国电信、中国联通和中国移动三家全业务运营商,由国家垄断逐步走向市场化竞争阶段。我国电信业受到工业和信息化管理部门的监管。这种分业管制主要体现在三方面,双方行业的进入管制、内容管制和电信业内部的互联互通管制。正是由于管制体制的冲突导致了不同的部门塑造了不同的利益集团,进而产生了利益博弈。

首先,在分业管制的背景下,由于双方都具有严格的行业进入壁垒。在三网融合早期阶段,双方之间的博弈影响了政府的决策,导致产生了双方互不进入的"82号文件"。在之后很长一段时间内,由于这种行业进入壁垒的存在导致了三网融合的暂停;"十五"计划后,在国家做出引导和政策支持的情况下,双方一方面呼吁要加强融合,另一方面频频亮出部门规定来阻止对方进入。其次,广播电视行业由于其政治属性,因此在内容方面受到严格规制。但由于广电的事业单位属性,其规制部门就是广电总局本身,在打击电信对于内容控制不力的时候广电总局更有话语权。从意识形态安全的角度考虑,最终国家把内容的播控权交给广电。最后,由于电信业内存在的网间结算问题导致中国电信和中国联通在互联网运营成本方面获得优势、占有很大市场份额,形成垄断性局面,在宽带业务市场占有支配性地位。从规模经济的角度考虑,各级运营商,包括新进入的竞争者广电,相互之间打起"价格战",最终导致了市场的无序竞争。

  三网融合是一个经历漫长发展过程的事件。综观整个事件,广电和电信之间从行业进入到业务市场的博弈战背后是三网融合的产业管理体制——分业管制导致的两大部门之间存在利益冲突。从某种程度上看,在分业管制的背景下,三网融合发展缓慢是各个行动者之间互动建构的结果。作为参与其中的广电和电信,其实在三网融合的推进过程中,均是从自身的利益出发,依据情境的变化而采取相应的策略,进而能够保证自己在产业发展过程中获得主导权。按照组织社会学的观点,行动者总是能具体情况具体分析,做出理性的策略选择,以此保卫自己在具体情境中的利益和阻止他人对自己的支配。更主要的是,行动者除了被动地接受周边情境的约束外,还会对这些情境进行建构。不单是适应,而且还能调整行动领域中的游戏规则。因此,行动者在组织中总能保有自由的余地,抵抗来自组织生活对他的限定或制约。行动者的自由既不会被正式组织结构完全限定,也不会在组织运作中消失,行动总是那么具有创造性。在前文的分析中,我们可以发现,在产业发展过程中,身处其中的行动者总是根据不同的形势判断,选择运用不同的行为策略来扩大自己的自由余地,借以掌握权力关系中的主导权,实现自己的目标。"组织结构决定、维持和协调着行动者的行为和他们相互对待的策略,行动者之间的相互依赖使得合作成为必不可少的选择。但是,行动者都保持着某种程度的自主权,并且出于各种理由,他们继续追求着各不相同的利益"。[①] 在这个过程中,策略性的行动在实践中改变了行动背景,促进了关系的转化,进而帮助行动者获得一种权力,使他们能够整合与调动资源,引导其他行动者按照自己的意图行动。从某种意义上讲,这个行动过程往往是交互的,极其复杂的。

[①] (奥)埃哈尔·费埃德伯格.权力与规则:集体行动的动力[M].张月,译.上海:上海人民出版社,2005.

第六章 价值链重塑与"权力"的转移
——互联网时代电信产业生态系统的演化

之所以会对互联网时代电信产业生态系统进行讨论,是因为互联网产业的崛起给电信产业带来了翻天覆地的变化,一方面互联网企业的创新产品对电信运营商传统的语音业务造成了巨大的替代效应,另一方面互联网业务的创新和推广又十分依赖电信技术的突破和发展。电信产业内行动者为了生存和利润目标,其战略决策也因互联网产业的增长而迭代,进而形成竞争且共生的生态系统。另外,在本书经济社会学的分析框架之中,国家对三大电信运营商作为央企的定位,直接影响了运营商的目标和行动,也影响着其他行动者的价值取向和策略意义,这一视角需要我们进一步强调和呈现。因此,本章从互联网产业与电信产业互动过程中价值链的变化与"权力"转移,以及这一过程中电信运营商的战略选择的分析,再次回应中国电信产业的演进逻辑。

第一节 电信运营商的"被管道化"

对电信运营商获利能力和持续增长势头的质疑源于OTT业务对运营商传统语音业务的替代。运营商在3G时代的追求使成为"全业务运营商",但那个时代的全业务早已被互联网发展中日新月异的新应用所超越。运营商们需要创新以保持盈利和增长,同时做好服务满足社会发展所需要的通信保障,国家对其定位的模糊性又增加了决策空间的复杂程度。

一、电信运营商推出新产品和开拓新业务实现增值

从 3G 牌照发放到逐渐过渡到 4G 时代,电信运营商在相对稳定的技术掌控下快速拓展增值业务。从时间维度看,2009 至 2011 年,电信运营商的各种业务尝试都在长期有较好的回报。一方面,运营商们试图增强基础核心业务能力,推出了飞信、视频通话等通信产品;另一方面,运营商们开始尝试寻找新的内容切入点。那时,全球运营商们都在着手开展两大渠道拓宽路线。受国外运营商发展实践启发,在吸取流量上,应用商店和移动支付已是网络传输渠道的十倍以上。

运营商首先从应用商店入手,运营商们各自推出泛终端、跨平台手机应用软件商店,通过签约开发者,集中更多数字内容产品,为用户提供一站式服务。应用商店服务的推出,在短期内为运营商们在增值业务上带来了较为不错的业绩(见表 6—1)。

表 6—1　　　　　三大运营商应用商店情况(2009—2011 年)

推出时间	中国移动 MM 应用商店	中国电信天翼空间商城	中国联通沃商店
	2009 年 8 月 17 日	2010 年 3 月 7 日	2010 年 11 月 10 日
内容	聚合各类开发者及其优秀应用(软件、主题)与数字内容(音乐、游戏、视频、阅读动漫)	包括应用商城和开发者社区:应用商城提供的应用软件涵盖影音娱乐、新闻资讯、游戏、理财、实用工具、书籍、旅行、社交网络等类别,开发者社区为应用开发者提供信息聚集、开发资源、测试资源、销售支持、客服支持以及开发信息交流。	面向联通手机用户提供应用软件聚合、交易和服务,包括游戏、工具、阅读、主题、生活、理财六大类

续表

推出时间	中国移动 MM 应用商店	中国电信天翼空间商城	中国联通沃商店
	2009年8月17日	2010年3月7日	2010年11月10日
业务情况	截至2011年11月,移动MM累计上架各类应用超过10万件,注册客户近1.5亿,累计下载量超过6亿次。其中,汇聚企业开发商近5000家,个人开发者超过295万	截至2011年8月,天翼空间注册用户超过3000万人,已上架应用5万件,每月应用下载量超过1000万次	截至2011年11月,已经拥有注册用户300万户,应用购买量累计6000万次,注册开发者6000多家,在线应用16000多款

注：表内数据查自运营商企业相关业务网站以及财报等信息,因来源有限,企业报告数据指标不一致,故截止日期未能统一,力图呈现运营商移动商店建立之初的经营状况。

二、微信的应用使运营商"被管道化"更加具像化

腾讯公司于2011年1月21日推出的一个为智能终端提供即时通信服务的免费应用程序。微信支持跨通信运营商、跨操作系统平台通过网络快速发送免费(需消耗少量网络流量)语音短信、视频、图片和文字,同时,也可以使用通过共享流媒体内容的资料和基于位置的社交插件"摇一摇""漂流瓶""朋友圈""公众平台""语音记事本"等服务插件。2011年被称为微信元年,因为微信对三大运营商语音、短信、国际长途通话等业务都造成了极大的冲击,将之前已开始萌芽的运营商"被管道化"更加具像化。2012年3月,微信用户数突破1亿大关,2012年9月17日微信注册用户已破2亿,2016年微信用户数达到7亿的时候,但从用户数看,业界曾有腾讯公司是中国"第二大运营商"的说法。①

由于受制于传统的电信基因,不管是中国运营商还是国外运营商,都未能像互联网公司一样向用户提供类似的业务,全球运营商都面临着沦为数据管道的风险。当然,以微信为代表的OTT业务直接替代了运营

---

① 根据腾讯公司2023年第二季度财务报告,截至2023年6月30日,微信及WeChat的合并月活跃账户数已达到13.27亿,几乎覆盖了全中国的人口。

商的短信业务、降低了用户的通话时长,但与此同时也大大增加了数据业务(以中国移动为例,见图6-1)。短时间内看,运营商的收入的确下滑了,但是随着3G、4G网络的建设,数据业务取代短信和语音业务本来就是趋势。短信、语音业务收入下降,转型期整体收入下降,后续数据业务收入迅速增长,变成运营商的新盈利点。微信的发展壮大是直接依赖于运营商网络的升级建设的。

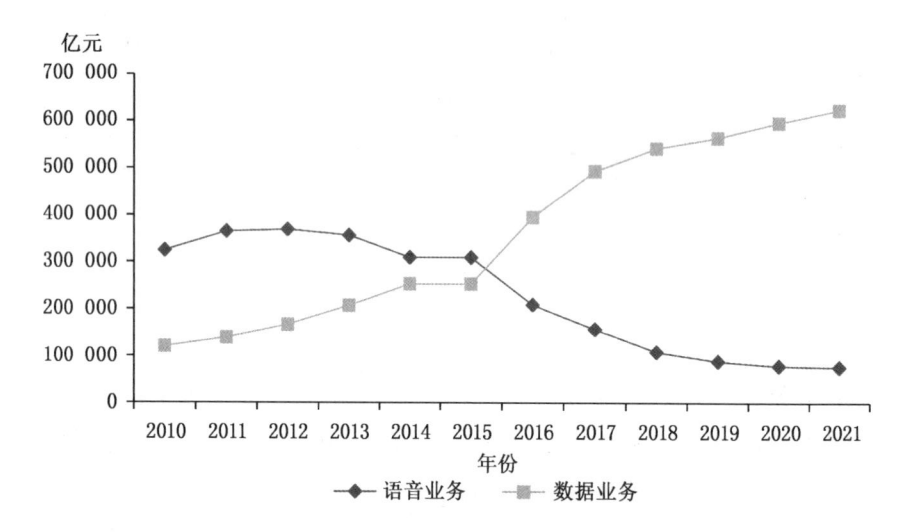

注:该图由作者根据中国移动年报中财务数据部分整理获得。

2009年之前,通信业务收入中类目为通话费及月租费和增值业务收入两部分,所以没有放在语音业务和数据业务趋势的统计比较中。

自2021年开始,中国移动的年报在财务数据报告和分析部分,就不再报告数据业务收入,而是分别从短彩信业务、无线上网业务、有线宽带业务、企业和家庭的应用及信息服务收入对增长进行了说明。到2022年的年报,不再报告语音业务收入。但也是在2021年,中国移动宣布个人市场扭转下滑趋势,这主要得益于客户5G升级。

图6-1 中国移动2010—2021年语音业务与数据业务趋势

但在2011年至2015年时,这种替代效应和短期的营收降低在运营商的认知里是很大的危机,特别是对资本市场的敏感性,使它们往往尽量掩饰这方面数据的下降。比如从2015年开始,中国移动就不在年报"营运收入"表中体现语音业务等类目,而用另外的"通信服务收入图"来显示变化,且将2014与2015年的语音业务收入分列两边,减少直接的对比。

数据中显示的是"营运收入",还是在增长的态势之中。只在文字描述"语音业务"时表达为:"受移动互联网业务替代等因素的影响,语音业务收入继续下滑,2015年语音业务收入为2,619亿元,比上年下降16.5%,占通信服务收入比重为44.8%,比上年下降8.2个百分点。"[1]

三、国家对运营商的定位摇摆不定

本书前面章节对运营商的国企性质从监管结构方面做了阐述,一方面从信产部对电信产业的行业监管逻辑来看主要着力在产业均衡和公平竞争;另一方面从国资委的所有者视角来看,运营商的负责人考核以及相关的企业战略都要以国有资产保值增值为首要目标。而从2015年开始,随着国家对国企改革的深入,对国有企业的定位更多从国计民生的层面和提高企业能力的双重考量进行。因此,对运营商企业的定位,也就成为其行动逻辑的重要影响因素。

2015年9月13日新华社发布了《中共中央、国务院关于深化国有企业改革的指导意见》,其中第二章"分类推进国企改革"中,提出将国有企业分为商业类和公益类,商业类国有企业按照市场化要求实行商业化运作,以增强国有经济活力、放大国有资本功能、实现国有资产保值增值为主要目标,依法独立开展生产经营活动,实现优胜劣汰、有序进退。公益类国有企业以保障民生、服务社会、提供公共产品和服务为主要目标,引入市场机制,提高公共服务效率和能力。这类企业可以采取国有独资形式,具备条件的也可以推行投资主体多元化,还可以通过购买服务、特许经营、委托代理等方式,鼓励非国有企业参与经营。[2] 但是,对国企的分类并未明确各运营商属于哪一类。

其实,2014年12月15日经济观察报就报道称,未来112家央企将被分为公益保障类、特定功能类和商业竞争类三类,而且不同类型的央企未来的改革方向也各有重点。由国务院国资委牵头制定的关于央企功能界

---

[1] 2015年中国移动年报"财务概览"部分,原文为繁体汉字。
[2] https://www.gov.cn/zhengce/2015-09/13/content_2930440.htm.

定分类方案的初步意见已经形成。其中运营商企业为特定功能类央企，以服务国家战略、保障国家安全和国民经济运行为主要目标。

中国企业改革与发展研究会副会长李锦告诉澎湃新闻记者，央企分类是下一轮改革的基础，并且分类本身就是一种改革。

据悉，以提供公共产品和服务为主要目的，实现社会效益的最大化的央企被定义为公益类的央企，例如中储棉、中储粮等；特定功能类的央企则是以服务国家战略、保障国家安全和国民经济运行为主要目标，实现社会效益和经济效益的统一，这其中包括石油石化、电力、通信等领域的18家央企以及11家军工企业；而商业竞争类的，则以经济效益为主要目标，兼顾社会效益，共有77家。

——节选自《经济观察报》（2014年12月15日05版）

2021年4月28日，国务院国资委召开深化国有企业分类改革专题推进会上宣布，中央企业集团层面和子企业按照商业一类、商业二类和公益类三个类别，全面完成了功能界定与分类。

其中，商业一类企业要着重在市场化改革中走在前列，积极稳妥推进商业一类子企业混合所有制改革，支持引入非国有资本的持股比例超过1/3，引导各类战略投资者积极参与公司治理。对符合条件的国有相对控股混合所有制企业，实施更加市场化的差异化管控，鼓励大胆探索、先行先试。要着重考核经济效益，侧重考核经营业绩指标、国有资产保值增值和市场竞争能力。

商业二类企业要着重发挥战略支撑作用，以落实国家重大战略、保障国家安全和国民经济运行为首要目标。要稳妥推进商业二类子企业混合所有制改革，对处于关系国家安全、国民经济命脉的重要行业和关键领域的企业，保持国有资本控股地位。

公益类企业要聚焦保障民生、服务社会，高效率提供公共产品和服务，做好优质服务的提供者。公益类企业不以营利为目的，要坚持把社会效益放在首位，不断提高提供公共产品和服务的质量效率。

——节选自《人民日报》（2021年04月29日11版）

按照前文所述,在产业内的权力对于运营商来说,源于其市场规模和对其他行动者的"监管"作用。因为在 2G 时代,内容依托运营商的核心业务以短信或手机电子报的方式提供给消费者,所以整个服务和销售过程运营商都能监控,也因此拥有"准入"和"利益分配"的权力。但在"被管道化"之后,以何种方式来应对来自互联网产业行动者的竞争,不仅取决于运营商企业的内部决策机制,还因国家对国企的定位和要求而产生巨大的差异。关于运营商企业定位的讨论持续多年,直到 2024 年才有结论称"三大运营商属于商业二类而非公益类"。[①]

这种分类的模糊性,一方面在企业绩效考核时能够降低市场压力的影响,如"被管道化"之后,曾有很多文件被解读为电信运营商定位于"公益型国企",那么主要的运营目标是提供公共产品而非企业盈利,其价格也主要由政府来控制(事实也是如此),但中央与地方政府对央企上缴利润比例的规定又以不同类别来确定,这又使政府不愿意放弃"商业型"的目录扩张,从而增加国有资产和地方政府的收入。企业在进行运营时也会被功能型定位和市场型评估牵制,既要满足监管机构的要求,又要在投资市场上达成股东和资本的收益。"公益型"国企的定位有利于对利润下降的合理化与正当化,以投资拓展信息网络建设但不以盈利为主要目标。但对定位的"商业型"调整导致其仍然以追求利润为主要目标。做好服务还是"与民争利",服务国家战略还是惠利万家,运营商企业始终在发展中遵循多重逻辑,但同时产业价值链的价值比重和主导权力削弱,又对运营商企业的策略选择产生至关重要的影响。

第二节　产业价值链的变化与"权力"的转移

互联网的崛起在全世界范围内背后都有资本投向的身影,零星且分散的互联网创业企业不断成长为互联网巨头的历程也是资本追逐价值链

[①] 环球通信,2024－1－06,https://www.163.com/dy/article/INPDN4OH0511DFSC.html.

中价值最丰厚环节的过程。技术创新与商业模式的叠加,使电信运营商利润降低,在价值链的优势逐渐减弱。

一、互联网产业初期的合作模式:"移动梦网"

2G 时代电信运营商曾经与互联网企业相得益彰。"移动梦网"是运营商与互联网企业合作的著名案例之一,在当时也是很成功的商业模式创新。中国移动效仿日本运营商 NTT DoCo Mo i-Mode 模式推出了"移动梦网"服务,构筑了一个手机上网平台。移动梦网就是移动互联网的雏形,它像一个大超市囊括了各种信息服务,这些信息服务的资费标准由通信费和信息服务费组成。通信费由运营商收取,信息服务费由运营商每月从手机话费中代扣,然后与合作伙伴分成。在互联网的寒冬,移动梦网模式拯救了新浪、腾讯、搜狐、网易等互联网巨头。合作中运营商并承担一定的欠费风险,但分成是相当可观的,且对 SP(服务提供商)有监管的责任;提供 SP 与 CP 服务的互联网企业增加了更多元的收入,也有积极性研发各种新的内容,为细分市场提供更舒适合理的服务;消费者也从运营商和互联网企业的合作中提高了对信息的接受、传递和使用效率。

当然,这个过程中中国移动是拥有巨大权力的,比如在 2004 年对 SP 服务提供商违规的集中整治行动,移动梦网商业模式的重大变革就是中移动在全国范围内投资建设一个"MISC 系统短信 SP 接入平台",这个平台使中移动全面掌控 SP 与用户之间的服务定制关系,剥夺 SP 的定制权。

二、与互联网融合的产业价值链中电信运营商的价值创造降低

互联网产业的崛起,开始使电信产业获得了极大的话语权,上网的流量、电信设备、手机号码的销售权等等,都是控制用户使用和获得互联网内容的关键门槛。但当智能手机终端技术实现突破,特别是随着通信行业的发展,在 3G 时代,游戏规则被乔布斯和 iPhone 改写,App Store 模式颠覆了移动梦网。内容和应用提供者可以绕开运营商直接面向消费

者,消费者向苹果付费,苹果与开发者分成。在苹果的规则里,运营商只是一个提供手机上网的渠道。通信业的围墙轰然倒塌。手机 app 成为用户接入网络并获得内容,以及与他人进行互动的时代来临,电信运营商被"管道化"即成为不可改变的现实。所以这种权力的转移,始于智能手机的普及和微信的诞生。

电信产业与互联网产业交融在一起,开始互联网内容需要电信"管道"或者"平台",随着互联网内容和技术的发展,一方面内容吸引更多流量,吸引了很多资本,增长迅速且获取了更多的利润,另一方面流量的使用也以内容生产为前提,所以此时"权力"便移向更靠近消费者的一端。

从统计口径看,互联网产业价值链一直呈现爆发式增长,特别是创新的互联网社交应用,对通信业务的替代是非常显著的。这也意味着,电信产业价值链与互联网产业价值链有相当多的部分是重合的。因此,越来越多的应用和互联网内容提供商加入价值链,一方面增加了运营商数据流量业务的增长,但也使得运营商原来基于通信业务的直接盈利模式受到冲击。

电信运营商被管道化、业务低值化的趋势从 2G 转向 3G 时开始显现,到 4G 元年即 2013 年,非话音业务收入占比首次过半,达到 53.2%;移动数据及互联网业务收入对行业收入增长的贡献,较 2012 年 51% 猛增至 75.7%,电信运营商被管道化的现象愈发严重。同年,中国移动净利润发生了 15 年来首跌,同比下降 5.9%。运营商业务同质化现象愈发凸显,互联网业务异质替代作用在增强,产业价值从管道向内容、从通信网向互联网、从话音服务向信息服务转移。

从营收数据看,电信运营商整体比腾讯、阿里巴巴和百度(互联网代表性企业 BAT)还是高很多(见图 6—2)。但从净利润来看,从 2015 年开始,腾讯和百度的净利润就超过了中国电信和中国联通,而腾讯和百度更是在 2019 年和 2020 年超过了电信运营商中一直领先的中国移动(见图 6—3)。

"在整个产业链条中,运营商和设备制造商已经成为价值增长最低的

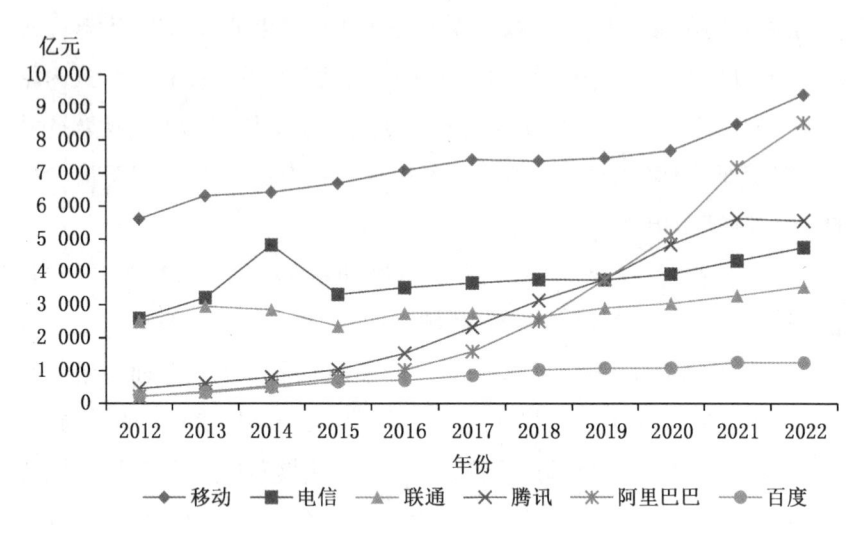

数据来源：根据历年各企业财报数据整理。

图 6-2 中国电信运营商与互联网企业营收（2012—2022 年）

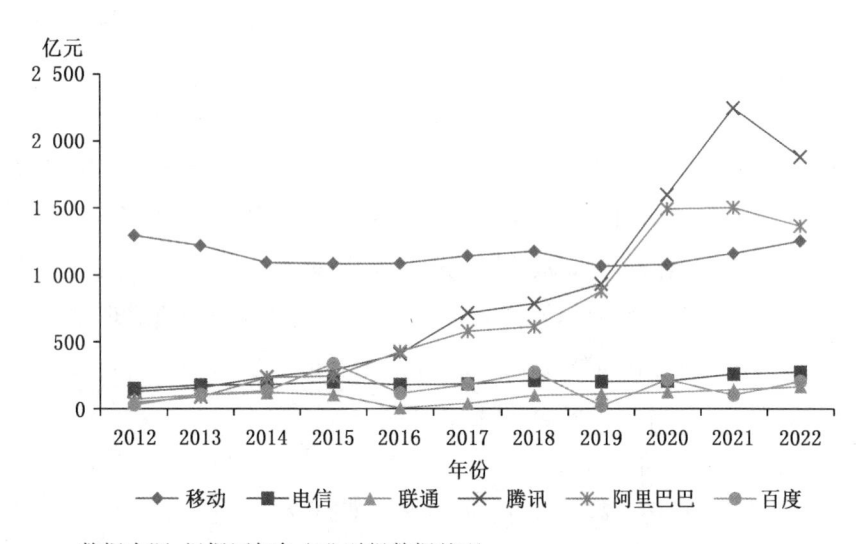

数据来源：根据历年各企业财报数据整理。

图 6-3 中国电信运营商与互联网企业净利润（2012—2022 年）

环节，这也是资本市场不看好运营商的原因。"2011 年的信息通信产业链各个环节中,设备制造业和电信运营业利润率分别为 6%、9%,属于价值增长最低的环节。相比之下,芯片业,CP/SP 业利润率分别为 17%、15%[①]。而 2022 年设备制造业和电信运营业的利润率分别为 8% 和 5%,这种变化再次印证了运营商的利润率的持续下降。

反映到资本市场的数据,也恰恰证明了这一点。数据显示,2022 年,腾讯公司市值 2 万亿港元,高于三家电信运营商:中国移动港股市值 11 274.5 亿港元、中国联通 1 845.07 亿港元和中国电信 574.52 亿港元。而在国外,谷歌也早已超过了 AT&T 这样的庞然大物。

数据证明,虽然腾讯、谷歌等互联网公司的所有业务都是基于电信运营商的服务之上,但是电信运营商能从数据业务中赚得的利润极为有限。

第三节 ICT 行业布局与 5G 应用场景使运营商重获主导权

ICT 即信息通信技术(Information and Communication Technology,ICT),是 IT 和 CT 两个领域越来越紧密结合的产物。ICT 服务业务是集用户端系统及软件开发集成、维护及咨询服务和租赁业务为一体的综合服务业务,通信运营商利用自身在网络及信息专业技术服务领域积累的丰富经验,为客户提供专业化的 IT 服务,使客户可以更专注于自身的核心业务发展。对于企业来说,信息通信技术的进步带来了大量的成本节约,机会和便利。在 ICT 产业和业务快速发展并被应用的过程中,互联网产业和电信产业互相融入,并在边界部分展开更多的竞争与合作。

一、应用商店:互依互入中手机硬件厂商在生态系统中取得优势

尽管互联网产业崛起和跨行业替代给电信产业带来了利润的下降和权力转移的情况,但互联网产业与电信产业形成了深度互依互入的关系,电信运营商也在多元化业务的发展中作为虚拟运营商和服务互联网企

---

① 运营商的"管道化危机",2013 年 06 月 25 日,https://tech.sina.com.cn/it/2013-06-25/18018477522.shtml。

业，发展了很多新业务，手机终端厂商（如小米）在构建自身生态圈的同时也成为新的互联网—电信产业生态系统的一部分。此时，谁来构建生态系统，又增加了新的强有力的行动者——手机终端厂商们。美国企业苹果创新性的智能手机 iPhone，不仅定义了智能手机的外观、审美，更重要的是，它创新了移动终端应用的开发和服务模式。中国的手机生产商也在不断的跟随中寻找自己的定位，拓展产品线和构建以自身为中心的产业生态系统。

前面描述并分析的三家运营商所设立的应用商店作为主要的集成软件开发者、用户的平台，也受到了终端厂商应用商店的强有力挑战。2017年的数据显示，52%的安卓用户最常用手机厂商的应用商店。在 2022 年度中国应用分发类 App 月活排行榜中，月活跃用户数前 10 名的 App 依次为：苹果应用商店、应用宝、华为应用市场、小米应用商店、VIVO 应用商店、OPPO 软件商店、360 手机助手、百度手机助手、MM 应用商场、PP 助手。在 2020 年对安卓系统应用市场份额的计算，在中国第三方移动应用商店用户中，首先使用应用宝占比达到 27%左右，其次华为占比 16%，手机硬件厂商 oppo、vivo、小米等紧随其后，阿里系、历趣、百度等应用商店势均力敌，在呈现阶梯状递减的趋势下差别并不是很大。由此看来，运营商的应用商店或者说分发类 App 基本没有任何优势了。

二、嫁接互联网基因和流量：联通混改中的共享合作

在三大运营商中相对弱势的中国联通率先进行了混制改革，一方面，弥补由资金引起的线上线下渠道投入不足，另一方面，加速流量使用，开拓新的业务。从 2017 年联通混改方案出台，到现在基本尘埃落定。参与混改的企业，除了中国人寿以及几家基金，更有大量互联网巨头入局，它们包括阿里巴巴、腾讯、百度、京东商城、苏宁等。

有了互联网公司的加入和资金注入，中国联通的局面可能发生改观。腾讯、阿里巴巴、百度、京东商城、苏宁等互联网公司，都是国内乃至全球领先的互联网公司，中国联通的混改，不仅仅是接受它们的投资，肯定会有更深入的合作,为中国联通导流。从 2017 年至今,中国联通与腾讯联合推出大王卡,与阿里巴巴联合推出大宝卡,与百度联合推出大神卡。这些流量卡,针对新用户,主要是年轻用户,他们平时电话不多,但喜欢聊微信、QQ,喜欢淘宝,这批用户对选择哪家运营商,有清晰的判断,那就是更多流量,而且流量要便宜。

这几大互联网公司,几乎涵盖了所有中国网民,中国联通对这些资源有针对性地推出相应业务,就可为中国联通带来巨大的用户。从目前来看,中国联通与互联网公司推出的流量卡,深受年轻消费者的喜欢。据透露,大王卡为中国联通带去了 2 000 万用户。中国联通可以借助互联网巨头的能量,抢夺中国移动的用户。

三、转型为信息运营商:"管道化"优势基础上的业务创新

5G 时代,电信运营商在 ICT 行业中的主动性增强,当然互联网厂商也有向电信产业渗透的行动,但因央企身份和业务授权的优势,电信运营商更具备集成不同行动主体的优势。工业互联网、企业智能升级,物联网等应用场景都为 5G 的拓展创造了更多的需求,这也使主导 5G 网络建设的运营商获得更多的权力。

在 4G 时代,运营商们已经开始在物联网领域中摸索前进,但由于网络速度限制,5G 通信在速度和容量上的升级实现了万物互联的真正落地,从而加速了产业化进程。在当前物联网产业中,三大运营商已经形成了成熟的行业解决方案和实践案例。主要聚焦客户解决方案、功能应用平台、通道连接等产品,三大运营商们形成了公共事业、能源制造、智能物流、安防监控、智慧医疗等行业物联网解决方案。

截至 2022 年年底,中国电信物联网用户已超 4 亿,其中 NB-IoT 用户超 2 亿,是全球规模最大的 NB-IoT 运营商;中国移动物联网核心能力平台 OneLink、OneNET,日均 API 调用超过 10 亿次;中国联通携手 500 多家灯塔客户,承接连接数据规模达 3.9 亿。在与 5G、物联网关联紧密的区块链领域,2019 年以来三大运营商在区块链技术的研究与应用实践上步伐加快。中国联通发布了区块链产品和能力的统一承载平台"联通链",开启了运营商区块链新天地。

云计算时代的到来使得电信产业的竞争方式发生根本改变,行业竞争转化为通信产业链与 IT 产业链之间的竞争。电信运营商和 IT 企业都具备建构云计算平台的实力,双方各有优劣。只是面对竞争,电信运营商选择了激流勇退。[1]

在云服务上,三大运营商们在政务云上已取得了较好的成果。据 IDC 数据显示,在 2019 年国内政务云云服务运营商市场份额中,中国电信、中国移动、中国联通三大运营商分别占 17.9%、10.1%、9.6%,位列前五强。与此同时,中国电信天翼云在 2020 上半年 IaaS+SaaS 市场中排名第四;中国移动在 2020 年上半年移动云营收达 44.57 亿元同比增长 556.4%。

随着云网融合的不断深入,运营商们在边缘计算中的天然优势:云、边缘、核心电信网络的集成能力以及网络切片功能等在凸显。目前,三大运营商们在边缘计算领域动作频频,致力于探索更多行业应用场景。2019 年 9 月中国移动率先进行边缘计算服务器集采;2020 年 5 月,中国联通宣布进行边缘服务器常态化招募,进一步加大边缘计算中心规模建设。

进入 5G 时代,运营商们持续深入行业场景推进云服务、ICT 解决方案应用。万物互联,推动了运营商们正式成为传统企业数字化的转型平台,与互联网公司和 IT 公司相比,云网融合的独特优势,使运营商们从被集成者转为集成者。运营商在 4G 时代的行业布局成果开始进入爆发式增长。在数据互联时代,运营商们开始将目光放在了移动数据业务上,从电信网络运营商向信息运营商转型。

---

[1] 豆瑞星.电信运营商的云计算之殇.互联网周刊[J].2011(12).

本章小结

作为本书的最后一章，本章讨论了中国电信产业在与互联网产业融合过程中治理机制的演进与变迁。在我对电信产业治理逻辑最初的研究中，曾对政府监管部门对互联网企业的态度判断为"放任"互联网企业的发展，因为其分散且形态各异，但其内容的分发和平台的建设都依赖运营商，只要把握运营商于国有资本的控制之中，就可以持续获利。这也在2011年微信诞生激发了"被管道化"的讨论中遭到质疑。于是，对"权力"的讨论跃入研究视野。

如何获得权力？在对治理变迁的理论传统中，"权力与控制"理论认为治理变迁产生于行动者提高对他人控制能力的实践。这样看来，电信产业和互联网产业技术、商业模式的创新便基于"控制"与摆脱"控制"的动机。但技术创新的动机一方面可以概括为"赢得竞争"，一方面又可以认为是满足消费者的需要。从这个层面讲，我们可以看到互联网时代权力来自对消费者的接近程度，更接近消费者的企业或者行动者，更容易获得"流量"和行为数据，这也是当今时代利润获取的主要逻辑。在这一趋势下，移动终端生产者，目前大多是手机生产厂商，未来可能是汽车、可穿戴设备甚至脑机接口等设备，都可能更多地获得产业系统的影响力和主导权。

另外值得关注的是对"被管道化"的"问题"认知也是在不断建构的。最初管道化带来的业务被替代和利润下降，运营商们担心资本市场的负面反馈采取了模糊其词的方式，并迫切想要通过各种业务创新来寻找利润来源。同时，国家对央企的分类又使运营商可以利用"公益型""服务型"企业来作为合理化增长放缓的理由，当然这也是将"被管道化"作为"问题"的认知表现。2013年针对运营商提出的对微信收费的讨论，华为创始人任正非发表看法认为，大运营商们在管道化上应更显定力，管道与内容是相辅相成的。这种观点从某种程度上改变了对这个问题的认知，经过十年的发展，对数据流量的需求规模不断扩大，数据业务依然是运营商的优势。不难看出，步入 5G 时代，三大运营商们在管道化服务之外，创新业务、增值服务正在凸显成效。在云服务、ICT 解决方案等政企服务中，电信运营商们正在显现出自身的独特优势，有望实现业务收入持续激增。运营商们将持续"管道化"经营。

从互联网时代电信产业与其他产业融合的形态来看，电信产业治理结构和机制更趋复杂，2020 年以来因芯片短缺带来的行业乃至国家间关系的紧张，也使我们看到权力的分散和更多样和快速的变化，围绕国家展开的斗争在治理变迁过程中扮演了重要角色。政府和企业之间存在共生的关系，政府致力于产业升级，也使帮助企业从低附加值向高附加值转变，在稳定的制度之下保持市场的获利，造福社会中的民众。正如我们正享受互联网丰富多彩的内容，这些都是在信息技术持续创新的巨大变化后实现的。

附录　电信产业与运营商监管相关的代表性文件

一、2000—2008年：电信产业规范与市场格局确立

文件1. 国务院关于组建中国电信集团公司有关问题的批复①

国函〔2000〕6号

信息产业部、国家经贸委：

你们《关于报请批准中国电信集团公司组建方案和公司章程的请示》（信部联政〔1999〕1191号）收悉，现就组建中国电信集团公司有关问题批复如下：

一、原则同意《中国电信集团公司组建方案》和《中国电信集团公司章程》。

二、中国电信集团公司（以下简称集团公司）是以原邮电系统移动通信与固定通信业务分营后的全国固定网络及相关资产为基础组建的特大型国有通信企业。

集团公司主要经营国内、国际各类固定电信网络与设施（含本地无线环路）；基于固定电信网络的话音、数据、图像及多媒体通信与信息服务；与通信及信息业务相关的系统集成、技术开发等业务；以及国家批准经营的其他电信业务。集团公司注册资本为2 220亿元。

三、集团公司由中央管理。根据《中共中央办公厅、国务院办公厅关于印发〈中央党政机关金融类企业脱钩的总体处理意见和具体实施方案〉和〈中央党政机关非金融类企业脱钩的总体处理意见和具体实施方案〉的通知》（中办发〔1999〕1号）及《中共中央关于成立中共中央企业工作委员会及有关问题的通知》（中发〔1999〕18号）等有关文件精神，集团公司组建后与信息产业部脱钩，其领导人员职务管理、党的关系、资产管理和财务关系等项工作，按有关文件规定办理。集团公司实行总经理负责制，国

---

① 中华人民共和国中央人民政府网站，https://www.gov.cn/zhengce/content/2010-11/12/content_3436.htm。

务院向集团公司派出稽察特派员,按照《国务院稽察特派员条例》的规定,对其实施监督。

四、同意集团公司进行国家授权投资的机构和国家控股公司的试点。集团公司对所属的全资企业、控股企业、参股企业(以下简称有关企业)的有关国有资产行使出资人权利,对有关企业中国家投资形成的国有资产依法进行经营、管理和监督,并相应承担保值增值责任。在国家宏观调控和监督管理下,集团公司依法自主进行各项经营活动。

五、集团公司对有关企业享有资产受益权。在国家未对国有企业统一征收国有资产收益前,对集团公司暂不征收国有资产收益,这部分资产收益由集团公司集中用于国有资产的再投入和结构调整,国家可通过法定程序对集团公司的资产收益予以调用。集团公司享有投资决策权,按照国家规定的项目审批权限管理集团内部的固定资产投资。赋予集团公司外贸经营权和外事审批权。

六、集团公司及其成员企业要依照《中华人民共和国公司法》的要求,逐步进行改制和规范,加快建立现代企业制度。集团公司要以市场为导向,在国家宏观调控与行业监管下,与其他通信企业加强合作、公平竞争,共同促进中国通信事业的发展。

七、集团公司发展所需资源、物资和生产经营条件,凡属国家计划统一配置范围内的,均在国家相应计划中实行单列,并由集团公司统一组织实施。集团公司的财务关系在国家财政中单列。根据全网统一核算、协调发展、提供普遍服务的要求,集团公司对全资企业集中汇总缴纳所得税。集团公司根据国家规定,承担普遍服务、党政专用通信、应急通信及相应的补贴邮政亏损等任务。

八、集团公司要根据国家产业政策,围绕集团公司的发展战略,在国家宏观调控下,防止重复建设和盲目生产,推动技术创新,增强市场竞争力。集团公司要深化企业改革,转变经营机制和经济增长方式,强化内部管理,加速结构调整,最大限度地提高投资效益和经济效益。同时,要按照精简、统一、效能的原则,建立精干高效、职责明确的内部管理机构。

中国电信集团作为一个整体列入国务院确定的试点企业集团名单,享受《国务院批转国家计委、国家经贸委、国家体改委关于深化大型企业集团试点工作意见的通知》(国发〔1997〕15号)规定的各项政策;同时,享受国务院确定的国有大中型重点联系企业的有关政策。集团公司要抓紧制订中国电信集团章程,并在2000年6月底前完成制定企业集团试点方案工作。集团公司组建后,国务院及有关部门对电信企业实行的原有扶持政策保持不变;地方人民政府对电信企业的有关优惠政策,在规范的基础上继续执行。

九、为适应通信技术进步的要求,理顺本地电话管理方式,加速建设城乡一体化的本地电话网,由你们根据中国电信重组后的实际情况,会同国家计委、财政部等有关部门,提出调整农村电话管理体制的意见,报国务院批准后实施。

组建中国电信集团公司是深化电信体制改革、进一步促进我国电信产业发展的重大举措。集团公司进行国家授权投资的机构和国家控股公司的试点工作政策性强、涉及面广,国务院有关部门和单位以及各省、自治区、直辖市要积极支持。你们要对集团公司的组建和企业集团的试点工作加强指导,及时总结经验,逐步对试点进行规范。对集团公司组建、试点工作中涉及的有关政策问题,由你们会同有关方面进行协调,必要时报国务院决定。

《中国电信集团公司组建方案》和《中国电信集团公司章程》由你们根据本批复精神,作必要修改后印发。

国务院
二〇〇〇年一月十三日

文件2. 中华人民共和国国务院令第291号[1]

《中华人民共和国电信条例》已经2000年9月20日国务院第31次常务会议通过,现予公布施行。

总理　朱镕基
二〇〇〇年九月二十五日

中华人民共和国电信条例

第一章　总　则

第一条　为了规范电信市场秩序,维护电信用户和电信业务经营者的合法权益,保障电信网络和信息的安全,促进电信业的健康发展,制定本条例。

第二条　在中华人民共和国境内从事电信活动或者与电信有关的活动,必须遵守本条例。

本条例所称电信,是指利用有线、无线的电磁系统或者光电系统,传送、发射或者接收语音、文字、数据、图像以及其他任何形式信息的活动。

第三条　国务院信息产业主管部门依照本条例的规定对全国电信业实施监督管理。

省、自治区、直辖市电信管理机构在国务院信息产业主管部门的领导下,依照本条例的规定对本行政区域内的电信业实施监督管理。

第四条　电信监督管理遵循政企分开、破除垄断、鼓励竞争、促进发展和公开、公平、公正的原则。

---

[1] 中华人民共和国中央政府网站,https://www.gov.cn/gongbao/content/2000/content_60507.htm.

电信业务经营者应当依法经营，遵守商业道德，接受依法实施的监督检查。

第五条　电信业务经营者应当为电信用户提供迅速、准确、安全、方便和价格合理的电信服务。

第六条　电信网络和信息的安全受法律保护。任何组织或者个人不得利用电信网络从事危害国家安全、社会公共利益或者他人合法权益的活动。

第二章　电信市场

第一节　电信业务许可

第七条　国家对电信业务经营按照电信业务分类，实行许可制度。

经营电信业务，必须依照本条例的规定取得国务院信息产业主管部门或者省、自治区、直辖市电信管理机构颁发的电信业务经营许可证。

未取得电信业务经营许可证，任何组织或者个人不得从事电信业务经营活动。

第八条　电信业务分为基础电信业务和增值电信业务。

基础电信业务，是指提供公共网络基础设施、公共数据传送和基本话音通信服务的业务。增值电信业务，是指利用公共网络基础设施提供的电信与信息服务的业务。

电信业务分类的具体划分在本条例所附的《电信业务分类目录》中列出。国务院信息产业主管部门根据实际情况，可以对目录所列电信业务分类项目作局部调整，重新公布。

第九条　经营基础电信业务，须经国务院信息产业主管部门审查批准，取得《基础电信业务经营许可证》。

经营增值电信业务，业务覆盖范围在两个以上省、自治区、直辖市的，须经国务院信息产业主管部门审查批准，取得《跨地区增值电信业务经营许可证》；业务覆盖范围在一个省、自治区、直辖市行政区域内的，须经省、自治区、直辖市电信管理机构审查批准，取得《增值电信业务经营许可证》。

运用新技术试办《电信业务分类目录》未列出的新型电信业务的,应当向省、自治区、直辖市电信管理机构备案。

第十条 经营基础电信业务,应当具备下列条件:

(一)经营者为依法设立的专门从事基础电信业务的公司,且公司中国有股权或者股份不少于51%;

(二)有可行性研究报告和组网技术方案;

(三)有与从事经营活动相适应的资金和专业人员;

(四)有从事经营活动的场地及相应的资源;

(五)有为用户提供长期服务的信誉或者能力;

(六)国家规定的其他条件。

第十一条 申请经营基础电信业务,应当向国务院信息产业主管部门提出申请,并提交本条例第十条规定的相关文件。国务院信息产业主管部门应当自受理申请之日起180日内审查完毕,作出批准或者不予批准的决定。予以批准的,颁发《基础电信业务经营许可证》;不予批准的,应当书面通知申请人并说明理由。

第十二条 国务院信息产业主管部门审查经营基础电信业务的申请时,应当考虑国家安全、电信网络安全、电信资源可持续利用、环境保护和电信市场的竞争状况等因素。

颁发《基础电信业务经营许可证》,应当按照国家有关规定采用招标方式。

第十三条 经营增值电信业务,应当具备下列条件:

(一)经营者为依法设立的公司;

(二)有与开展经营活动相适应的资金和专业人员;

(三)有为用户提供长期服务的信誉或者能力;

(四)国家规定的其他条件。

第十四条 申请经营增值电信业务,应当根据本条例第九条第二款的规定,向国务院信息产业主管部门或者省、自治区、直辖市电信管理机构提出申请,并提交本条例第十三条规定的相关文件。申请经营的增值电信业务,按照国家有关规定须经有关主管部门审批的,还应当提交有关主管部门审核同意的文件。国务院信息产业主管部门或者省、自治区、直辖市电信管理机构应当自收到申请之日起60日内审查完毕,作出批准或者不予批准的决定。予以批准的,颁发《跨地区增值电信业务经营许可证》或者《增值电信业务经营许可证》;不予批准的,应当书面通知申请人并说明理由。

第十五条　电信业务经营者在经营过程中,变更经营主体、业务范围或者停止经营的,应当提前90日向原颁发许可证的机关提出申请,并办理相应手续;停止经营的,还应当按照国家有关规定做好善后工作。

第十六条　经批准经营电信业务的,应当持依法取得的电信业务经营许可证,向企业登记机关办理登记手续。

专用电信网运营单位在所在地区经营电信业务的,应当依照本条例规定的条件和程序提出申请,经批准,取得电信业务经营许可证,并依照前款规定办理登记手续。

第二节　电信网间互联

第十七条　电信网之间应当按照技术可行、经济合理、公平公正、相互配合的原则,实现互联互通。

主导的电信业务经营者不得拒绝其他电信业务经营者和专用网运营单位提出的互联互通要求。

前款所称主导的电信业务经营者,是指控制必要的基础电信设施并且在电信业务市场中占有较大份额,能够对其他电信业务经营者进入电信业务市场构成实质性影响的经营者。

主导的电信业务经营者由国务院信息产业主管部门确定。

第十八条　主导的电信业务经营者应当按照非歧视和透明化的原则,制定包括网间互联的程序、时限、非捆绑网络元素目录等内容的互联规程。互联规程应当报国务院信息产业主管部门审查同意。该互联规程对主导的电信业务经营者的互联互通活动具有约束力。

第十九条　公用电信网之间、公用电信网与专用电信网之间的网间互联,由网间互联双方按照国务院信息产业主管部门的网间互联管理规定进行互联协商,并订立网间互联协议。

网间互联协议应当向国务院信息产业主管部门备案。

第二十条　网间互联双方经协商未能达成网间互联协议的,自一方提出互联要求之日起60日内,任何一方均可以按照网间互联覆盖范围向国务院信息产业主管部门或者省、自治区、直辖市电信管理机构申请协调;收到申请的机关应当依照本条例第十七条第一款规定的原则进行协调,促使网间互联双方达成协议;自网间互联一方或者双方申请协调之日起45日内经协调仍不能达成协议的,由协调机关随机邀请电信技术专家和其他有关方面专家进行公开论证并提出网间互联方案。协调机关应当根据专家论证结论和提出的网间互联方案作出决定,强制实现互联互通。

第二十一条　网间互联双方必须在协议约定或者决定规定的时限内实现互联互通。未经国务院信息产业主管部门批准,任何一方不得擅自中断互联互通。网间互联遇有通信技术障碍的,双方应当立即采取有效措施予以消除。网间互联双方在互联互通中发生争议的,依照本条例第二十条规定的程序和办法处理。

网间互联的通信质量应当符合国家有关标准。主导的电信业务经营者向其他电信业务经营者提供网间互联,服务质量不得低于本网内的同类业务及向其子公司或者分支机构提供的同类业务质量。

第二十二条　网间互联的费用结算与分摊应当执行国家有关规定,不得在规定标准之外加收费用。

网间互联的技术标准、费用结算办法和具体管理规定,由国务院信息产业主管部门制定。

第三节　电信资费

第二十三条　电信资费标准实行以成本为基础的定价原则,同时考虑国民经济与社会发展要求、电信业的发展和电信用户的承受能力等因素。

第二十四条　电信资费分为市场调节价、政府指导价和政府定价。

基础电信业务资费实行政府定价、政府指导价或者市场调节价；增值电信业务资费实行市场调节价或者政府指导价。

市场竞争充分的电信业务，电信资费实行市场调节价。

实行政府定价、政府指导价和市场调节价的电信资费分类管理目录，由国务院信息产业主管部门经征求国务院价格主管部门意见制定并公布施行。

第二十五条　政府定价的重要的电信业务资费标准，由国务院信息产业主管部门提出方案，经征求国务院价格主管部门意见，报国务院批准后公布施行。

政府指导价的电信业务资费标准幅度，由国务院信息产业主管部门经征求国务院价格主管部门意见，制定并公布施行。电信业务经营者在标准幅度内，自主确定资费标准，报省、自治区、直辖市电信管理机构备案。

第二十六条　制定政府定价和政府指导价的电信业务资费标准，应当采取举行听证会等形式，听取电信业务经营者、电信用户和其他有关方面的意见。

电信业务经营者应当根据国务院信息产业主管部门和省、自治区、直辖市电信管理机构的要求，提供准确、完备的业务成本数据及其他有关资料。

第四节　电信资源

第二十七条　国家对电信资源统一规划、集中管理、合理分配，实行有偿使用制度。

前款所称电信资源，是指无线电频率、卫星轨道位置、电信网码号等用于实现电信功能且有限的资源。

第二十八条　电信业务经营者占有、使用电信资源，应当缴纳电信资源费。具体收费办法由国务院信息产业主管部门会同国务院财政部门、价格主管部门制定，报国务院批准后公布施行。

第二十九条 电信资源的分配,应当考虑电信资源规划、用途和预期服务能力。

分配电信资源,可以采取指配的方式,也可以采用拍卖的方式。

取得电信资源使用权的,应当在规定的时限内启用所分配的资源,并达到规定的最低使用规模。未经国务院信息产业主管部门或者省、自治区、直辖市电信管理机构批准,不得擅自使用、转让、出租电信资源或者改变电信资源的用途。

第三十条 电信资源使用者依法取得电信网码号资源后,主导的电信业务经营者和其他有关单位有义务采取必要的技术措施,配合电信资源使用者实现其电信网码号资源的功能。

法律、行政法规对电信资源管理另有特别规定的,从其规定。

第三章 电信服务

第三十一条 电信业务经营者应当按照国家规定的电信服务标准向电信用户提供服务。电信业务经营者提供服务的种类、范围、资费标准和时限,应当向社会公布,并报省、自治区、直辖市电信管理机构备案。

电信用户有权自主选择使用依法开办的各类电信业务。

第三十二条 电信用户申请安装、移装电信终端设备的,电信业务经营者应当在其公布的时限内保证装机开通;由于电信业务经营者的原因逾期未能装机开通的,应当每日按照收取的安装费、移装费或者其他费用数额百分之一的比例,向电信用户支付违约金。

第三十三条 电信用户申告电信服务障碍的,电信业务经营者应当自接到申告之日起,城镇 48 小时、农村 72 小时内修复或者调通;不能按期修复或者调通的,应当及时通知电信用户,并免收障碍期间的月租费用。但是,属于电信终端设备的原因造成电信服务障碍的除外。

第三十四条 电信业务经营者应当为电信用户交费和查询提供方便。电信用户要求提供国内长途通信、国际通信、移动通信和信息服务等收费清单的,电信业务经营者应当免费提供。

电信用户出现异常的巨额电信费用时,电信业务经营者一经发现,应当尽可能迅速告知电信用户,并采取相应的措施。

前款所称巨额电信费用,是指突然出现超过电信用户此前三个月平均电信费用 5 倍以上的费用。

第三十五条　电信用户应当按照约定的时间和方式及时、足额地向电信业务经营者交纳电信费用;电信用户逾期不交纳电信费用的,电信业务经营者有权要求补交电信费用,并可以按照所欠费用每日加收 3‰ 的违约金。

对超过收费约定期限 30 日仍不交纳电信费用的电信用户,电信业务经营者可以暂停向其提供电信服务。电信用户在电信业务经营者暂停服务 60 日内仍未补交电信费用和违约金的,电信业务经营者可以终止提供服务,并可以依法追缴欠费和违约金。

经营移动电信业务的经营者可以与电信用户约定交纳电信费用的期限、方式,不受前款规定期限的限制。

电信业务经营者应当在迟延交纳电信费用的电信用户补足电信费用、违约金后的 48 小时内,恢复暂停的电信服务。

第三十六条　电信业务经营者因工程施工、网络建设等原因,影响或者可能影响正常电信服务的,必须按照规定的时限及时告知用户,并向省、自治区、直辖市电信管理机构报告。

因前款原因中断电信服务的,电信业务经营者应当相应减免用户在电信服务中断期间的相关费用。

出现本条第一款规定的情形,电信业务经营者未及时告知用户的,应当赔偿由此给用户造成的损失。

第三十七条　经营本地电话业务和移动电话业务的电信业务经营者,应当免费向用户提供火警、匪警、医疗急救、交通事故报警等公益性电信服务并保障通信线路畅通。

第三十八条　电信业务经营者应当及时为需要通过中继线接入其电信网的集团用户,提供平等、合理的接入服务。

未经批准,电信业务经营者不得擅自中断接入服务。

第三十九条　电信业务经营者应当建立健全内部服务质量管理制度,并可以制定并公布施行高于国家规定的电信服务标准的企业标准。

电信业务经营者应当采取各种形式广泛听取电信用户意见,接受社会监督,不断提高电信服务质量。

第四十条　电信业务经营者提供的电信服务达不到国家规定的电信服务标准或者其公布的企业标准的,或者电信用户对交纳电信费用持有异议的,电信用户有权要求电信业务经营者予以解决;电信业务经营者拒不解决或者电信用户对解决结果不满意的,电信用户有权向国务院信息产业主管部门或者省、自治区、直辖市电信管理机构或者其他有关部门申诉。收到申诉的机关必须对申诉及时处理,并自收到申诉之日起30日内向申诉者作出答复。

电信用户对交纳本地电话费用有异议的,电信业务经营者还应当应电信用户的要求免费提供本地电话收费依据,并有义务采取必要措施协助电信用户查找原因。

第四十一条　电信业务经营者在电信服务中,不得有下列行为:

(一)以任何方式限定电信用户使用其指定的业务;

(二)限定电信用户购买其指定的电信终端设备或者拒绝电信用户使用自备的已经取得入网许可的电信终端设备;

(三)违反国家规定,擅自改变或者变相改变资费标准,擅自增加或者变相增加收费项目;

(四)无正当理由拒绝、拖延或者中止对电信用户的电信服务;

(五)对电信用户不履行公开作出的承诺或者作容易引起误解的虚假宣传;

(六)以不正当手段刁难电信用户或者对投诉的电信用户打击报复。

第四十二条　电信业务经营者在电信业务经营活动中,不得有下列行为:

(一)以任何方式限制电信用户选择其他电信业务经营者依法开办的

电信服务；

（二）对其经营的不同业务进行不合理的交叉补贴；

（三）以排挤竞争对手为目的，低于成本提供电信业务或者服务，进行不正当竞争。

第四十三条　国务院信息产业主管部门或者省、自治区、直辖市电信管理机构应当依据职权对电信业务经营者的电信服务质量和经营活动进行监督检查，并向社会公布监督抽查结果。

第四十四条　电信业务经营者必须按照国家有关规定履行相应的电信普遍服务义务。

国务院信息产业主管部门可以采取指定的或者招标的方式确定电信业务经营者具体承担电信普遍服务的义务。

电信普遍服务成本补偿管理办法，由国务院信息产业主管部门会同国务院财政部门、价格主管部门制定，报国务院批准后公布施行。

第四章　电信建设

第一节　电信设施建设

第四十五条　公用电信网、专用电信网、广播电视传输网的建设应当接受国务院信息产业主管部门的统筹规划和行业管理。

属于全国性信息网络工程或者国家规定限额以上建设项目的公用电信网、专用电信网、广播电视传输网建设，在按照国家基本建设项目审批程序报批前，应当征得国务院信息产业主管部门同意。

基础电信建设项目应当纳入地方各级人民政府城市建设总体规划和村镇、集镇建设总体规划。

第四十六条　城市建设和村镇、集镇建设应当配套设置电信设施。建筑物内的电信管线和配线设施以及建设项目用地范围内的电信管道，应当纳入建设项目的设计文件，并随建设项目同时施工与验收。所需经费应当纳入建设项目概算。

有关单位或者部门规划、建设道路、桥梁、隧道或者地下铁道等，应当事先通知省、自治区、直辖市电信管理机构和电信业务经营者,协商预留电信管线等事宜。

第四十七条　基础电信业务经营者可以在民用建筑物上附挂电信线路或者设置小型天线、移动通信基站等公用电信设施,但是应当事先通知建筑物产权人或者使用人,并按照省、自治区、直辖市人民政府规定的标准向该建筑物的产权人或者其他权利人支付使用费。

第四十八条　建设地下、水底等隐蔽电信设施和高空电信设施,应当按照国家有关规定设置标志。

基础电信业务经营者建设海底电信缆线,应当征得国务院信息产业主管部门同意,并征求有关部门意见后,依法办理有关手续。海底电信缆线由国务院有关部门在海图上标出。

第四十九条　任何单位或者个人不得擅自改动或者迁移他人的电信线路及其他电信设施;遇有特殊情况必须改动或者迁移的,应当征得该电信设施产权人同意,由提出改动或者迁移要求的单位或者个人承担改动或者迁移所需费用,并赔偿由此造成的经济损失。

第五十条　从事施工、生产、种植树木等活动,不得危及电信线路或者其他电信设施的安全或者妨碍线路畅通;可能危及电信安全时,应当事先通知有关电信业务经营者,并由从事该活动的单位或者个人负责采取必要的安全防护措施。

违反前款规定,损害电信线路或者其他电信设施或者妨碍线路畅通的,应当恢复原状或者予以修复,并赔偿由此造成的经济损失。

第五十一条　从事电信线路建设,应当与已建的电信线路保持必要的安全距离;难以避开或者必须穿越,或者需要使用已建电信管道的,应当与已建电信线路的产权人协商,并签订协议;经协商不能达成协议的,根据不同情况,由国务院信息产业主管部门或者省、自治区、直辖市电信管理机构协调解决。

第五十二条　任何组织或者个人不得阻止或者妨碍基础电信业务经营者依法从事电信设施建设和向电信用户提供公共电信服务;但是,国家规定禁止或者限制进入的区域除外。

第五十三条　执行特殊通信、应急通信和抢修、抢险任务的电信车辆，经公安交通管理机关批准，在保障交通安全畅通的前提下可以不受各种禁止机动车通行标志的限制。

第二节　电信设备进网

第五十四条　国家对电信终端设备、无线电通信设备和涉及网间互联的设备实行进网许可制度。

接入公用电信网的电信终端设备、无线电通信设备和涉及网间互联的设备，必须符合国家规定的标准并取得进网许可证。

实行进网许可制度的电信设备目录，由国务院信息产业主管部门会同国务院产品质量监督部门制定并公布施行。

第五十五条　办理电信设备进网许可证的，应当向国务院信息产业主管部门提出申请，并附送经国务院产品质量监督部门认可的电信设备检测机构出具的检测报告或者认证机构出具的产品质量认证证书。

国务院信息产业主管部门应当自收到电信设备进网许可申请之日起60日内，对申请及电信设备检测报告或者产品质量认证证书审查完毕。经审查合格的，颁发进网许可证；经审查不合格的，应当书面答复并说明理由。

第五十六条　电信设备生产企业必须保证获得进网许可的电信设备的质量稳定、可靠，不得降低产品质量和性能。

电信设备生产企业应当在其生产的获得进网许可的电信设备上粘贴进网许可标志。

国务院产品质量监督部门应当会同国务院信息产业主管部门对获得进网许可证的电信设备进行质量跟踪和监督抽查，公布抽查结果。

第五章　电信安全

第五十七条　任何组织或者个人不得利用电信网络制作、复制、发布、传播含有下列内容的信息：

(一)反对宪法所确定的基本原则的；

(二)危害国家安全,泄露国家秘密,颠覆国家政权,破坏国家统一的；

(三)损害国家荣誉和利益的；

(四)煽动民族仇恨、民族歧视,破坏民族团结的；

(五)破坏国家宗教政策,宣扬邪教和封建迷信的；

(六)散布谣言,扰乱社会秩序,破坏社会稳定的；

(七)散布淫秽、色情、赌博、暴力、凶杀、恐怖或者教唆犯罪的；

(八)侮辱或者诽谤他人,侵害他人合法权益的；

(九)含有法律、行政法规禁止的其他内容的。

第五十八条 任何组织或者个人不得有下列危害电信网络安全和信息安全的行为：

(一)对电信网的功能或者存储、处理、传输的数据和应用程序进行删除或者修改；

(二)利用电信网从事窃取或者破坏他人信息、损害他人合法权益的活动；

(三)故意制作、复制、传播计算机病毒或者以其他方式攻击他人电信网络等电信设施；

(四)危害电信网络安全和信息安全的其他行为。

第五十九条 任何组织或者个人不得有下列扰乱电信市场秩序的行为：

(一)采取租用电信国际专线、私设转接设备或者其他方法,擅自经营国际或者香港特别行政区、澳门特别行政区和台湾地区电信业务；

(二)盗接他人电信线路,复制他人电信码号,使用明知是盗接、复制的电信设施或者码号；

(三)伪造、变造电话卡及其他各种电信服务有价凭证；

(四)以虚假、冒用的身份证件办理入网手续并使用移动电话。

第六十条 电信业务经营者应当按照国家有关电信安全的规定,建立健全内部安全保障制度,实行安全保障责任制。

第六十一条　电信业务经营者在电信网络的设计、建设和运行中,应当做到与国家安全和电信网络安全的需求同步规划,同步建设,同步运行。

第六十二条　在公共信息服务中,电信业务经营者发现电信网络中传输的信息明显属于本条例第五十七条所列内容的,应当立即停止传输,保存有关记录,并向国家有关机关报告。

第六十三条　使用电信网络传输信息的内容及其后果由电信用户负责。

电信用户使用电信网络传输的信息属于国家秘密信息的,必须依照保守国家秘密法的规定采取保密措施。

第六十四条　在发生重大自然灾害等紧急情况下,经国务院批准,国务院信息产业主管部门可以调用各种电信设施,确保重要通信畅通。

第六十五条　在中华人民共和国境内从事国际通信业务,必须通过国务院信息产业主管部门批准设立的国际通信出入口局进行。

我国内地与香港特别行政区、澳门特别行政区和台湾地区之间的通信,参照前款规定办理。

第六十六条　电信用户依法使用电信的自由和通信秘密受法律保护。除因国家安全或者追查刑事犯罪的需要,由公安机关、国家安全机关或者人民检察院依照法律规定的程序对电信内容进行检查外,任何组织或者个人不得以任何理由对电信内容进行检查。

电信业务经营者及其工作人员不得擅自向他人提供电信用户使用电信网络所传输信息的内容。

第六章　罚　则

第六十七条　违反本条例第五十七条、第五十八条的规定,构成犯罪的,依法追究刑事责任;尚不构成犯罪的,由公安机关、国家安全机关依照有关法律、行政法规的规定予以处罚。

第六十八条　有本条例第五十九条第(二)、(三)、(四)项所列行为之一,扰乱电信市场秩序,构成犯罪的,依法追究刑事责任;尚不构成犯罪的,由国务院信息产业主管部门或者省、自治区、直辖市电信管理机构依据职权责令改正,没收违法所得,处违法所得3倍以上5倍以下罚款;没有违法所得或者违法所得不足1万元的,处1万元以上10万元以下罚款。

第六十九条 违反本条例的规定,伪造、冒用、转让电信业务经营许可证、电信设备进网许可证或者编造在电信设备上标注的进网许可证编号的,由国务院信息产业主管部门或者省、自治区、直辖市电信管理机构依据职权没收违法所得,处违法所得3倍以上5倍以下罚款;没有违法所得或者违法所得不足1万元的,处1万元以上10万元以下罚款。

第七十条 违反本条例规定,有下列行为之一的,由国务院信息产业主管部门或者省、自治区、直辖市电信管理机构依据职权责令改正,没收违法所得,处违法所得3倍以上5倍以下罚款;没有违法所得或者违法所得不足5万元的,处10万元以上100万元以下罚款;情节严重的,责令停业整顿:

(一)违反本条例第七条第三款的规定或者有本条例第五十九条第(一)项所列行为,擅自经营电信业务的,或者超范围经营电信业务的;

(二)未通过国务院信息产业主管部门批准,设立国际通信出入口进行国际通信的;

(三)擅自使用、转让、出租电信资源或者改变电信资源用途的;

(四)擅自中断网间互联互通或者接入服务的;

(五)拒不履行普遍服务义务的。

第七十一条 违反本条例的规定,有下列行为之一的,由国务院信息产业主管部门或者省、自治区、直辖市电信管理机构依据职权责令改正,没收违法所得,处违法所得1倍以上3倍以下罚款;没有违法所得或者违法所得不足1万元的,处1万元以上10万元以下罚款;情节严重的,责令停业整顿:

(一)在电信网间互联中违反规定加收费用的;

(二)遇有网间通信技术障碍,不采取有效措施予以消除的;

(三)擅自向他人提供电信用户使用电信网络所传输信息的内容的;

(四)拒不按照规定缴纳电信资源使用费的。

第七十二条　违反本条例第四十二条的规定,在电信业务经营活动中进行不正当竞争的,由国务院信息产业主管部门或者省、自治区、直辖市电信管理机构依据职权责令改正,处10万元以上100万元以下罚款;情节严重的,责令停业整顿。

第七十三条　违反本条例的规定,有下列行为之一的,由国务院信息产业主管部门或者省、自治区、直辖市电信管理机构依据职权责令改正,处5万元以上50万元以下罚款;情节严重的,责令停业整顿:

(一)拒绝其他电信业务经营者提出的互联互通要求的;

(二)拒不执行国务院信息产业主管部门或者省、自治区、直辖市电信管理机构依法作出的互联互通决定的;

(三)向其他电信业务经营者提供网间互联的服务质量低于本网及其子公司或者分支机构的。

第七十四条　违反本条例第三十四条第一款、第四十条第二款的规定,电信业务经营者拒绝免费为电信用户提供国内长途通信、国际通信、移动通信和信息服务等收费清单,或者电信用户对交纳本地电话费用有异议并提出要求时,拒绝为电信用户免费提供本地电话收费依据的,由省、自治区、直辖市电信管理机构责令改正,并向电信用户赔礼道歉;拒不改正并赔礼道歉的,处以警告,并处5 000元以上5万元以下的罚款。

第七十五条　违反本条例第四十一条的规定,由省、自治区、直辖市电信管理机构责令改正,并向电信用户赔礼道歉,赔偿电信用户损失;拒不改正并赔礼道歉、赔偿损失的,处以警告,并处1万元以上10万元以下的罚款;情节严重的,责令停业整顿。

第七十六条　违反本条例的规定,有下列行为之一的,由省、自治区、直辖市电信管理机构责令改正,处1万元以上10万元以下的罚款:

(一)销售未取得进网许可的电信终端设备的;

(二)非法阻止或者妨碍电信业务经营者向电信用户提供公共电信服务的;

(三)擅自改动或者迁移他人的电信线路及其他电信设施的。

第七十七条 违反本条例的规定,获得电信设备进网许可证后降低产品质量和性能的,由产品质量监督部门依照有关法律、行政法规的规定予以处罚。

第七十八条 有本条例第五十七条、第五十八条和第五十九条所列禁止行为之一,情节严重的,由原发证机关吊销电信业务经营许可证。

国务院信息产业主管部门或者省、自治区、直辖市电信管理机构吊销电信业务经营许可证后,应当通知企业登记机关。

第七十九条 国务院信息产业主管部门或者省、自治区、直辖市电信管理机构工作人员玩忽职守、滥用职权、徇私舞弊,构成犯罪的,依法追究刑事责任;尚不构成犯罪的,依法给予行政处分。

第七章 附 则

第八十条 外国的组织或者个人在中华人民共和国境内投资与经营电信业务和香港特别行政区、澳门特别行政区与台湾地区的组织或者个人在内地投资与经营电信业务的具体办法,由国务院另行制定。

第八十一条 本条例自公布之日起施行。

附:

电信业务分类目录

一、基础电信业务

(一)固定网络国内长途及本地电话业务;

(二)移动网络电话和数据业务;

(三)卫星通信及卫星移动通信业务;

(四)互联网及其它公共数据传送业务;

(五)带宽、波长、光纤、光缆、管道及其他网络元素出租、出售业务;

（六）网络承载、接入及网络外包等业务；

（七）国际通信基础设施、国际电信业务；

（八）无线寻呼业务；

（九）转售的基础电信业务。

第（八）（九）项业务比照增值电信业务管理。

二、增值电信业务

（一）电子邮件；

（二）语音信箱；

（三）在线信息库存储和检索；

（四）电子数据交换；

（五）在线数据处理与交易处理；

（六）增值传真；

（七）互联网接入服务；

（八）互联网信息服务；

（九）可视电话会议服务。

文件3. 中华人民共和国信息产业部令第9号[①]

《公用电信网间互联管理规定》已经2001年4月29日第6次部务会议通过，现予发布，自发布之日起施行。

部长　吴基传

二〇〇一年五月十日

[①] 中华人民共和国中央人民政府网站，https://www.gov.cn/gongbao/content/2002/content_61973.htm.

公用电信网间互联管理规定

第一章 总 则

第一条 为了维护国家利益和电信用户的合法权益,保护电信业务经营者之间公平、有效竞争,保障公用电信网间及时、合理地互联,根据《中华人民共和国电信条例》,制定本规定。

第二条 本规定适用于中华人民共和国境内经营基础电信业务的经营者在下列电信网间的互联:

(一)固定本地电话网;

(二)国内长途电话网;

(三)国际电话网;

(四)IP电话网;

(五)陆地蜂窝移动通信网;

(六)卫星移动通信网;

(七)互联网骨干网;

(八)信息产业部规定的其他电信网。

第三条 电信网之间应当按照技术可行、经济合理、公平公正、相互配合的原则实现互联。

第四条 信息产业部和省、自治区、直辖市通信管理局(以下合称"电信主管部门")是电信网间互联的主管部门。信息产业部负责本规定在全国范围内的实施工作,省、自治区、直辖市通信管理局负责本规定在本行政区域内的实施工作。

第五条 本规定下列用语的含义是:

(一)互联,是指建立电信网间的有效通信连接,以使一个电信业务经营者的用户能够与另一个电信业务经营者的用户相互通信或者能够使用另一个电信业务经营者的各种电信业务。互联包括两个电信网网间直接相联实现业务互通的方式,以及两个电信网通过第三方的网络转接实现业务互通的方式。

（二）互联点，是指两个电信网网间直接相联时的物理接口点。

（三）主导的电信业务经营者，是指控制必要的基础电信设施，并且所经营的固定本地电话业务占本地网范围内同类业务市场50%以上的市场份额，能够对其他电信业务经营者进入电信业务市场构成实质性影响的经营者。

（四）非主导的电信业务经营者，是指主导的电信业务经营者以外的电信业务经营者。

第二章　电信业务经营者的互联义务

第六条　电信业务经营者应当设立互联工作机构负责互联工作。互联工作机构应当建立正常的工作联系制度，保证电信业务经营者与电信主管部门之间以及电信业务经营者之间工作渠道的畅通。

第七条　主导的电信业务经营者应当根据本规定制定包括网间互联的程序、时限、互联点的数量、用于网间互联的交换机局址、非捆绑网络元素提供或出租的目录及费用等内容的互联规程。互联规程报信息产业部批准后执行。互联规程对主导的电信业务经营者的互联互通活动具有约束力。

第八条　电信业务经营者不得拒绝其他电信业务经营者提出的互联要求，不得违反国家有关规定擅自限制用户选择其他电信业务经营者依法开办的电信业务。

第九条　主导的电信业务经营者有义务向非主导的电信业务经营者提供与互联有关的网络功能（含网络组织、信令方式、计费方式、同步方式等）、设备配置（光端机、交换机等）的信息，以及与互联有关的管道（孔）、杆路、线缆引入口及槽道、光缆（纤）、带宽、电路等通信设施的使用信息。

非主导的电信业务经营者有义务向主导的电信业务经营者提供与互联有关的网络功能、设备配置的计划和规划信息。

双方应当对对方提供的信息保密，并不得利用该信息从事与互联无关的活动。

第十条 非主导的电信业务经营者的电信网与主导的电信业务经营者的电信网网间互联,互联传输线路必须经由主导的电信业务经营者的管道(孔)、杆路、线缆引入口及槽道等通信设施的,主导的电信业务经营者应当予以配合提供使用,并不得附加任何不合理的条件。

两个非主导的电信业务经营者的电信网网间直接相联,互联传输线路必须经由主导的电信业务经营者的楼层院落、管道(孔)、杆路、线缆引入口及槽道等通信设施的,主导的电信业务经营者应当予以配合提供使用,并不得附加任何不合理的条件。

前款主导的电信业务经营者的通信设施经省、自治区、直辖市通信管理局确认无法提供使用的,非主导的电信业务经营者可以通过架空、直埋等其他方式解决互联传输线路问题。

第十一条 主导的电信业务经营者应当在规定的互联时限内提供互联,非主导的电信业务经营者应当在规定的互联时限内实施互联。双方均不得无故拖延互联时间。

第十二条 电信业务经营者应当执行信息产业部制定的相关网间互联技术规范、技术规定。

网间通信质量应当符合国家有关标准。电信业务经营者应当保证网间通信质量不低于其网络内部同类业务的通信质量。

第十三条 应非主导的电信业务经营者要求,主导的电信业务经营者应当向对方网的用户提供电话号码查询业务,并经双方协商后,可按查号规则查询到对方网的可查询用户号码。非主导的电信业务经营者应当按查号规则向对方提供本网的可查询用户号码资料。

应非主导的电信业务经营者的要求,主导的电信业务经营者应当向对方网的用户提供火警、匪警、医疗急救、交通事故报警等紧急特种业务。非主导的电信业务经营者应当每日进行紧急特种业务的拨叫例测。双方应当共同保证紧急特种业务的通信质量。

第十四条 电信业务经营者向本网开放的各种电信业务接入号码

(含短号码)、其他特种业务号码(含电信业务经营者所用的业务号码、政府公务类业务号码、社会服务类业务号码)、智能业务号码等,应一方的要求,应当及时向对方网开放,并保证通信质量。

第十五条　两个非主导的电信业务经营者的电信网网间直接相联,由双方协商解决。

两个非主导的电信业务经营者的电信网网间未直接相联的,其网间业务应当经第三方的固定本地电话网或信息产业部指定的机构的网络转接实现互通。非主导电信业务经营者选择主导的电信业务经营者的固定本地电话网作为第三方的网络时,主导的电信业务经营者不得拒绝提供转接,并应当保证转接的通信质量。

第三章　互联点的设置及互联费用的分摊与结算

第十六条　非主导的电信业务经营者的电信网与主导的电信业务经营者的电信网网间互联时,互联点应当设置在互联传输线路的一端,即远离非主导的电信业务经营者侧的设备的一端(例如,当互联传输线路为光缆时,互联点设置在主导的电信业务经营者光配线架外侧)。

两个非主导的电信业务经营者的电信网网间直接相联时,互联点的具体位置由双方协商确定。

第十七条　互联点数量应当根据双方业务发展以及网间通信安全的需要协商确定。在一个本地网内各电信网网间互联原则上应当有两个以上(含两个)互联点。

互联点两侧的电信设备可以由各电信网共用,也可以由各电信网分设。当互联点两侧的电信设备由各电信网共用时,如果各电信网网间结算标准不一致,对方又不易采用技术手段进行计费核查的,互联中继电路可以分群设置。

第十八条　非主导的电信业务经营者的电信网与主导的电信业务经营者的电信网网间互联的,互联传输线路及管道由双方各自承担一半。

两个非主导的电信业务经营者的电信网网间直接相联的,互联传输线路的费用分摊由双方协商确定。

第十九条　互联点两侧的电信设备(含各自网内的电信设备,下同)的建设、扩容改造的费用(含信令方式、局数据修改、软件版本升级等费用)由双方各自承担。

互联点两侧的电信设备的配套设施(含机房、空调、电源、测试仪器、计费设备及其他配套设施)的费用由双方各自承担。

第二十条　互联传输线路经由主导的电信业务经营者的管道(孔)、杆路、线缆引入口及槽道等通信设施的,主导的电信业务经营者应当按规定标准收取租用费。暂无规定标准的,相关费用以建设成本为基础由双方协商解决。

第二十一条　电信业务经营者在互联互通中应当执行信息产业部制定的《电信网间通话费结算办法》,不得在规定标准以外加收费用。

电信业务经营者应当按互联协议规定的结算周期进行网间结算,不得无故拖延应向对方结算的费用。

第二十二条　电信业务经营者应当按国家有关规定核算本网与互联有关的收支情况及互联成本,经相关中介机构审查验证后,于每年3月31日前将上一年度的数据报信息产业部。

网间结算标准应当以成本为基础核定。在电信业务经营者互联成本尚未确定之前,网间结算标准暂以资费为基础核定。

第四章　互联协议与工程建设

第二十三条　互联协议应当由电信业务经营者省级以上(含省级)机构之间签订(含修订)。电信业务经营者省级以下机构不再另行签订互联协议。互联双方应当本着友好合作和相互配合的原则协商互联协议。

第二十四条　互联协商的主要内容包括:签订协议的依据、互联工程进度时间表、互通的业务、互联技术方案(包括互联点的设置、互联点两侧的设备设置、拨号方式、路由组织、中继容量,以及信令、计费、同步、传输质量等)、与互联有关的网络功能及通信设施的提供、与互联有关的设备配置、互联费用的分摊、互联后的网络管理(包括互联双方维护范围、网间通信质量相互通报制度、网间通信障碍处理制度、网间通信重大障碍报告制度、网间通信应急方案等)、网间结算、违约责任等。

第二十五条 互联双方省级以上机构应当按照《中华人民共和国合同法》及国家有关规定签订互联协议,互联协议不得含有歧视性内容和损害第三方利益的内容。

第二十六条 互联双方省级以上机构应当自协议签订之日起15日内将协议发至各自下属机构,并向电信主管部门备案。

第二十七条 互联双方应当在规定的互联时限内,根据商定的互联工程进度、互联技术方案,在各自的建设范围内组织施工建设,并协同组织互联测试,全部工程初验合格后即可开通业务。

第五章 互联时限与互联监管

第二十八条 涉及全国范围(跨省、自治区、直辖市)同步实施的网间互联,非主导的电信业务经营者应当根据本网工程进度情况或网络运行情况,向主导的电信业务经营者当面提交互联的书面要求,并向信息产业部备案后,互联工作开始启动。

互联双方应当从互联启动之日起两个月内签订互联协议。

涉及全国范围同步实施的网间互联需要新设互联点的,应当自互联启动之日起七个月内实现业务开通。

涉及全国范围同步实施的网间互联不需新设互联点,只需进行网络扩容改造的,应当自互联启动之日起四个月内实现业务开通。

涉及全国范围同步实施的网间互联只涉及局数据修改的,应当自互联启动之日起两个月内实现业务开通。

必要时,信息产业部对涉及全国范围同步实施的网间互联提出具体的业务开通时间要求。

第二十九条 不涉及全国范围同步实施的网间互联,非主导的电信业务经营者省级以上机构应当根据本网工程进度情况或者网络运行情况,向主导的电信业务经营者省级机构当面提交互联的书面要求,并向省、自治区、直辖市通信管理局备案后,互联工作开始启动。主导的电信业务经营者省级机构不得拒收对方提交的互联书面要求。

互联双方应当在互联工程实施以前签订工程协议,工程协议的签订应当不影响整个互联工程的进度。双方应当在业务开通前签订网间业务互通、互联后的网络管理以及网间结算协议。协议的协商可与工程实施同步进行。

网间互联需新设互联点的,应当自互联启动之日起七个月内实现业务开通。

网间互联不需新设互联点,只需进行网络扩容改造的,应当自互联启动之日起四个月内实现业务开通。

网间互联只涉及局数据修改的,应当自互联启动之日起一个月内实现业务开通。

必要时,省、自治区、直辖市通信管理局对网间互联提出具体的业务开通时间要求。

第三十条 互联实施中,因客观原因致使互联不能在规定的互联时限内完成的,经互联双方认可并向电信主管部门备案后,可以顺延互联时间。

第三十一条 互联双方应当在业务开通后30日内,将互联启动日期、业务开通日期及业务开通后3日内的网间通信质量情况,以书面形式向电信主管部门报告。电信主管部门根据具体情况以适当方式予以公布。

第三十二条 电信主管部门应当定期或不定期地召开相关电信业务经营者的互联协调会,督促解决互联实施过程中存在的问题。

信息产业部电信管理局应当向省、自治区、直辖市通信管理局及相关电信业务经营者通报互联工作情况。

第六章 互联后的网络管理

第三十三条 在信息产业部确定的用于网间互联的交换机局址上实施的互联,互联点应当保持相对稳定,已设互联点原则上不允许变更。

主导的电信业务经营者对已设互联点单方面提出变更要求的,应当事先向相关电信业务经营者提交拟变更的方案,经与对方协商一致后,方可启动改造工程。改造工程应当在七个月内完成。改造工程的费用原则上由主导的电信业务经营者承担。

第三十四条 互联一方因网内扩容改造,可能影响对方网的用户通信的,应当提前三个月以书面形式向对方通报情况。

互联一方因网内发生路由组织、中继电路、信令方式、局数据、软件版本等的调整,可能影响到对方网的用户通信的,应当提前 15 日以书面形式向对方通报情况。

第三十五条 电信业务经营者对网间路由组织、中继电路、信令方式、局数据、软件版本等的调整应当予以配合,保证网间通信质量符合要求。

第三十六条 电信业务经营者应当明确划分网间运行维护责任,定期协同分析网间通信质量,建立网间通信质量相互通报制度,并定期向电信主管部门报告。电信主管部门根据具体情况组织召开通信质量协调会。

第三十七条 电信业务经营者应当建立网间通信障碍处理制度,互联一方发现网间通信障碍时,应当及时通知对方,双方相互配合共同处理网间通信障碍。网间通信障碍的处理时限与本网处理同类障碍的时限相同。

第三十八条 未经信息产业部批准,电信业务经营者不得擅自中断网间通信。电信业务经营者应当建立网间通信重大障碍报告制度。发生网间通信中断或网间通信严重不畅时,电信业务经营者应当立即采取有效措施恢复通信,并及时向电信主管部门报告。

前款所称网间通信严重不畅,是指网间接通率(应答试呼比)低于20%,以及用户有明显感知的时延、断话、杂音等情况。

第七章 互联争议的协调与处理

第三十九条 电信主管部门应当依据信息产业部制定的电信网间互联争议解决办法解决电信业务经营者之间的互联争议。

第四十条 在互联实施中,电信业务经营者发生下列争议致使互联不能继续进行,或者互联后电信业务经营者发生下列争议影响网间业务互通时,任何一方均可以向电信主管部门申请协调:

(一)互联技术方案;

(二)与互联有关的网络功能及通信设施的提供;

(三)互联时限;

(四)电信业务的提供;

(五)网间通信质量;

(六)与互联有关的费用;

(七)其他需要协调的问题。

第四十一条 电信主管部门收到协调申请后,对申请的内容进行初步审核。经审核发现申请的内容与国家有关规定明显不符或者超出电信主管部门职责权限的,应当书面答复不予受理。经审查申请的内容符合要求的,电信主管部门正式开始协调工作。

第四十二条 电信主管部门组织相关人员对电信业务经营者的互联争议进行协调。

协调应当自开始协调之日起45日内结束。

第四十三条 协调结束后,争议双方不能达成一致意见的,电信主管部门应当随机邀请电信技术、经济、法律方面的专家进行公开论证。电信主管部门根据论证意见或建议对互联争议作出决定,强制争议双方执行。

第四十四条 决定应当在协调结束之日起45日内作出。省、自治区、直辖市通信管理局作出的决定应当向信息产业部备案。电信主管部门对作出的决定以适当方式向社会公布。

第四十五条　决定作出后,争议双方应当在决定规定的时限内予以履行。

争议一方或双方对决定不服,可以依法申请行政复议或者提起行政诉讼。复议或诉讼期间,决定不停止执行。

第八章　罚　则

第四十六条　违反本规定第九条、第十条、第十一条、第十二条第一款、第十三条、第十四条、第十五条、第二十一条第二款、第三十三条、第三十五条、第三十六条、第三十七条规定的,由电信主管部门视情节轻重,依据职权责令改正,处五千元以上三万元以下罚款。

因违反前款规定给其他的电信业务经营者造成直接经济损失的,应当予以经济赔偿。

第四十七条　违反本规定第八条、第十二条第二款和第四十五条规定的,由电信主管部门依据职权责令改正,并按《中华人民共和国电信条例》中的有关规定处以罚款。

第四十八条　违反本规定第二十一条第一款、第三十八条的,由电信主管部门依据职权责令改正,有违法所得的,没收违法所得,并按《中华人民共和国电信条例》的有关规定处以罚款。

第九章　附　则

第四十九条　本规定自发布之日起施行。1999年9月7日信息产业部发布的《电信网间互联管理暂行规定》同时废止。

文件 4. 中华人民共和国信息产业部令第 15 号[①]

《电信网间互联争议处理办法》已经 2001 年 11 月 8 日第 8 次部务会议通过，现予发布，自 2002 年 1 月 1 日起施行。

部长　吴基传
二〇〇一年十一月十九日

电信网间互联争议处理办法

第一条　为了妥善处理电信网间互联争议，保障电信网各方的合法权益，提高电信网的综合效益，根据《中华人民共和国电信条例》，制定本办法。

第二条　本办法适用于中华人民共和国境内的基础电信业务经营者之间及其与专用电信网单位（以下简称"专用网单位"）之间发生的下列电信网间的互联争议：

（一）因互联技术方案而产生的争议；

（二）因与互联有关的网络功能及通信设施的提供而产生的争议；

（三）因互联时限而产生的争议；

（四）因电信业务的提供而产生的争议；

（五）因网间通信质量而产生的争议；

（六）因与互联有关的费用而产生的争议；

（七）信息产业部规定应当依照本办法处理的其他电信网间互联争议。

第三条　信息产业部负责全国电信网间互联争议处理协调、指导和监督。信息产业部电信管理局具体负责对经营全国性基础电信业务公司

[①] 中华人民共和国中央人民政府网站，https://www.gov.cn/gongbao/content/2002/content_61656.htm.

总部之间及其与跨省、自治区、直辖市专用网单位之间的互联争议的处理。

省、自治区、直辖市通信管理局负责对全国性基础电信业务公司总部以下的经营机构之间及其与专用电信网单位之间的互联争议的处理。

第四条　基础电信业务经营者和专用网单位是电信网间互联争议的当事人。

第五条　处理电信网间互联争议应当遵循下列原则：

（一）着重协调，及时处理；

（二）以事实为基础，以法律、行政法规和部门规章为依据；

（三）当事人在适用法律、行政法规和部门规章上一律平等。

第六条　发生电信网间互联争议，争议双方当事人应当协商解决；协商不成的，可以向信息产业部或者省、自治区、直辖市通信管理局（以下简称"电信主管部门"）申请协调；协调不成的，由电信主管部门作出行政决定；对行政决定不服的，可以依法申请行政复议或者提起行政诉讼。

第七条　基础电信业务经营者之间及其与专用网单位之间发生互联争议，经双方当事人协商解决不成的，其中任何一方均可以向电信主管部门提出互联争议协调申请。

互联争议协调申请应当以书面形式提出（电信网间互联争议协调申请书格式附后）。

第八条　电信主管部门收到互联争议协调申请书后，对协调申请书的内容进行初步审查。经审查发现申请协调的争议不符合本办法第二条规定的范围或者不属于本办法第三条规定的管辖范围的，应当在 5 个工作日内书面答复不予受理或告知由相关机构处理。经审查符合本办法规定要求的，电信主管部门应当在 7 日内正式开始进行协调。

第九条　电信主管部门的协调工作按下列程序进行：

（一）听取争议双方的陈述，确定主要分歧，开展必要的调查研究，提出初步协调意见。如争议双方接受初步协调意见，则结束协调工作。

（二）如争议一方或双方均不接受初步协调意见的，在征求争议双方的相关主管部门意见或有关专家意见后,提出最后协调意见,结束协调工作。

协调阶段应当自开始协调之日起45日内结束。

第十条　电信主管部门在协调的每个阶段,均应当出具《电信网间互联争议协调意见书》(格式附后)正本一式三份,副本若干份。正本由争议双方各执一份,电信主管部门存档一份。

省、自治区、直辖市通信管理局出具的《电信网间互联争议协调意见书》副本应当报信息产业部备案。

第十一条　协调不能使争议双方达成协议的,电信主管部门应当根据不同类型的互联争议,随机邀请电信技术、经济、法律方面的专家进行公开论证。电信主管部门至少应当在论证前7日向应邀专家通报论证事项和有关情况。

第十二条　论证会由下列人员参加:

(一)电信主管部门的代表;

(二)电信技术、经济、法律方面的专家;

(三)争议双方当事人。

必要时,可以邀请新闻单位参加。

论证会由电信主管部门主持。

第十三条　处理互联争议邀请的专家由电信技术、经济、法律方面的专家组成。

每次论证会邀请的电信技术、经济、法律专家不少于5人。

第十四条　论证会应当遵循下列程序进行:

(一)争议双方的陈述;

(二)电信主管部门对争议协调的意见;

(三)专家发表论证意见或建议,并提出网间互联争议解决方案。

在论证期间,对需要进一步由有关方面说明的情况或需要现场调查的项目,由电信主管部门组织调查研究,并请专家再次论证和提出网间互联争议解决方案。

第十五条　电信主管部门应当根据所邀专家的公开论证结论和提出的网间互联争议解决方案，在45日内作出行政决定。

电信主管部门作出行政决定应当充分尊重专家的论证意见和建议。对未予采纳的建议和意见，应当向专家作出说明，但涉及国家机密的除外。

行政决定一般应由电信主管部门领导集体讨论决定，由主要负责人签署。

行政决定作出后，应当向信息产业部行政复议机构备案。

电信主管部门对作出的行政决定应当以适当方式向社会公布。

第十六条　互联双方在电信主管部门作出的行政决定前，可以自行达成互联协议，并报电信主管部门备案。

第十七条　行政决定作出后，争议双方应当在决定规定的时限内自觉履行。

第十八条　争议一方或双方对行政决定不服，可以依法申请行政复议或者提起行政诉讼。行政复议或行政诉讼期间，行政决定不停止执行。

第十九条　违反本办法规定，拒不执行电信主管部门依法作出的互联争议解决行政决定的，由电信主管部门依据《中华人民共和国电信条例》第七十三条的规定予以处罚。

第二十条　处理互联争议的电信主管部门工作人员在互联争议处理活动中，徇私舞弊、收受贿赂、滥用职权、泄露秘密，构成犯罪的，依法追究刑事责任；尚未构成犯罪的，依法给予行政处分。

第二十一条　本办法自2002年1月1日起施行。

附：一、电信网间互联争议协调申请书（略）

二、电信网间互联争议协调意见书（略）

文件 5. 国务院办公厅转发信息产业部等部门关于进一步加强电信市场监管工作意见的通知[①]

国办发〔2003〕75号

各省、自治区、直辖市人民政府,国务院各部委、各直属机构:

信息产业部等部门《关于进一步加强电信市场监管工作的意见》已经国务院同意,现转发给你们,请认真贯彻执行。

国务院办公厅
二〇〇三年八月十四日

关于进一步加强电信市场监管工作的意见

近年来,在党中央、国务院的正确领导下,电信体制改革取得了显著成绩,打破垄断、引入竞争、产业重组、改制上市等措施有力地促进了电信业的发展。但一个时期以来,一些电信运营企业(以下简称电信企业)违反国家有关法律法规,采取不正当手段,人为设置障碍,干扰、阻碍网间互联互通,有的地方甚至发生砍电缆破坏通信设施、资费违规引起用户集体上访等事件,严重影响了电信网安全畅通,扰乱了电信市场秩序,侵害了广大用户的通信权益。产生上述问题的主要原因,一是部分电信企业法制观念不强,对国家有关法律、法规和监管部门的依法行政行为置若罔闻,阳奉阴违,甚至公开抵触;二是现行网间结算办法和标准不能形成对企业保障网间通信畅通的有效激励;三是电信监管部门缺乏有效监管手段。解决上述问题,维护电信市场秩序,需要从法律、经济、技术、行政等多方面进行综合治理,标本兼治。为此,提出以下意见:

---

① 中华人民共和国中央人民政府网站,https://www.gov.cn/zhengce/content/2008-03/28/content_3423.htm。

一、加强法制建设，加大执法力度，严惩违法违规行为

有关部门要严格执行《中华人民共和国电信条例》等有关法规，加大行政执法力度，对擅自破坏通信设施、中断或阻碍电信网间通信以及有其他违法、违规行为的单位及有关责任个人，依法从严处罚；构成犯罪的，依法追究刑事责任。同时，要依照《中华人民共和国立法法》的规定，加快《中华人民共和国电信法》及有关法规的起草工作，建立、健全有关法规和规章制度，加强法制宣传和教育。努力形成监管部门依法行政、电信企业依法经营、广大用户依法维权的法治环境，推动建立公平、有效、有序的竞争秩序，保障电信市场的繁荣与发展。

二、完善技术、经济手段，加大监督检查力度，促进电信网间互联互通

电信监管部门要研究制订电信网间通信质量标准和测试办法，组织各电信企业对电信网间通信质量进行测试，监督电信企业按时上报测试结果，限期解决测试中发现的电信网间通信质量问题，并由信息产业部定期向社会公布各电信企业互联互通和网间通信质量情况。同时，尽快建设电信网间通信质量监控系统，对电信网间互联互通情况和通信质量等进行实时监测，增强电信监管部门和司法部门调查取证能力。

要根据互联互通需要，综合考虑技术进步、市场发展、用户承受能力等因素，积极推进电信网经济成本核算。抓紧制订科学、合理的电信网间通话费结算办法，在认真测算的基础上合理调整电信网间结算标准，理顺结算关系，形成有利于各电信企业互利互惠、共同发展的有效激励机制，促进电信企业搞好互联互通。

三、加强对电信企业领导干部考核与管理，促进电信企业守法经营，建立良好的电信市场秩序

中央企业负责人管理部门要加强对各电信集团公司（有限公司，下同）领导班子的考核，选拔任用领导班子成员时，应听取信息产业部主要负责同志的意见，把是否认真执行国家法律法规和政策规定，维护电信市场秩序，作为综合考核评价领导班子及其成员业绩的重要内容和任用依据。各电信集团公司在任免省级分支机构领导班子成员时，也要把所在省（区、市）通信管理局党组反映的意见作为考核、调整干部的重要依据。对违反国家政策规定、恶性竞争和破坏互联互通等违规行为负有领导责任，或采取推诿、扯皮等手段干扰、阻挠电信监管部门执法的电信企业领导班子成员，电信监管部门要根据隶属关系，及时向中央企业负责人管理部门或电信集团公司反映情况。对因疏于管理造成重大经济损失或发生恶性事件的电信企业领导班子成员，监察机关要依照有关规定追究其领导责任。

各电信集团公司及其省级分支机构领导班子以外的其他人员，如有纵容甚至参与违反国家政策规定、破坏电信网间互联互通或毁坏电信设施等违法违纪行为的，由电信监管部门提出处理建议，有关电信企业依据建议进行严肃处理。对因上述原因被撤、免职人员，在三年内不得任用；构成犯罪的，依法追究刑事责任。

为促进国有电信企业健康发展，今后可根据工作需要，在各电信集团公司及其省级公司间，对企业主要负责人实行交流。

四、加强电信企业经营效益监督考核，促进电信企业国有资产保值增值

国有资产监督管理部门要加强对电信企业国有资产保值增值情况的监管。对电信企业经营业绩考核评价时，除依据本企业效绩评价结果外，还要检查其是否存在因违规经营、恶性竞争等使国家利益受到损害的问题。对检查中发现企业经营行为有可能危及国有资产安全、造成国有资产流失或者侵害国有资产所有者权益的情况，应及时向国务院报告。考核评价结果要在一定范围内通报。

加强电信监管，维护电信市场秩序，是当前一项十分重要的工作。电信监管部门要认真履行国家赋予的监管职责，进一步健全监管体系，加强电信监管队伍自身建设，提高电信监管水平。各地区、各有关部门要认真落实国务院各项措施，密切协调与配合，共同促进我国电信业持续快速健康发展。

信息产业部　发展和改革委员会　财政部　监察部　中组部　国资委
二〇〇三年七月十日

文件6. 信息产业部关于规范移动信息服务业务资费和收费行为的通知[①]

信部清[2006]574号

各省、自治区、直辖市通信管理局,中国电信集团公司、中国网络通信集团公司、中国移动通信集团公司、中国联合通信有限公司、中国卫星通信集团公司、中国铁通集团有限公司,各相关增值电信业务经营者:

为进一步解决人民群众关心关注的热点问题,切实保护消费者合法权益,净化移动信息服务市场消费环境,加强移动信息服务业务资费和收费行为管理,促进电信行业健康、持续发展,规范由基础电信企业负责向用户收费的移动信息服务业务,现将有关事项通知如下:

一、电信企业(包括基础电信企业和移动信息服务企业,下同)应负责移动信息服务业务计费和收费的准确性,在业务使用和收费过程中应尊重用户的自主选择权、知情权和公平交易权,保证用户明明白白消费。

二、基础电信企业应加强移动信息服务业务审核工作,保证业务名称通俗易懂,名符其实;对于名不符实,容易引起用户误解的移动信息服务业务,基础电信企业不得提供接入服务。

三、电信企业在进行移动信息服务业务宣传时,应严格遵守《电信服务明码标价规定》,在醒目位置明示信息费的资费标准和收取方式等内容;未按要求进行明示的,电信企业不得向用户收取信息费。

对于需通过用户多次参与或互动才能完成的移动信息服务业务(如有奖竞猜、有奖问答等),电信企业应在业务宣传时标示出用户一次成功参与该项业务所需的信息费总额;对于涉及信息费、通信费等多项收费叠加的移动信息服务业务,电信企业应明确告知用户该业务收费的整体构成。

---

① 中华人民共和国工业和信息化部网站,https://wap.miit.gov.cn/jgsj/txs/zcbz/dxzf/art/2020/art_1f26250bd5484c86be58f643f7655a7d.html.

四、基础电信企业应采取适当方式公开由其负责向用户收费的全部移动信息服务业务的相关信息,包括移动信息服务企业的名称、服务接入代码、具体业务名称、业务内容、资费标准、客服电话及其他应告知用户的事项,以便用户查询和使用。

五、用户申请订制包月类、订阅类移动信息服务业务(包括短信、彩信、彩 E、WAP 等)时,基础电信企业应当事先请求用户确认,未经用户确认反馈的,视为订制不成立,且不得向用户收费;给用户发送的请求确认信息中,必须包括移动信息服务企业的名称、具体业务名称、资费标准、退订方式等应告知用户的信息。

用户使用按条点播类移动信息服务业务(包括短信、彩信、彩 E、WAP 等)时,基础电信企业应负责向用户发送收费提醒信息,告知用户业务名称和收费标准等信息;用户在同一天内反复使用的同一移动信息服务业务,基础电信企业应在用户当天首次使用该业务时,向用户发送收费提醒信息。用户明确表示不需要按条点播类业务收费提醒信息的,基础电信企业应当采取有效措施予以保障。

用户拨打移动语音信息服务(IVR)接入号码后,基础电信企业应负责首先播放语音通知,告知用户该服务的资费标准、收费的整体构成,并在得到用户确认后开始计信息费。对于用户确认的方式,可以采取由用户按键确认或者在语音通知中明确告知用户计收信息费的起始点等方式,用户未按键确认或者在语音通知播放完毕后 6 秒内挂机的不得计收信息费。

六、基础电信企业应当为用户提供移动信息服务业务收费查询功能,方便用户查询每月的付费金额。用户要求定期提供移动信息服务业务收费提醒信息的,基础电信企业应在每月向用户发送收费提醒短信,明确告知用户上月已使用的移动信息服务业务费用总额,以及退订和清单查询方式等信息,并不得向用户收取相关费用。

七、用户明确要求不使用移动信息服务业务的,基础电信企业应当采取有效措施予以保障,不得再向用户收取移动信息服务业务信息费。

八、用户通过短信方式向基础电信企业进行移动信息服务业务查询、退订和确认反馈时,基础电信企业应向用户免收相关费用。

九、用户使用移动信息服务业务的收费清单,基础电信企业应至少保存五个月。用户申请订制包月类、订阅类移动信息服务业务时所产生的订制关系,基础电信企业应妥善予以保存,直至用户取消该项业务后,再至少保存五个月。

本条所称订制关系主要指用户申请订制、基础电信企业请求确认、用户确认反馈等信息的发送与接收时间、发送端与接收端的电话号码(或服务接入代码)以及具体信息内容。

十、用户向基础电信企业投诉移动信息服务业务资费和收费问题时,基础电信企业应负责妥善处理,实行"首问负责制"。对于未按规定进行提醒或确认,以及订制关系缺失或不完整的收费行为,基础电信企业应在查证后立即向用户退还费用,并严格履行企业公开对社会做出的赔付承诺。

十一、基础电信企业应严格加强对移动信息服务业务的管理,健全业务拨测和实时监督机制,完善各项规章制度,对于侵害消费者合法权益的移动信息服务企业,应按照合作约定追究违约责任,并将有关情况和处理结果报相关电信监管机构。

十二、各省、自治区、直辖市通信管理局应进一步加强监督检查,建立违规企业信息通报制度,综合运用法律、经济、技术、行政等手段,查处移动信息服务方面的资费和收费违规行为;对于违反《中华人民共和国电信条例》第四十一条规定,存在恶意侵犯消费者合法权益、屡次违规等严重情节的电信企业,依据《中华人民共和国电信条例》第七十五条规定责令其停业整顿。

十三、对于手机视频等其他移动信息服务业务,基础电信企业应参照本通知的精神,制定相关保障措施,切实保护消费者的合法权益不受侵犯。没有保障措施的,基础电信企业不得为移动信息服务企业提供接入服务。

十四、本通知自 2006 年 10 月 10 日起执行。

各电信企业应按照本通知要求,认真贯彻落实相关措施。确因技术和系统等原因,对本通知个别条款无法按期实现的,基础电信企业应对社会公开说明并公布具体的实现时间表,同时报相关电信监管机构备案,最迟于 2007 年 3 月 1 日前执行。

二〇〇六年九月八日

文件 7. 中华人民共和国国务院令第 534 号[①]

现公布《国务院关于修改〈外商投资电信企业管理规定〉的决定》,自公布之日起施行。

总理　温家宝
二〇〇八年九月十日

国务院关于修改《外商投资电信企业管理规定》的决定

为了适应我国电信行业对外开放的需要,促进我国通信业的发展,国务院决定对《外商投资电信企业管理规定》做如下修改:

一、将第四条、第六条、第八条、第十一条、第十三条、第十五条、第十七条到第二十一条中的"国务院信息产业主管部门"修改为"国务院工业和信息化主管部门"。

二、将第五条修改为:

"外商投资电信企业的注册资本应当符合下列规定:

"(一)经营全国的或者跨省、自治区、直辖市范围的基础电信业务的,其注册资本最低限额为 10 亿元人民币;经营增值电信业务的,其注册资

[①] 中华人民共和国中央人民政府网站,https://www.gov.cn/zhengce/content/2008-09/16/content_3407.htm。

本最低限额为1 000万元人民币;

"(二)经营省、自治区、直辖市范围内的基础电信业务的,其注册资本最低限额为1亿元人民币;经营增值电信业务的,其注册资本最低限额为100万元人民币。"

三、将第十一条、第十四条中的"项目建议书"修改为"项目申请报告",删去第十一条、第十三条中"可行性研究报告"的表述。

四、删去第十二条。

五、删去第十四条第二款。

六、将第十五条中的"国务院计划主管部门或者国务院经济综合管理部门审批"修改为"国务院发展改革部门核准"。

七、将第十六条、第十九条、第二十条、第二十一条中的"对外经济贸易主管部门"修改为"商务主管部门"。

八、删去第二十三条。

根据以上修改,对条文的顺序做相应调整。

本决定自公布之日起施行。

《外商投资电信企业管理规定》根据本决定做相应修改,重新公布。

外商投资电信企业管理规定

(2001年12月11日中华人民共和国国务院令第333号公布 根据2008年9月10日《国务院关于修改〈外商投资电信企业管理规定〉的决定》修订)

第一条 为了适应电信业对外开放的需要,促进电信业的发展,根据有关外商投资的法律、行政法规和《中华人民共和国电信条例》(以下简称电信条例),制定本规定。

第二条 外商投资电信企业,是指外国投资者同中国投资者在中华人民共和国境内依法以中外合资经营形式,共同投资设立的经营电信业务的企业。

第三条 外商投资电信企业从事电信业务经营活动,除必须遵守本规定外,还必须遵守电信条例和其他有关法律、行政法规的规定。

第四条　外商投资电信企业可以经营基础电信业务、增值电信业务,具体业务分类依照电信条例的规定执行。

外商投资电信企业经营业务的地域范围,由国务院工业和信息化主管部门按照有关规定确定。

第五条　外商投资电信企业的注册资本应当符合下列规定:

(一)经营全国的或者跨省、自治区、直辖市范围的基础电信业务的,其注册资本最低限额为10亿元人民币;经营增值电信业务的,其注册资本最低限额为1000万元人民币;

(二)经营省、自治区、直辖市范围内的基础电信业务的,其注册资本最低限额为1亿元人民币;经营增值电信业务的,其注册资本最低限额为100万元人民币。

第六条　经营基础电信业务(无线寻呼业务除外)的外商投资电信企业的外方投资者在企业中的出资比例,最终不得超过49%。

经营增值电信业务(包括基础电信业务中的无线寻呼业务)的外商投资电信企业的外方投资者在企业中的出资比例,最终不得超过50%。

外商投资电信企业的中方投资者和外方投资者在不同时期的出资比例,由国务院工业和信息化主管部门按照有关规定确定。

第七条　外商投资电信企业经营电信业务,除应当符合本规定第四条、第五条、第六条规定的条件外,还应当符合电信条例规定的经营基础电信业务或者经营增值电信业务应当具备的条件。

第八条　经营基础电信业务的外商投资电信企业的中方主要投资者应当符合下列条件:

(一)是依法设立的公司;

(二)有与从事经营活动相适应的资金和专业人员;

(三)符合国务院工业和信息化主管部门规定的审慎的和特定行业的要求。

前款所称外商投资电信企业的中方主要投资者,是指在全体中方投资者中出资数额最多且占中方全体投资者出资总额的 30% 以上的出资者。

第九条　经营基础电信业务的外商投资电信企业的外方主要投资者应当符合下列条件：

（一）具有企业法人资格；

（二）在注册的国家或者地区取得基础电信业务经营许可证；

（三）有与从事经营活动相适应的资金和专业人员；

（四）有从事基础电信业务的良好业绩和运营经验。

前款所称外商投资电信企业的外方主要投资者，是指在外方全体投资者中出资数额最多且占全体外方投资者出资总额的 30% 以上的出资者。

第十条　经营增值电信业务的外商投资电信企业的外方主要投资者应当具有经营增值电信业务的良好业绩和运营经验。

第十一条　设立经营基础电信业务或者跨省、自治区、直辖市范围增值电信业务的外商投资电信企业，由中方主要投资者向国务院工业和信息化主管部门提出申请并报送下列文件：

（一）项目申请报告；

（二）本规定第八条、第九条、第十条规定的合营各方投资者的资格证明或者有关确认文件；

（三）电信条例规定的经营基础电信业务或者增值电信业务应当具备的其他条件的证明或者确认文件。

国务院工业和信息化主管部门应当自收到申请之日起对前款规定的有关文件进行审查。属于基础电信业务的，应当在 180 日内审查完毕，作出批准或者不予批准的决定；属于增值电信业务的，应当在 90 日内审查完毕，作出批准或者不予批准的决定。予以批准的，颁发《外商投资经营电信业务审定意见书》；不予批准的，应当书面通知申请人并说明理由。

第十二条　设立外商投资电信企业经营省、自治区、直辖市范围内增值电信业务，由中方主要投资者向省、自治区、直辖市电信管理机构提出申请并报送下列文件：

（一）本规定第十条规定的资格证明或者有关确认文件；

（二）电信条例规定的经营增值电信业务应当具备的其他条件的证明或者确认文件。

省、自治区、直辖市电信管理机构应当自收到申请之日起60日内签署意见。同意的，转报国务院工业和信息化主管部门；不同意的，应当书面通知申请人并说明理由。

国务院工业和信息化主管部门应当自收到省、自治区、直辖市电信管理机构签署同意的申请文件之日起30日内审查完毕，作出批准或者不予批准的决定。予以批准的，颁发《外商投资经营电信业务审定意见书》；不予批准的，应当书面通知申请人并说明理由。

第十三条　外商投资电信企业项目申请报告的主要内容包括：合营各方的名称和基本情况、拟设立企业的投资总额、注册资本、各方出资比例、申请经营的业务种类、合营期限等。、

第十四条　设立外商投资电信企业，按照国家有关规定，其投资项目需要经国务院发展改革部门核准的，国务院工业和信息化主管部门应当在颁发《外商投资经营电信业务审定意见书》前，将申请材料转送国务院发展改革部门核准。转送国务院发展改革部门核准的，本规定第十一条、第十二条规定的审批期限可以延长30日。

第十五条　设立外商投资电信企业，属于经营基础电信业务或者跨省、自治区、直辖市范围增值电信业务的，由中方主要投资者凭《外商投资经营电信业务审定意见书》向国务院商务主管部门报送拟设立外商投资电信企业的合同、章程；属于经营省、自治区、直辖市范围内增值电信业务的，由中方主要投资者凭《外商投资经营电信业务审定意见书》向省、自治区、直辖市人民政府商务主管部门报送拟设立外商投资电信企业的合同、章程。

国务院商务主管部门和省、自治区、直辖市人民政府商务主管部门应当自收到报送的拟设立外商投资电信企业的合同、章程之日起90日内审

查完毕,作出批准或者不予批准的决定。予以批准的,颁发《外商投资企业批准证书》;不予批准的,应当书面通知申请人并说明理由。

第十六条　外商投资电信企业的中方主要投资者凭《外商投资企业批准证书》,到国务院工业和信息化主管部门办理《电信业务经营许可证》手续。

外商投资电信企业的中方主要投资者凭《外商投资企业批准证书》和《电信业务经营许可证》,向工商行政管理机关办理外商投资电信企业注册登记手续。

第十七条　外商投资电信企业经营跨境电信业务,必须经国务院工业和信息化主管部门批准,并通过国务院工业和信息化主管部门批准设立的国际电信出入口局进行。

第十八条　违反本规定第六条规定的,由国务院工业和信息化主管部门责令限期改正,并处 10 万元以上 50 万元以下的罚款;逾期不改正的,由国务院工业和信息化主管部门吊销《电信业务经营许可证》,并由原颁发《外商投资企业批准证书》的商务主管部门撤销其《外商投资企业批准证书》。

第十九条　违反本规定第十七条规定的,由国务院工业和信息化主管部门责令限期改正,并处 20 万元以上 100 万元以下的罚款;逾期不改正的,由国务院工业和信息化主管部门吊销《电信业务经营许可证》,并由原颁发《外商投资企业批准证书》的商务主管部门撤销其《外商投资企业批准证书》。

第二十条　申请设立外商投资电信企业,提供虚假、伪造的资格证明或者确认文件骗取批准的,批准无效,由国务院工业和信息化主管部门处 20 万元以上 100 万元以下的罚款,吊销《电信业务经营许可证》,并由原颁发《外商投资企业批准证书》的商务主管部门撤销其《外商投资企业批准证书》。

第二十一条　外商投资电信企业经营电信业务,违反电信条例和其他有关法律、行政法规规定的,由有关机关依法给予处罚。

第二十二条　香港特别行政区、澳门特别行政区和台湾地区的公司、企业在内地投资经营电信业务,比照适用本规定。

第二十三条　本规定自 2002 年 1 月 1 日起施行。

文件8. 信息产业部发关于规范电信资费方案管理指导意见[①]

信部清[2008]81号

各省、自治区、直辖市通信管理局,中国电信集团公司、中国网络通信集团公司、中国移动通信集团公司、中国联合通信有限公司、中国卫星通信集团公司、中国铁通集团有限公司:

通过集中开展资费套餐清理工作,资费套餐种类显著减少,清理效果初步显现,但在资费设计和宣传环节中仍存在比较突出的问题。为进一步维护消费者合法权益,指导各电信企业规范电信资费方案管理,力求资费方案简单清晰、通俗易懂,便于消费者分析、比较、选择和使用,现提出以下指导意见:

一、电信企业应深入贯彻科学发展观,坚持以人为本和全面协调可持续发展,加强资费研究,科学制定资费方案,通过技术、服务和管理创新逐步降低成本,努力促进电信资费总体水平稳步下降,与广大用户共享电信发展和改革的成果。

二、电信企业应考虑用户的不同需求,提供多种资费方案供用户选择;同时,为方便用户比较和选择,应适当控制资费方案的种类,在同一本地网营业区(或业务区)内,可供用户选择的同一网络的资费方案原则上不超过 10 种。

三、资费方案结构应简单清晰,鼓励电信企业推出按实际使用量给予不同优惠幅度的资费方案;对于设定基本消费的资费方案,在基本消费包含的收费项目外不应再额外附加必选的收费项目;对于现行叠加收费的

---

① 中华人民共和国中央人民政府网站,https://www.gov.cn/gzdt/2008-02/27/content_903469.htm。

电信业务,鼓励电信企业简化资费结构,采用单一费率方式收费,对于其他电信业务,电信企业应避免采用叠加收费方式。

四、资费方案设计应科学合理,与企业技术、服务和管理能力相匹配;资费方案的适用区域应尽可能扩大,在同一本地网营业区(或业务区)内,电信企业应保证具有同等交易条件的同类用户对资费方案具有同等的选择权利;鼓励电信企业为农村用户提供更加优惠的资费方案,除此之外,不宜针对特定区域设计资费方案。

五、电信企业应建立资费方案公示制度,通过营业厅、代理代办点、网站等方式公布现行资费方案,在业务宣传推广时应全面、准确,对资费方案限制性条件及其他需引起用户注意的事项,电信企业应履行提醒义务,不得片面夸大资费优惠幅度或作容易引起用户误解的宣传。

六、电信企业应进一步提高收费透明度,尽可能为用户查询相关信息提供方便,向用户提供的帐单中所列收费项目应与用户选择的资费方案相符合,方便用户明白消费。

七、用户对资费方案享有自主选择权,电信企业应给予充分尊重,不得限制用户选择其指定的资费方案,未经用户同意,不得擅自更改与用户约定的资费方案。

各电信企业集团公司应根据上述指导意见,切实加强对下属企业的指导和协调,做好本企业的电信资费管理工作。各省、自治区、直辖市通信管理局应按照上述要求,指导本辖区电信企业推出符合消费者需求的资费方案,规范电信企业资费宣传行为,切实维护用户的合法权益。

信息产业部
二〇〇八年二月十四日

文件 9. 中国铁通并入中国移动 我国电信业重组拉开帷幕[①]

新华社北京 5 月 23 日电（记者 冯晓芳）中国移动通信集团公司 23 日通报，中国铁通集团有限公司并入中国移动通信集团公司，成为其全资子企业，目前仍将保持相对独立运营。电信业重组拉开帷幕。

中国移动通信集团公司管理层相应调整。王建宙继续担任中国移动通信集团公司总经理，并担任党组副书记；张春江任中国移动通信集团公司党组书记、副总经理；中国移动通信集团公司原有副总经理继续留任；同时新增赵吉斌、张晓铁、李正茂为中国移动通信集团公司副总经理、党组成员。

调整不涉及中国移动有限公司。

文件 10. 三部门 24 日联合发布关于深化电信体制改革的通告[②]

工业和信息化部　国家发展和改革委员会　财政部关于深化电信体制改革的通告

电信业是国民经济战略性产业，电信网是信息化最重要的信息基础设施。电信业的健康发展对深入贯彻落实科学发展观，着力提高自主创新能力，加快转变发展方式，大力推进信息化与工业化融合，积极发展现代信息服务业，具有十分重要的意义。根据新形势、新要求，为形成更为合理、有效的市场竞争格局，促进电信行业健康、协调发展，应进一步深化电信体制改革，以改革促发展，增强创新能力，优化资源配置，完善竞争架构，提升服务水平。

一、深化电信体制改革的必要性

[①] 中华人民共和国中央人民政府网站，https://www.gov.cn/jrzg/2008－05/23/content_990120.htm。
[②] 中华人民共和国中央人民政府网站，https://www.gov.cn/zmyw200805c/content_991605.htm。

我国电信业从完全垄断到引入竞争，从政企合一到政企分开，从两个竞争主体到多个竞争主体，走过了一条"在发展中改革，在改革中发展"的道路。1994年以中国联通的成立为标志，电信业打破垄断，引入竞争。1998年后，进一步加大改革力度，实现了政企分开、邮电分设，重组了中国电信和中国联通，正式成立了中国移动。2001年，以打破固定电信领域的垄断为重点，实施企业、资源、业务和市场重组，成立了新的中国电信和中国网通，形成了中国电信、中国网通、中国移动、中国联通、中国卫通、中国铁通六家基础电信企业竞争格局。

2001年到2007年，全国电信业务收入从3719亿元增至7280亿元，年均增长超过11%，用户数从3.26亿户增至9.13亿户（其中移动电话5.47亿户），年均增长约1亿户。固定、移动电话用户总数双双跃居世界第一，市场竞争更加充分，资费大幅降低，服务水平显著提高，改革发展进入新阶段。

近年来，全球范围内移动通信发展迅速，电信市场竞争日益加剧，行业发展面临着新的机遇和挑战。我国电信业在竞争架构、资源配置和发展趋势等方面出现了一些新情况、新问题，特别是移动业务快速增长，固话业务用户增长慢、经济效益低的矛盾日益突出，企业发展差距逐步扩大，竞争架构严重失衡。为形成相对均衡的电信竞争格局，增强自主创新能力，提升电信企业的竞争能力，促进行业协调健康发展，应充分利用现有三张覆盖全国的第二代移动通信网络和固网资产，深化电信体制改革。

二、深化电信体制改革的指导思想、主要原则和目标

深化电信体制改革的指导思想是：以发展第三代移动通信（以下简称3G）为契机，合理配置现有电信网络资源，实现全业务经营，形成适度、健康的市场竞争格局，既防止垄断，又避免过度竞争和重复建设。

深化电信体制改革的主要原则是：把握一条主线，适应电信技术发展趋势和全业务经营的需要，通过深化改革，促进电信业持续健康发展。抓住两个中心环节，一是科学合理设计电信竞争架构；二是坚持自主创新。做好三项工作，一是促进资源优化配置，避免重复建设，实现国有资产保

值增值;二是着力培育具有核心竞争力的世界一流电信企业;三是维护行业稳定,确保国家信息安全和特殊通信保障。四是兼顾各方面利益,既要保障国家利益和企业利益,又要维护消费者和境内外投资者的合法利益。

深化电信体制改革的主要目标是:发放三张3G牌照,支持形成三家拥有全国性网络资源、实力与规模相对接近、具有全业务经营能力和较强竞争力的市场竞争主体,电信资源配置进一步优化,竞争架构得到完善;自主创新成果规模应用,后续技术不断发展,自主创新能力显著提升;电信行业服务能力和水平进一步提高,监管体系继续加强,广大人民群众充分分享电信行业发展改革的成果。

基于电信行业现状,为实现上述改革目标,鼓励中国电信收购中国联通CDMA网(包括资产和用户),中国联通与中国网通合并,中国卫通的基础电信业务并入中国电信,中国铁通并入中国移动。

三、配套政策措施

(一)大力支持自主创新。一是结合新一代宽带无线通信重大科技专项实施,积极参与国际第四代移动通信技术标准制定。二是鼓励有关部门、企事业单位优先使用自主创新产品。三是引导金融机构加大对自主创新的支持,优先支持重点研发、制造企业在资本市场融资。四是政府有关部门利用对外优惠贷款、无偿援助及其他外贸出口政策推动自主创新产品的国际化发展。五是国有资产管理部门将自主创新作为考核电信运营企业的重要指标,科学、合理确定相关电信运营企业的网络建设和经营指标。

(二)加强电信行业监管。针对重组后新的市场架构,将在一定时期内采取必要的非对称管制措施,促使行业格局向均衡发展,建立和完善与之相适应的监管体制。通信行业管理部门将制定更加严格的行业监管政策,对变相阻碍、破坏互联互通、网间漫游的,给予企业经济处罚,对责任人给予行政处罚。鼓励移动通信运营商相互开放网间漫游业务,漫游结算等价格由政府制定。逐步扩大企业的自主定价权。

(三)促进行业协调发展。进一步推进电信运营企业建立和完善现代企业制度。以业务融合为切入点,积极推进三网融合,鼓励业务交叉竞争。积极支持应用软件开发、内容提供等信息服务行业发展。引导中外电信运营企业发挥各自优势,扩大和加强在研发和国内外市场开拓的合作,实现互利共赢,共同发展。

四、组织实施要求

(一)请中国电信、中国网通、中国移动、中国联通、中国卫通、中国铁通六家基础电信运营企业根据本通告精神,认真研究本单位参与深化电信体制改革的建议和意见,并尽快形成正式方案报相关部门。

(二)如改革方案涉及公司重组、网络资产转让、上市公司合并等问题,实施中应遵循国际惯例,遵守境内外资本市场运作规则。

(三)改革重组与发放 3G 牌照相结合,重组完成后发放 3G 牌照。

工 业 和 信 息 化 部
国家发展和改革委员会
财 政 部
二〇〇八年五月二十四日

二、2009—2018年：3G到4G的技术转换与业务发展

文件1. 国家发展改革委办公厅关于组织实施2013年移动互联网及第四代移动通信（TD-LTE）产业化专项的通知[①]

发改办高技〔2013〕2330号

各省、自治区、直辖市及计划单列市、新疆生产建设兵团发展改革委，国务院有关部门、直属机构办公厅（室），有关中央管理企业：

为贯彻落实国务院关于促进信息消费扩大内需的若干意见（国发〔2013〕32号），加快推动移动互联网和TD-LTE产业发展，我委将组织实施移动互联网及第四代移动通信（TD-LTE）产业化专项。现就有关事项通知如下：

一、专项目标

把握全球移动互联网发展机遇，以移动智能终端为着力点，提高移动智能终端核心技术开发及产业化能力。加快移动互联网关键技术的研发及应用，培育能够整合产业链上下游资源、具备一定规模的移动互联网骨干企业。完善公共服务平台建设，形成综合的移动互联网产业服务能力。推进TD-LTE技术在重点领域的创新示范应用，带动TD-LTE产业快速发展。

二、支持重点和要求

（一）移动智能终端新型应用系统研发及产业化。面向移动互联网应用服务与新型交互体验，研发具有自主知识产权的移动智能终端新型应用系统，包括应用引擎和与之配套的云端服务系统，支持新型人机交互技术和移动互联网主流应用，支持主要操作系统，具有安全可信的用户信息管理能力，实现应用系统的规模应用。

（二）面向移动互联网的可穿戴设备研发及产业化。面向移动互联网

---

① 中华人民共和国中央人民政府网站,https://www.gov.cn/zwgk/2013－10/10/content_2503495.htm.

应用,研制可规模商用的多类型可穿戴设备,重点支持研发低功耗的可穿戴设备系统设计技术、面向可穿戴设备的新型人机交互技术及新型传感技术、可穿戴设备与智能终端的互联共享技术、可穿戴设备应用程序及配套的支撑系统技术,实现可穿戴设备产品产业化。

(三)移动互联网和智能终端公共服务平台建设。支持由第三方检测机构牵头,联合产业链上下游企业,充分利用已有基础,面向移动互联网新型业务应用和智能终端等关键环节,研发移动互联网和智能终端公共服务平台,形成对关键技术和关键环节的试验、评测能力以及产业链监测和服务能力,为推动移动互联网产业健康快速发展提供有效支撑。

(四)移动智能终端开发及产业化环境建设。支持相关企业在已建立的移动智能终端开发环境基础上,以实现面向第四代移动通信多模多频智能手机新型化、高端化、规模化发展为目标,建设和升级智能终端开发综测、一致性测试、生产及检测环境。

(五)高速宽带无线接入设备研发及产业化。研发满足规模覆盖应用的安全高速宽带接入与控制设备,支持接入点集中管控及业务区分。支持 1Gbps 以上的高速率可靠通信,支持多频,支持基于数字证书的用户身份无感知认证。

(六)高速宽带无线接入技术研发及创新应用示范。研发高速无线局域网设备测试技术,搭建系统互操作测试平台,研究交通、医疗、航空、LTE 政务网等重要行业的高速宽带无线接入应用技术,开展相关技术试验和创新应用示范。

(七)移动互联网大数据关键技术研发及产业化。研发基于移动互联网的多源数据采集技术、海量异构数据管理和实时数据挖掘技术、高效资源管理与分析技术等;开发移动大数据应用产品,并规模应用于应用程序商店、移动搜索、移动电商等领域;鼓励建设移动大数据开发平台。

(八)基于 TD-LTE 的行业创新应用示范。支持将 TD-LTE 技术应用于应急通信、能源、政务、医疗、公安等领域,通过 TD-LTE 公众移动通信网络或行业专用网络(含 TD-LTE 集群系统),建设业务应用创新体验环境，实现重点区域的覆盖，为 TD-LTE 行业应用树立可推广的创新示范应用方案，带动 TD-LTE 产业发展。

三、申报要求

（一）项目主管部门应根据投资体制改革精神和《国家高技术产业发展项目管理暂行办法》的有关规定，按照专项实施重点的要求，结合本单位、本地区实际情况，认真做好项目组织和备案工作，组织编写项目资金申请报告并协调落实项目建设资金、环保、土地、规划等相关建设条件。

（二）项目主管部门应对资金申请报告及相关附件（如银行贷款承诺、自有资金证明等）进行认真核实，并负责对其真实性予以确认。

（三）项目承担单位原则上应为企业法人。在制定建设方案时，应实事求是，严格控制征地、新增建筑面积和投资规模。

（四）考虑到移动互联网领域的特点，鼓励多家单位、上下游企业联合申报，同一企业牵头申报的项目不超过 3 个。鼓励互联网领域骨干企业整合多个方向报送项目。

（五）请项目主管部门于 2013 年 12 月 31 日前，将项目的资金申请报告和有关附件、项目及项目单位基本情况表、项目的备案材料等一式两份（同时须附各项目简介及所有项目汇总表的电子文本）报送我委（高技术产业司）。

（六）在项目主管部门申报的基础上，我委将按照公正、公平的原则，组织专家评审，择优支持。

特此通知。

附件：1. 移动互联网及第四代移动通信（TD-LTE）产业化专项指标要求（略）

2. 资金申请报告编制要点（略）

3. 项目单位基本情况表（略）

国家发展改革委办公厅
2013 年 9 月 22 日

文件 2. 工业和信息化部解读 4G 牌照发放[①]

2013年12月4日,工业和信息化部向中国移动通信集团公司、中国电信集团公司和中国联合网络通信集团有限公司颁发"LTE/第四代数字蜂窝移动通信业务(TD-LTE)"经营许可。工业和信息化部相关负责人就此进行了解读。

一、4G 牌照发放的意义

1. 4G 会给移动通信用户带来哪些新的业务体验?

答:4G 具有上网速度快、延迟时间短、流量价格更低等特点,能够有效实现移动状态下的高速数据业务。随着我国 4G 的建设发展,不仅可以更好地满足移动用户高速无线上网的需求,而且将促进移动互联网业务应用持续深入,推动移动生产办公、移动电子商务、移动交通物流、智慧家庭等行业信息化服务不断扩展,并将催生更多的业务形态和服务模式,让更多的用户分享到 4G 发展带来的成果。

2. 4G 发展对促进信息消费有哪些作用?

答:在当前重要的发展机遇期,加快推动 4G 商用发展,对促进信息消费、拉动内需、实现国家创新战略具有重要意义。具体而言,4G 的部署可以有效带动产业链快速发展。一是 4G 建网过程需要采购大量网络设备,未来这些设备可能还会进一步升级改造,这将刺激我国设备制造企业研发先进的设备。二是带动手机终端的升级换代,将促进终端生产企业制造更先进、更丰富的终端产品。三是网速快了,终端好了,也将推动软件企业开发出更多更好的应用,进而带动整个电信服务水平的提升。

3. 4G 发展对拉动经济增长有哪些作用?

答:结合历史经验,移动通信网络的部署可以直接和间接地拉动经济增长,创造就业岗位。以 3G 发展为例,我国 3G 发展头三年,已直接带动

[①] 中华人民共和国工业与信息化部网站,https://wap.miit.gov.cn/zwgk/zcjd/art/2020/art_9199f2223ad54b43aefa2d7c3467fde0.html.

投资 4556 亿元,间接拉动投资 22300 亿元;直接带动终端业务消费 3558 亿元,间接拉动社会消费 3033 亿元;直接带动 GDP 增长 2110 亿元,间接拉动 GDP 增长 7440 亿元。同时,3G 发展也增加了社会就业机会,3 年直接带动增加就业岗位 123 万个,间接拉动增加就业岗位 266 万个。

在此基础上,随着 4G 网络的建设部署和 4G 新业务的不断推出,拉动经济增长和创造就业岗位的效果将更加显著。

4. 4G 发牌后,工业和信息化部将如何推动 4G 发展?

答:下一步,工业和信息化部将会同相关部委,继续采取有效措施,大力支持并推动相关企业加快建设和优化移动通信网络建设,不断提升网络服务水平和用户服务品质,努力丰富移动互联网业务应用,促进信息消费,有效拉动需求,持续促进信息化工业化深度融合。

二、牌照发放方案的相关问题

1. 为什么向三家运营企业只发放 TD-LTE 牌照,是否违反 WTO 关于"技术中立"相关规定?

答:近期,中国移动、中国电信、中国联通向我部提交了 TD-LTE 牌照申请,我部依照法定程序,向三家企业发放了 TD-LTE 牌照。

我部遵循"客观、及时、透明和非歧视"原则,牌照发放符合国际规则。

2. 中国电信、中国联通在今年均表示采用 TD-LTE 和 LTE－FDD 的融合组网方式,为何只向这两家企业发放 TD-LTE 牌照?

答:TD-LTE 牌照是根据电信运营企业申请发放的,考虑了 LTE 技术发展和产业成熟度等多种因素。目前,我部收到三家运营企业申请 TD-LTE 牌照的相关材料,并且三家运营企业均已开展 TD-LTE 规模网络试验,TD-LTE 技术完善和产业发展的成熟程度已具备规模商用的条件。

我部将根据企业申请,依据相关法定程序,批准相关企业开展 LTE FDD 网络技术试验,系统验证 LTE FDD 和 TD-LTE 混合组网的发展模式,并将在条件成熟后,发放 LTE FDD 牌照。

3. 考虑到保障网络信息安全,建议 4G 牌照只发放一张我国主导的

TD-LTE。为何还要开展 LTE FDD 试验、未来还要发放 LTE FDD 牌照?

答:TD-LTE 和 LTE FDD 都是新一代移动通信的国际标准,TD-LTE 和 LTE FDD 相互融合并共同发展已成为未来全球移动通信产业的趋势,目前全球已有 10 个 TD-LTE 和 LTE FDD 的商用双模网络。

目前,我国已规划了 TDD 和 FDD 制式的无线电频率,为充分利用频率资源,方便用户在国内国外都能很好使用移动通信业务,我国需统筹发展 TD-LTE 和 LTE FDD。

同时,我部也将研究加强网络信息安全方面的相关措施,积极开展保障我国网络信息安全、保护个人信息等工作。

三、4G 牌照发放面临的问题

1. 我国 2009 年发放 3G 牌照,2013 年底发放 4G 牌照,期间间隔只有 5 年,而国外 3G 和 4G 牌照发放间隔近 10 年。目前 3G 投资是否可以收回?在 3G 投资尚未收回时就启动 4G 投资,是否会造成投资浪费?

答:随着我国 3G 市场的快速发展,三家企业的 3G 网络投资正在加速回收。在此基础上,各企业已充分考虑业务市场需求、产业成熟度、公司网络基础和财力状况等因素,向我部提出了 4G 牌照申请。目前来看,未来 2G、3G 和 4G 网络将长期共存,共同发展。换句话说,3G 网络并不会被直接淘汰,它还将在相当长的一段时间内继续为用户提供通信服务。同时,4G 技术是基于 3G 的演进技术,也就是说 3G 基站可以更换少量部件直接改造成为 4G 基站,这可以较好避免重复建设问题。如目前中国移动已实现 TD-SCDMA 基站通过更换"一根线、一块板、一个软件"的方式,向 TD-LTE 基站平滑演进升级,有效节省网络建设投资。

2. 三家运营企业都发放了 TD-LTE 牌照,三家企业是否会建设三张 TD-LTE 网络,进而导致重复建设和资源浪费?

答:一是未来全国 2G、3G 和 4G 网络将会长期并存发展,换言之,4G 网络可以与 2G 和 3G 网络一起协同组网工作,这样可以有效避免重复投资。在建网初期,4G 主要覆盖热点地区,当没有 4G 覆盖时,4G 多模终端(兼容 2G、3G、4G 多种制式的终端)可以自动切换到 2G 或 3G 网络进行通信,这样可以使 4G 网络建设初期的规模不用太大,成本也会得到合理控制。

二是我部将进一步推动三家运营企业开展共建共享的相关工作,鼓励和引导相关企业通过租建结合的方式组建 4G 网络,避免重复建设和资源浪费。

3. 中国电信发展 TD-LTE,需要包含 TD-LTE 和 CDMA 模式的多模手机,但目前还没有该类型的终端实现商用,请问中国电信该如何发展?

答:此前,我部已根据中国电信申请,批复其在全国 42 个城市开展 TD-LTE 规模网络试验。目前,包含 TD-LTE/LTE FDD/CDMA/TD－SCDMA/WCDMA/GSM 的 6 模芯片已经上市,国外已有多款同时包含 CDMA 和 TD-LTE 的手机终端。当前,中国电信正集中精力解决适合其发展需求的 CDMA 和 TD-LTE 的网络互操作问题,预计 2014 年中国电信多模手机可实现商用。在此之前,据了解,中国电信将积极发展多模数据卡业务。

四、统筹调整中国移动固定业务经营政策的问题

1. 在本次发放 4G 牌照的同时,工业和信息化部取消了对中国移动固定业务经营的限制,允许其进入固定宽带网络市场,请问这么做的目的是什么?对电信市场发展有什么影响?

答:2009 年,为推动中国移动有限公司全力以赴推动 TD－SCDMA 第三代移动通信业务的发展,中国移动集团公司取得包含固定通信业务在内的全业务经营许可后,将除 TD－SCDMA 以外的固定通信业务授权其全资子公司铁通公司经营。目前,中国移动 TD－SCDMA 发展势头良好,宽带中国战略正在抓紧推进,固定和移动融合发展已经成为全球电信发展趋势,应中国移动集团公司的要求,在发放 TD-LTE 牌照的同时,我部批准其将固定通信业务授权给中国移动有限公司经营,以进一步增强我国宽带发展的推动力,加快宽带战略的实施进程,推动 4G 网络建设和

业务发展，促进信息消费，更好地满足人民群众和经济社会发展的要求。同时，也有利于营造融合发展、全业务竞争的市场环境，更好地惠及广大用户。

文件 3. 工业和信息化部 国家发展改革委关于电信业务资费实行市场调节价的通告[①]

工信部联通[2014]182号

为贯彻落实党的十八届三中全会关于全面深化改革、完善主要由市场决定价格的机制精神，按照国务院《关于取消和下放一批行政审批项目的决定》要求，决定放开各类电信业务资费。现将有关事项通告如下：

一、所有电信业务资费均实行市场调节价。电信企业可以根据市场情况和用户需求制定电信业务资费方案，自主确定具体资费结构、资费标准及计费方式。

二、电信企业自主制定电信业务资费方案时，应当遵循合法、公平、诚信原则，考虑用户的不同需求，提供业务打包等多种资费方案供用户选择。资费方案结构应科学合理、简单清晰，方案中需列明资费标准、计费方式、对应服务等内容。对涉及用户基本通信需求的固定语音、移动语音、短信息、宽带等业务，电信企业进行打包销售时，必须另外提供包内单项业务单独的资费方案。鼓励电信企业为城乡低收入群体提供更加优惠的资费方案。在同一本地网营业区（或业务区）内，电信企业应保证具有同等交易条件的同类用户对资费方案具有同等的选择权利。涉及在全国或跨省（自治区、直辖市）执行的资费方案，应在执行前告知工业和信息化部、国家发展改革委，其他资费方案应在执行前告知省（自治区、直辖市）通信管理局、同级价格主管部门。

三、电信企业应进一步提高资费透明度，建立资费方案公示制度，通过营业厅、代理代办点、网站等公布所有面向公众市场的在售资费方案。在业务宣传推广时应全面、准确，对资费方案限制性条件及其他需引起用

---

① 中华人民共和国发展与改革委员会网站，https://www.ndrc.gov.cn/xxgk/zcfb/tz/201405/t20140519_964130.html.

户注意的事项，应履行提醒义务，不得片面夸大资费优惠幅度或作容易引起用户误解的虚假宣传。

四、电信企业与用户签订的协议中应包含资费标准、计费方式、对应服务和适用期限等内容。应充分尊重用户自主选择权，为用户选择适宜资费方案提供便利和必要帮助，不得以任何形式强制或限制用户选择其指定的资费方案，未经用户同意，不得擅自更改与用户约定的资费方案。在计费过程中，应按照相关标准准确计费，至少提供一种便捷的自助查询方式，供用户查询自身通信费用信息，确保用户明明白白消费。

五、电信企业要严格执行有关政策，履行社会责任，建立健全电信资费内部管理制度，自觉规范经营行为，努力降低经营成本，为用户提供更优质、更低廉、更透明的电信服务。各省（自治区、直辖市）通信管理局和同级价格主管部门按各自法定职责加强对本地电信企业的指导、监督，加强事中事后监管，切实保护用户合法权益，遇到新情况、新问题应及时报工业和信息化部、国家发展改革委。

本通告自 2014 年 5 月 10 日起执行。《国家计委、邮电部关于进一步规范电信资费文件的通知》（计价费[1997]2485 号）、《国家计委、信息产业部关于印发省（区、市）通信管理局会同同级价格主管部门管理的电信业务收费项目的通知》（计价格[2002]1320 号）、《国家计委、信息产业部关于印发〈电信资费审批备案程序规定（试行）〉的通知》（计价格[2002]1489 号）等文件同时废止。

工业和信息化部
国家发展和改革委员会
2014 年 5 月 5 日

文件 4. 国资委 财政部 发展改革委关于印发
《关于国有企业功能界定与分类的指导意见》的通知[①]

国资发研究〔2015〕170 号

各省、自治区、直辖市人民政府,国务院各部委、各直属机构:

经国务院同意,现将《关于国有企业功能界定与分类的指导意见》印发给你们,请结合实际认真贯彻执行。

国 资 委

财 政 部

国家发展和改革委员会

2015 年 12 月 7 日

关于国有企业功能界定与分类的指导意见

国有企业功能界定与分类是新形势下深化国有企业改革的重要内容,是因企施策推进改革的基本前提,对推动完善国有企业法人治理结构、优化国有资本布局、加强国有资产监管具有重要作用。为贯彻落实党的十八大和十八届二中、三中、四中、五中全会精神以及国务院决策部署,根据《中共中央 国务院关于深化国有企业改革的指导意见》(中发〔2015〕22 号)有关要求,准确界定不同国有企业功能,有针对性地推进国有企业改革,经国务院同意,现提出以下意见。

一、划分类别

立足国有资本的战略定位和发展目标,结合不同国有企业在经济社会发展中的作用、现状和需要,根据主营业务和核心业务范围,将国有企业界定为商业类和公益类。

商业类国有企业以增强国有经济活力、放大国有资本功能、实现国有

[①] 中华人民共和国中央人民政府网站,https://www.gov.cn/gongbao/content/2016/content_5061700.htm。

资产保值增值为主要目标,按照市场化要求实行商业化运作,依法独立自主开展生产经营活动,实现优胜劣汰、有序进退。其中,主业处于关系国家安全、国民经济命脉的重要行业和关键领域、主要承担重大专项任务的商业类国有企业,要以保障国家安全和国民经济运行为目标,重点发展前瞻性战略性产业,实现经济效益、社会效益与安全效益的有机统一。

公益类国有企业以保障民生、服务社会、提供公共产品和服务为主要目标,必要的产品或服务价格可以由政府调控;要积极引入市场机制,不断提高公共服务效率和能力。

商业类国有企业和公益类国有企业作为独立的市场主体,经营机制必须适应市场经济要求;作为社会主义市场经济条件下的国有企业,必须自觉服务国家战略,主动履行社会责任。

二、分类施策

(一)分类推进改革。

商业类国有企业要按照市场决定资源配置的要求,加大公司制股份制改革力度,加快完善现代企业制度,成为充满生机活力的市场主体。其中,主业处于充分竞争行业和领域的商业类国有企业,原则上都要实行公司制股份制改革,积极引入其他资本实现股权多元化,国有资本可以绝对控股、相对控股或参股,加大改制上市力度,着力推进整体上市。主业处于关系国家安全、国民经济命脉的重要行业和关键领域、主要承担重大专项任务的商业类国有企业,要保持国有资本控股地位,支持非国有资本参股。处于自然垄断行业的商业类国有企业,要以"政企分开、政资分开、特许经营、政府监管"为原则积极推进改革,根据不同行业特点实行网运分开、放开竞争性业务,促进公共资源配置市场化。对需要实行国有全资的企业,要积极引入其他国有资本实行股权多元化。

公益类国有企业可以采取国有独资形式,具备条件的也可以推行投资主体多元化,还可以通过购买服务、特许经营、委托代理等方式,鼓励非国有企业参与经营。

(二)分类促进发展。

商业类国有企业要优化资源配置,加大重组整合力度和研发投入,加快科技和管理创新步伐,持续推动转型升级,培育一批具有创新能力和国际竞争力的国有骨干企业。其中,对主业处于充分竞争行业和领域的商业类国有企业,要支持和鼓励发展有竞争优势的产业,优化国有资本投向,推动国有产权流转,及时处置低效、无效及不良资产,提高市场竞争能力。对主业处于关系国家安全、国民经济命脉的重要行业和关键领域、主要承担重大专项任务的商业类国有企业,要合理确定主业范围,根据不同行业特点,加大国有资本投入,在服务国家宏观调控、保障国家安全和国民经济运行、完成特殊任务等方面发挥更大作用。

公益类国有企业要根据承担的任务和社会发展要求,加大国有资本投入,提高公共服务的质量和效率。严格限定主业范围,加强主业管理,重点在提供公共产品和服务方面作出更大贡献。

(三)分类实施监管。

对商业类国有企业要坚持以管资本为主加强国有资产监管,重点管好国有资本布局、提高国有资本回报、规范国有资本运作、维护国有资本安全。建立健全监督体制机制,依法依规实施信息公开,严格责任追究,在改革发展中防止国有资产流失。其中,对主业处于充分竞争行业和领域的商业类国有企业,重点加强对集团公司层面的监管,落实和维护董事会依法行使重大决策、选人用人、薪酬分配等权利,保障经理层经营自主权,积极推行职业经理人制度。对主业处于关系国家安全、国民经济命脉的重要行业和关键领域、主要承担重大专项任务的商业类国有企业,重点加强对国有资本布局的监管,引导企业突出主业,更好地服务国家重大战略和宏观调控政策。

对公益类国有企业,要把提供公共产品、公共服务的质量和效率作为重要监管内容,加大信息公开力度,接受社会监督。

(四)分类定责考核。

对商业类国有企业,要根据企业功能定位、发展目标和责任使命,兼顾行业特点和企业经营性质,明确不同企业的经济效益和社会效益指标要求,制定差异化考核标准,建立年度考核和任期考核相结合、结果考核与过程评价相统一、考核结果与奖惩措施相挂钩的考核制度。其中,对主业处于充分竞争行业和领域的商业类国有企业,重点考核经营业绩指标、国有资产保值增值和市场竞争能力。对主业处于关系国家安全、国民经济命脉的重要行业和关键领域、主要承担重大专项任务的商业类国有企业,要合理确定经营业绩和国有资产保值增值指标的考核权重,加强对服务国家战略、保障国家安全和国民经济运行、发展前瞻性战略性产业以及完成特殊任务情况的考核。

对公益类国有企业,重点考核成本控制、产品质量、服务水平、营运效率和保障能力,根据企业不同特点有区别地考核经营业绩和国有资产保值增值情况,考核中要引入社会评价。

有关方面在研究制定国有企业业绩考核、领导人员管理、工资收入分配制度改革等具体方案时,要根据国有企业功能界定与分类,提出有针对性、差异化的政策措施。

三、组织实施

按照谁出资谁分类的原则,履行出资人职责机构负责制定所出资企业的功能界定与分类方案,报本级人民政府批准;履行出资人职责机构直接监管的企业,根据需要对所出资企业进行功能界定和分类。根据经济社会发展和国家战略需要,结合企业不同发展阶段承担的任务和发挥的作用,在保持相对稳定的基础上,适时对国有企业功能定位和类别进行动态调整。

各地要结合实际合理界定本地国有企业功能类别,实施分类改革、发展和监管。

金融、文化等国有企业的分类改革,中央另有规定的依其规定执行。

文件5. 中国联通发布混改方案及复牌公告 混改方案亮点纷呈[①]

8月20日晚间,中国联通集团下属A股上市公司中国联合网络通信股份有限公司(证券代码:600050)发布了中国联通关于混合所有制改革有关情况的专项公告,正式披露混合所有制改革试点总体方案和拟改革的内容要点;发布了非公开发行A股股票预案及限制性股票激励计划(草案)等议案;发布了关于股票复牌的公告,公司股票将于8月21日开市起复牌。

公告称,为深入贯彻落实《中共中央 国务院关于深化国有企业改革的指导意见》及相关文件的指导精神,按照中央经济工作会议提出的"完善治理、强化激励、突出主业、提高效率"的混改十六字方针,中国联合网络通信股份有限公司(以下简称"中国联通"、"公司")拟试点引入其他国有资本和非国有资本,健全协调运转、有效制衡的公司法人治理结构,完善市场化的激励约束机制,推动产业链、价值链关键业务重组整合,提质增效、转型升级,推动国有资本和非国有资本相互促进、共同发展。

公告在非公开发行A股股票预案的特别提示中称,"2016年以来,为贯彻落实党中央、国务院关于国有企业发展混合所有制经济的决策部署,中国联通在国家发展改革委等部门的指导下,制定了混改方案。同时就混改涉及的非公开发行股票事项与中国证监会进行了沟通。中国证监会等部门在依法依规履行相应程序后,同意对中国联通混改涉及的非公开发行股票事项作为个案处理,中国联通可以根据2017年2月17日证监会再融资制度修订前的规则制定本次非公开发行股票方案"。

中国联通混合所有制改革试点的总体思路是,拟通过整体设计,积极引入境内投资者,降低国有股权比例,将部分公司股权释放给其他国有资本和非国有资本,实质性地推进混合所有制改革,以市场化为导向健全企

[①] 国务院国有资产监督委员会网站,http://www.sasac.gov.cn/n2588025/n2588119/c7765441/content.html.

业制度和公司治理机制,聚焦公司主业、创新商业模式,规模发展基础业务和创新业务,全面提高企业效率和竞争能力,实现公司战略目标,为国民经济和社会信息化、供给侧结构性改革、新旧动能转换做出积极贡献。

中国联通混合所有制改革试点将引入具有协同效应和领先优势的战略投资者。本次混改采用非公开发行和老股转让等方式,引入处于行业领先地位、与公司具有协同效应的战略投资者,包括大型互联网公司、垂直行业领先公司、具备雄厚实力的产业集团和金融企业、国内领先的产业基金等。本次混改引入的战略投资者与中国联通主业关联度高、互补性强,有助于将公司在网络、客户、数据、营销服务及产业链影响力等方面的资源和优势与战略投资者的机制优势、创新业务优势相结合,实现企业治理机制现代化和经营机制市场化。通过与新引入战略投资者在云计算、大数据、物联网、人工智能、家庭互联网、数字内容、零售体系、支付金融等领域开展深度战略合作,聚合资源、整合优势、能力互补、互利共赢,推动重点业务和产业链融合发展,扩大中国联通在创新业务领域的中高端供给,培育壮大公司创新发展的新动能。

2017年8月16日,中国联通的子公司联通运营公司在北京分别与腾讯、百度、京东、阿里巴巴等合作方,以书面方式签署了战略合作框架协议。协议相关方本着友好务实、协商互利的原则,拟在相关领域建立并进一步深化合作伙伴关系。

中国联通混改拟建立健全协调运转、有效制衡的混合所有制企业公司治理机制。本次混改前,公司总股本为约211.97亿股。在本次混改过程中,公司拟向战略投资者非公开发行不超过约90.37亿股股份,募集资金不超过约617.25亿元;由联通集团向结构调整基金协议转让其持有的本公司约19.00亿股股份,转让价款约129.75亿元;向核心员工首期授予不超过约8.48亿股限制性股票,募集资金不超过约32.13亿元。上述交易对价合计不超过约779.14亿元。上述交易全部完成后,按照发行上限计算,联通集团合计持有公司约36.67%股份;新引入战略投资者合计持有公司约35.19%股份,进一步形成混合所有制多元化股权结构。

在公司治理结构设计上,中国联通坚持在党的领导下,以董事会治理为核心,市场化运营为原则,拟通过本次混改形成多元化董事会和经理层,以及权责对等、协调运转、有效制衡的混合所有制公司治理机制。坚持同股同权,依法保护各类股东产权,让参与进来的国有资本和非国有资本有话语权,按照章程依法行使决策权。

拟优化董事会组成结构,落实董事会职权。公司拟在合法合规的前提下,结合战略投资者情况等,适当引入新的国有股东和非国有股东代表担任公司董事,进一步优化多元董事会组成结构。明确董事会在公司的核心地位,落实董事会重大决策、选人用人、薪酬分配等权力,认真履行决策把关、内部管理、防范风险、深化改革等职责,接受股东大会、监事会监督。

拟加强经理层建设,探索市场化管理。探索经理层市场化选聘机制和市场化管理机制,实行任期制和契约化管理。对符合政策要求的高级管理人员探索施行中长期激励机制,并建立与激励机制相配套的约束机制。

拟建立员工与企业利益共享、风险共担的市场化机制。本次混改以市场化为核心,紧扣资源配置、活力激发、人才发展三大改革主题,推动人力资源变革,用创新机制激发活力、凝聚合力,拟建立员工与企业利益共享、风险共担的市场化机制,实现"岗位能上能下、员工能进能出、收入能增能减",同时维护好员工的基本权益,促进公司发展。

打造核心人才体系,促进专业结构转型。面向大 IT、自主研发、创新业务等公司战略方向上的重点专业打造核心人才体系,基于实际能力发现人才,基于使用效能激励人才,实行人才全生命周期闭环管理。建立能力管理体系,明确各类员工专业能力标准,培养具有担当负责、诚信务实、敢闯敢拼的企业家队伍,打造跨界运营、结构合理、综合素质高的人才队伍,推进基础电信 CT 人才向 IT、IP 人才转型。

拟建立股权激励机制,努力实现股东、公司、员工利益一致。在混改过程中,拟同步建立限制性股票等员工激励计划,吸引和留住高素质员工,努力实现股东、公司、员工利益一致。激励方案由公司董事会制定并适时推出,激励对象拟包括公司董事、高级管理人员以及对经营业绩和持续发展有直接影响的管理人员和技术骨干等。激励股权分配不搞平均主义,根据对经营业绩的贡献实现差异化分配。

拟以业绩为导向优化薪酬内部分配机制和约束机制。拟建立与经济效益和劳动力市场价位相联系的工资总额决定和调节机制,改革员工考核和激励机制,科学设置公司业绩指标和个人绩效指标,推动组织、专业线、团队和员工目标协同,利益一致。在基础业务领域,分专业合理设置团队绩效指标,推进全生产场景划小承包,建立增量收益分享等市场化激励机制,打破平均主义"大锅饭",真正实现按劳分配,激发员工创收增利动力。在创新业务领域,打造特区机制,以有市场竞争力的薪酬,吸引转型发展所需的高端人才。优化员工绩效管理体系,强化考核结果在晋升发展、薪酬激励和竞争淘汰中的应用。拟建立管理人员和员工竞争退出机制,以业绩为导向、以考核为依据,对表现不佳、无法胜任本职工作的人员实施培训再上岗或退出。

中国联通混改试点方案已获得国家发改委批复,非公开发行及股权激励方案已经公司董事会审议。公司将尽快履行内外部审批流程,召开股东大会审议交易事项,并报送监管机构审批。中国联通将在相关部委的指导帮助下,精心组织,勇于变革,依法依规操作,争取通过本次混改,打造成竞争力强、服务水平高、持续健康发展的混合所有制企业典范,通过实实在在的业绩增长给国家、股东和员工带来更大回报。

文件6. 关于深入推进电信普遍服务试点工作的通知[①]

财建〔2018〕226号

各省、自治区、直辖市、计划单列市财政厅(局)、通信管理局、工业和信息化主管部门:

为同步推进建设网络强国战略部署与"两个百年"奋斗目标,根据党中央、国务院有关决策精神以及《中共中央国务院关于实施乡村振兴战略的意见》等文件要求,财政部、工业和信息化部组织深入开展电信普遍服务试点工作。现将有关事项通知如下:

一、总体思路

全面贯彻党的十九大精神,坚持以习近平新时代中国特色社会主义思想为指导,紧紧围绕统筹推进"五位一体"总体布局和协调推进"四个全面"战略布局,坚持新发展理念,认真落实党中央、国务院决策部署,以推进供给侧结构性改革为主线,继续深入实施电信普遍服务试点工作,按照"中央资金引导、地方协调支持、企业为主推进"的思路,加快农村及偏远地区4G网络建设,进一步解决电信服务领域发展不平衡、不充分问题,为乡村振兴、脱贫攻坚等提供重要基础支撑,为全面建成小康社会奠定良好的电信服务基础。

二、主要原则

(一)企业主体责任与政策支持相协同。企业是电信普遍服务的市场主体,有关电信业务经营企业应进一步提高认识,按照国家有关规定有效履行法定的电信普遍服务义务。通过中央财政资金引导和地方政府协同支持,共同形成合力确保试点工作顺利实施。

(二)政府统筹与市场竞争相协同。综合采取《政府采购法》所规定的招投标等竞争性方式及《中华人民共和国电信条例》规定的指定方式确定

[①] 中华人民共和国中央人民政府网站,https://www.gov.cn/zhengce/zhengceku/2018-12/31/content_5439407.htm。

实施企业。鼓励企业间有序竞争、有效合作,鼓励企业通过共享铁塔、传输、异网漫游等多种模式向其他企业开放共享。

(三)政府监管和公众监督相协同。全面实施绩效管理,建立健全竣工验收和监督检查等工作机制,推动试点地区落实承诺的支持政策,促进实施企业履约尽责,确保试点工作取得实效;建立试点工作公示机制,及时向社会通报工作进展,主动接受社会公众监督。

三、目标要求

面向无4G网络覆盖的偏远行政村、重点边疆和海岛等边远地区,发挥中央财政资金引导作用,带动地方政府加强统筹和政策支持,以企业投入为主,提高重点地区4G网络覆盖率,提升电信服务供给质量。优先实现对人口聚居区、公共机构及场所、重点区域的4G网络覆盖。

四、工作程序

(一)试点申报。地市人民政府根据工业和信息化部、财政部发布的申报指南,编制并上报实施方案,对区域内试点项目进行充分统筹整合和优化布局,明确地方投入机制和支持政策,有效制定工作路线图和绩效目标。省(区、市)通信管理局对实施方案进行初步审核,商工业和信息化主管部门、财政厅(局)后择优向工业和信息化部推荐上报。已从其他渠道获中央财政资金支持的项目,不得申报。

(二)确定试点地区和实施企业。工业和信息化部结合省级及地市人民政府承诺支持政策、试点项目统筹整合等情况,对实施方案和绩效目标组织评审,审核确定试点范围。试点范围经公示无异议后,由省级通信管理部门组织确定实施企业。偏远行政村试点:具备条件的地区应通过公开招标等竞争性方式,按照规定程序确定实施企业;确实无法采取竞争性方式确定实施企业的,报经工业和信息化部批准同意,可按《中华人民共和国电信条例》规定指定实施企业。重点边疆和海岛试点:由工业和信息化部在各地申报的基础上,结合战略因素和电信企业情况,按照《中华人民共和国电信条例》规定,在全国范围内合理统筹试点任务,指定实施企业。确定实施企业后,省级通信管理部门应按规定与其签订合同。

(三)中央财政补助资金的确定、下达和使用。财政部根据工业和信息化部核定的试点项目综合成本,结合年度预算规模安排支持资金。对于偏远行政村试点,补贴规模按建设成本和6年运营成本的30%确定;对于重点边疆地区试点,补贴规模按建设成本和10年运营成本的30%确定;对于海岛试点,适当加大支持力度,由工业和信息化部结合地方申报的工作方案,向财政部提出建议,财政部根据实际情况确定。补助资金通过现有渠道安排,在试点地区确定后一次性下达至省级财政部门,并同步下达绩效目标。省级财政部门及时将补助资金拨付到位并对下分解绩效目标。各地应坚持以企业投入为主的原则,确保中央财政补助资金统筹用于试点工作,重点保障实施企业试点项目4G设施建设、设施租用及运行维护费用补偿。

(四)组织实施。各省(区、市)通信管理局应会同工业和信息化主管部门、财政厅(局)督促指导试点地市政府有序推进试点工作,监督实施企业按照合同承担电信普遍服务任务,开展绩效执行监控和绩效自评,及时向工业和信息化部、财政部报告工作进展、资金使用情况及绩效结果。各级地方政府应充分履行职责,有力推进工作,切实落实支持政策,确保试点任务和绩效目标顺利实现。

(五)考核验收和检查。各省(区、市)通信管理局会同工业和信息化主管部门、财政厅(局)对当地试点工作组织验收,不断优化完善验收标准体系和绩效指标体系,向社会公示验收情况及试点成效。工业和信息化部适时组织专项检查,加强项目监管。财政部会同工业和信息化部适时组织绩效评价,有效强化激励约束。将检查和评价结果与中央对有关地区试点工作支持措施相挂钩,切实提高财政资金配置和使用效益。如发现重大问题,取消试点资格,后续不得申报试点。

财政部

工业和信息化部

2018年5月25日

三、2019—2023 年:5G 商用与全面推进

文件 1. 我国正式发放 5G 商用牌照①

新华社北京 6 月 6 日电(记者 张辛欣)工信部 6 日正式向中国电信、中国移动、中国联通、中国广电发放 5G 商用牌照。我国正式进入 5G 商用元年。值得注意的是,中国广电成为除三大基础电信运营商外,又一个获得 5G 商用牌照的企业。

5G 具有高速度、低时延、高可靠等特点,是新一代信息技术的发展方向和数字经济的重要基础。

当前,全球 5G 进入商用部署的关键期。坚持自主创新与开放合作相结合,我国 5G 产业已建立竞争优势。目前我国 5G 中频段系统设备、终端芯片、智能手机处于全球产业第一梯队,具备了商用部署的条件。

根据相关企业申请,工信部经履行法定程序,向中国电信、中国移动、中国联通、中国广电发放 5G 商用牌照。这意味着我国正式进入 5G 商用元年。

工信部部长苗圩表示,5G 支撑应用场景由移动互联网向移动物联网拓展,将构建起高速、移动、安全、泛在的新一代信息基础设施。与此同时,5G 将加速许多行业的数字化转型,并且更多用于工业互联网、车联网等,拓展大市场,带来新机遇,有力支撑数字经济蓬勃发展。

中国信息通信研究院《5G 产业经济贡献》认为,预计 2020 至 2025 年,我国 5G 商用直接带动的经济总产出达 10.6 万亿元,5G 将直接创造超过 300 万个就业岗位。

多年来,我国企业积极参与全球通信标准组织、网络建设和产业推动,为全球移动通信产业的发展做出贡献。我国 5G 研究、推进过程中,

---

① 中华人民共和国中央人民政府网站,https://www.gov.cn/xinwen/2019−06/06/content_5397978.htm.

也吸纳了全球的智慧。

工信部表示,我国将一如既往地欢迎国外企业积极参与我国5G网络建设和应用推广,共谋5G发展和创新,共同分享我国5G发展成果。

文件2. 工业和信息化部关于推动5G加快发展的通知[①]

工信部通信〔2020〕49号

各省、自治区、直辖市及计划单列市、新疆生产建设兵团工业和信息化主管部门、无线电管理机构,各省、自治区、直辖市通信管理局,中国电信集团有限公司、中国移动通信集团有限公司、中国联合网络通信集团有限公司、中国铁塔股份有限公司、中国广播电视网络有限公司:

为深入贯彻落实习近平总书记关于推动5G网络加快发展的重要讲话精神,全力推进5G网络建设、应用推广、技术发展和安全保障,充分发挥5G新型基础设施的规模效应和带动作用,支撑经济高质量发展。现就有关事项通知如下。

一、加快5G网络建设部署

(一)加快5G网络建设进度。基础电信企业要进一步优化设备采购、查勘设计、工程建设等工作流程,抢抓工期,最大程度消除新冠肺炎疫情影响。支持基础电信企业以5G独立组网(SA)为目标,控制非独立组网(NSA)建设规模,加快推进主要城市的网络建设,并向有条件的重点县镇逐步延伸覆盖。

(二)加大基站站址资源支持。鼓励地方政府将5G网络建设所需站址等配套设施纳入各级国土空间规划,并在控制性详细规划中严格落实;在新建、改扩建公共交通、公共场所、园区、建筑物等工程时,统筹考虑5G站址部署需求;加快开放共享电力、交通、公安、市政、教育、医疗等公共设施和社会站址资源。对于支持力度大的地区,基础电信企业要加大投资,

---

① 中华人民共和国中央人民政府网站,https://www.gov.cn/zhengce/zhengceku/2020-03/25/content_5495201.htm。

优先开展5G建设。

（三）加强电力和频率保障。支持基础电信企业加强与电力企业对接，对具备条件的基站和机房等配套设施加快由转供电改直供电；积极开展网络绿色化改造，加快先进节能技术应用推广。调整700MHz频段频率使用规划，加快实施700MHz频段5G频率使用许可；适时发布部分5G毫米波频段频率使用规划，开展5G行业（含工业互联网）专用频率规划研究，适时实施技术试验频率许可。进一步做好中频段5G基站与卫星地球站等其他无线电台（站）的干扰协调工作。

（四）推进网络共享和异网漫游。进一步深化铁塔、室内分布系统、杆路、管道及配套设施共建共享。引导基础电信企业加强协调配合，充分发挥市场机制，整合优势资源，开展5G网络共享和异网漫游，加快形成热点地区多网并存、边远地区一网托底的网络格局，打造资源集约、运行高效的5G网络。

二、丰富5G技术应用场景

（五）培育新型消费模式。鼓励基础电信企业通过套餐升级优惠、信用购机等举措，促进5G终端消费，加快用户向5G迁移。推广5G+VR/AR、赛事直播、游戏娱乐、虚拟购物等应用，促进新型信息消费。鼓励基础电信企业、广电传媒企业和内容提供商等加强协作，丰富教育、传媒、娱乐等领域的4K/8K、VR/AR等新型多媒体内容源。

（六）推动"5G+医疗健康"创新发展。开展5G智慧医疗系统建设，搭建5G智慧医疗示范网和医疗平台，加快5G在疫情预警、院前急救、远程诊疗、智能影像辅助诊断等方面的应用推广。进一步优化和推广5G在抗击新冠肺炎疫情中的优秀应用，推广远程体检、问诊、医疗辅助等服务，促进医疗资源共享。

（七）实施"5G+工业互联网"512工程。打造5个产业公共服务平台，构建创新载体和公共服务能力；加快垂直领域"5G+工业互联网"的先导应用，内网建设改造覆盖10个重点行业；打造一批"5G+工业互联网"内网建设改造标杆网络、样板工程，形成至少20大典型工业应用场景。突破一批面向工业互联网特定需求的5G关键技术,显著提升"5G＋工业互联网"产业基础支撑能力,促进"5G＋工业互联网"融合创新发展。

(八)促进"5G＋车联网"协同发展。推动将车联网纳入国家新型信息基础设施建设工程,促进LTE－V2X规模部署。建设国家级车联网先导区,丰富应用场景,探索完善商业模式。结合5G商用部署,引导重点地区提前规划,加强跨部门协同,推动5G、LTE－V2X纳入智慧城市、智能交通建设的重要通信标准和协议。开展5G－V2X标准研制及研发验证。

(九)构建5G应用生态系统。通过5G应用产业方阵等平台,汇聚应用需求、研发、集成、资本等各方,畅通5G应用推广关键环节。组织第三届"绽放杯"5G应用征集大赛,突出应用落地实施,培育5G应用创新企业。推动5G物联网发展。以创新中心、联合研发基地、孵化平台、示范园区等为载体,推动5G在各行业各领域的融合应用创新。

三、持续加大5G技术研发力度

(十)加强5G技术和标准研发。组织开展5G行业虚拟专网研究和试点,打通标准、技术、应用、部署等关键环节。加速5G应用模组研发,支撑工业生产、可穿戴设备等泛终端规模应用。持续支持5G核心芯片、关键元器件、基础软件、仪器仪表等重点领域的研发、工程化攻关及产业化,奠定产业发展基础。

(十一)组织开展5G测试验证。基础电信企业进一步优化5GSA设备采购测试流程,根据建设计划明确测试时间表,促进相关设备加快成熟。持续开展5G增强技术研发试验,组织芯片和系统开展更广泛的互操作测试,加速技术和产业成熟。结合国家频率规划进度安排,组织开展毫米波设备和性能测试,为5G毫米波技术商用做好储备。

(十二)提升5G技术创新支撑能力。支持领先企业利用5G融合新技术,打造并提供行业云服务、能力开放平台、应用开发环境等共性平台,鼓励建设相关开源社区、开源技术基地,促进开放式应用创新。加快5G检测认证平台建设,面向5G系统、终端、服务、安全等各环节提升测试、检验、认证等服务能力,降低企业研发及应用成本。

四、着力构建5G安全保障体系

(十三)加强5G网络基础设施安全保障。加快构建5G关键信息基础设施安全保障体系,加强5G核心系统、网络切片、移动边缘计算平台等新对象的网络安全防护,建立风险动态评估、关键设备检测认证等制度和机制。研究典型应用场景下的安全防护指南和标准。试点开展5G安全监测手段建设,完善网络安全态势感知、威胁治理、事件处置、追踪溯源的安全防护体系。

(十四)强化5G网络数据安全保护。围绕5G各类典型技术和车联网、工业互联网等典型应用场景,健全完善数据安全管理制度与标准规范。建立5G典型场景数据安全风险动态评估评测机制,强化评估结果运用。合理划分网络运营商、行业服务提供商等各方数据安全和用户个人信息保护责任,明确5G环境下数据安全基线要求,加强监督执法。推动数据安全合规性评估认证,构建完善技术保障体系,切实提升5G数据安全保护水平。

(十五)培育5G网络安全产业生态。加强5G网络安全核心技术攻关和成果转化,强化安全服务供给。大力推进国家网络安全产业园区建设和试点示范,加快培育5G安全产业链关键环节领军企业,促进产业上下游中小企业发展,形成关键技术、产品和服务的一体化保障能力。积极创新5G安全治理模式,推动建设多主体参与、多部门联动、多行业协同的安全治理机制。

五、加强组织实施

(十六)加强组织领导。各单位要建立健全组织领导制度,做好各项要素保障,把加快5G发展作为当前一项重点工作来抓。加强与地方住建、交通、电力、医疗、教育等主管部门的协调配合,合力推进5G建设发展各项工作。

(十七)加强责任落实。各地工业和信息化主管部门、无线电管理机构、通信管理局要进一步加大工作力度,及时细化各项支持政策和举措,确保各项政策落到实处。各基础电信企业要发挥主体作用,做好5G研发、试验、建设、应用、安全等各项工作,全力推进5G建设发展。

(十八)加强总结交流。各单位要定期梳理经验做法,及时发现问题不足,不断调整优化工作举措,相关情况及时报送工业和信息化部。工业和信息化部将组织开展各地5G建设发展情况评估,适时发布相关推进情况。

工业和信息化部
2020年3月24日

文件3. 工业和信息化部关于提升5G服务质量的通知[①]

工信部信管函〔2021〕28号

各省、自治区、直辖市通信管理局,中国电信集团有限公司、中国移动通信集团有限公司、中国联合网络通信集团有限公司、中国广播电视网络有限公司,中国信息通信研究院:

我国5G商用许可发放以来,全行业加快网络建设,完善产业生态,丰富内容应用,5G发展取得积极成效。同时,部分电信企业用户提醒不到位、宣传营销不规范等情形引发社会广泛关注。为切实维护用户权益,推动5G持续健康发展,现就提升5G服务质量有关事项通知如下:

一、全面提升思想认识,高度重视服务工作。做好5G服务工作是践行以人民为中心的发展思想,着力解决好人民群众最关心最直接最现实利益问题的重要举措。各基础电信企业要提高政治站位,带着责任、带着感情开展工作,深化企业内部横向联动、纵向穿透的服务管理制度建设,制定完善本企业5G服务标准,加大对实体营业厅、客服热线等一线窗口的服务考核力度,将5G服务质量作为一线窗口绩效考核的重要内容。

[①] 中华人民共和国中央人民政府网站,https://www.gov.cn/zhengce/zhengceku/2021-02/03/content_5584704.htm。

二、健全四个提醒机制,充分保障用户知情权。一是提醒用户可通过实体营业厅、客服热线、网上营业厅、手机APP查询本地区5G网络覆盖情况,在5G网络暂未覆盖的地区发展5G用户,事先提醒用户知悉本地区5G网络覆盖进度情况。二是提醒用户使用5G网络要更换5G终端,非5G终端办理5G套餐只能享受5G资费优惠,不能使用5G网络。三是用户在办理已公示下架套餐变更为5G套餐时,提醒用户变更5G套餐后将无法再选择办理原套餐,可以选择其他在售套餐。四是用户办理有合约要求的5G套餐前,提醒用户如要解除合约办理"携号转网"服务、更改套餐或注销须履行的解约责任。

三、严守四条营销红线,切实维护用户权益。一是客观真实宣传5G业务及资费,公示全量在售套餐情况,不得片面夸大5G优势或优惠项目,隐瞒或淡化限制性条件。二是尊重用户的真实意愿,不得误导、强迫用户办理或升级5G套餐,未经用户同意不得擅自开通5G套餐、升级包等服务。三是无协议约定不得限制5G套餐用户更改其他在售套餐,对于有协议约定的5G套餐用户变更套餐的,可依据《中华人民共和国民法典》与用户协商解约事宜。四是确保在售的高中低档4G与5G套餐在线上线下渠道均承载销售,4G套餐查询、办理入口不得隐蔽设置。

四、统一渠道宣传口径,及时回应社会关切。一是针对用户关心的焦点问题制定宣传方案,充分利用视频直播、短视频等各类新媒体手段和各项新技术开展宣传。二是统一实体营业厅、客服热线、电子渠道等各渠道的5G服务口径。三是针对更换5G终端、办理5G套餐、使用5G网络的具体方法及享受服务的差异,做出清晰、准确解释说明。四是对社会广泛关注的5G相关问题,要及时予以回应。

五、建立三类监测体系,准确把握服务态势。一是各基础电信企业要按照要求做好5G业务发展数据报送工作。二是各级电信用户申诉受理机构要做好5G服务申诉工作,加强数据分析,预先发现苗头性问题,为服务监管提供参考。三是中国信息通信研究院要加强舆情监测,探索建立5G用户满意度测评制度。

六、强化协同监管，加强监督检查。一是各基础电信企业要加强内部自查自纠，完善服务违规行为处理机制，加大服务考核比重，对相关主管部门通报的重点 5G 服务违规事件，要问责到相关负责人。二是各地通信管理局、各基础电信企业要把 5G 服务纳入 2021 年行风纠风工作的重点任务，全国一盘棋部署落实。三是各地通信管理局要利用好日常监测、技术检测、暗访抽查、用户测评、集中检查等方式，及时发现 5G 服务问题，督促企业落实整改，依法处理违规行为。

请各基础电信企业于 2021 年 2 月 28 日前在全国范围内落实上述要求，并向部（信息通信管理局）报送落实情况。请各地通信管理局于 3 月 10 日前完成对本区域电信企业落实情况的监督检查，并将检查情况报部（信息通信管理局）。

工业和信息化部
2021 年 2 月 1 日

文件 4. 工业和信息化部 中央网络安全和信息化委员会办公室 国家发展和改革委员会 教育部 财政部 住房和城乡建设部 文化和旅游部 国家卫生健康委员会 国务院国有资产监督管理委员会 国家能源局关于印发《5G 应用"扬帆"行动计划（2021－2023 年）》的通知[①]

工信部联通信〔2021〕77 号

各省、自治区、直辖市及计划单列市工业和信息化主管部门、通信管理局、党委网信办、发展改革委、教育厅（局，教委）、文化和旅游厅（局）、卫生健康委、财政厅（局）、住房和城乡建设厅（局，委）、能源局，新疆生产建设兵团工业和信息化主管部门、党委网信办、发展改革委、教育局、文化体

[①] 中华人民共和国中央人民政府网站（有删节）https://www.gov.cn/zhengce/zhengceku/2021－07/13/content_5624610.htm.

育广电和旅游局、财政局、住房和城乡建设局、能源局,各地高等院校,各中央企业,各相关单位:

现将《5G应用"扬帆"行动计划(2021—2023年)》印发给你们,请结合实际认真贯彻落实。

工业和信息化部 中央网络安全和信息化委员会办公室

国家发展和改革委员会 教育部

财政部 住房和城乡建设部

文化和旅游部 国家卫生健康委员会

国务院国有资产监督管理委员会 国家能源局

2021年7月5日

5G应用"扬帆"行动计划
(2021—2023年)

5G融合应用是促进经济社会数字化、网络化、智能化转型的重要引擎。为贯彻落实习近平总书记关于加快5G发展的重要指示精神和党中央、国务院决策部署,大力推动5G全面协同发展,深入推进5G赋能千行百业,促进形成"需求牵引供给,供给创造需求"的高水平发展模式,驱动生产方式、生活方式和治理方式升级,培育壮大经济社会发展新动能,特制订本计划。

一、总体要求

(一)指导思想

以习近平新时代中国特色社会主义思想为指导,全面贯彻党的十九大和十九届二中、三中、四中、五中全会精神,立足新发展阶段,贯彻新发展理念,构建新发展格局,面向实体经济主战场,面向经济社会数字化转型需求,统筹发展和安全,遵循5G应用发展规律,着力打通5G应用创新链、产业链、供应链,协同推动技术融合、产业融合、数据融合、标准融合,打造5G融合应用新产品、新业态、新模式,为经济社会各领域的数字转型、智能升级、融合创新提供坚实支撑。

(二)基本原则

坚持需求牵引。充分发挥市场在资源配置中的决定性作用,强化企业在5G应用发展中的主体地位,进一步释放消费市场、垂直行业、社会民生等方面对5G应用的需求潜力,激发5G应用创新活力。

坚持创新驱动。围绕5G行业应用个性化需求,加大技术创新力度,加强关键技术和产品研发,奠定5G应用发展的技术和产业基础。遵循5G技术、标准、产业、网络和应用渐次导入的客观规律,紧扣国际标准节奏,有重点地推动5G应用发展。

坚持重点突破。聚焦5G发展关键环节,着力解决协议标准互通、应用生态构建、产业基础强化等关键共性问题。支持基础扎实、模式清晰、前景广阔的重点领域率先突破,示范引领5G应用规模化落地。

坚持协同联动。加强各方沟通衔接,畅通跨部门、跨行业、跨领域协作。发挥行业、地方等积极性,出台并落实支持5G应用发展的政策举措。发挥龙头企业牵引作用,推动上下游企业深度互联和协同合作,形成"团体赛"模式。

(三)总体目标

到2023年,我国5G应用发展水平显著提升,综合实力持续增强。打造IT(信息技术)、CT(通信技术)、OT(运营技术)深度融合新生态,实现重点领域5G应用深度和广度双突破,构建技术产业和标准体系双支柱,网络、平台、安全等基础能力进一步提升,5G应用"扬帆远航"的局面逐步形成。

——5G应用关键指标大幅提升。5G个人用户普及率超过40%,用户数超过5.6亿。5G网络接入流量占比超50%,5G网络使用效率明显提高。5G物联网终端用户数年均增长率超200%。

——重点领域5G应用成效凸显。个人消费领域,打造一批"5G+"新型消费的新业务、新模式、新业态,用户获得感显著提升。垂直行业领域,大型工业企业的5G应用渗透率超过35%,电力、采矿等领域5G应用实现规模化复制推广,5G+车联网试点范围进一步扩大,促进农业水利等传统行业数字化转型升级。社会民生领域,打造一批5G+智慧教育、5G+智慧医疗、5G+文化旅游样板项目,5G+智慧城市建设水平进一步提升。每个重点行业打造100个以上5G应用标杆。

——5G应用生态环境持续改善。跨部门、跨行业、跨领域协同联动的机制初步构建,形成政府部门引导、龙头企业带动、中小企业协同的5G应用融通创新模式。培育一批具有广泛影响力的5G应用解决方案供应商,形成100种以上的5G应用解决方案。完成基础共性和重点行业5G应用标准体系框架,研制30项以上重点行业标准。

——关键基础支撑能力显著增强。5G网络覆盖水平不断提升,每万人拥有5G基站数超过18个,建成超过3000个5G行业虚拟专网。建设一批5G融合应用创新中心,面向应用创新的公共服务平台能力进一步增强。5G应用安全保障能力进一步提升,打造10-20个5G应用安全创新示范中心,树立3-5个区域示范标杆,与5G应用发展相适应的安全保障体系基本形成。

二、突破5G应用关键环节

(一)5G应用标准体系构建行动

1. 加快打通跨行业协议标准。加强跨部门、跨行业、跨领域标准化重要事项的统筹协调,建立健全相关标准化组织合作机制,尽快实现协议互通、标准互认,系统推进5G行业应用标准体系建设及相关政策措施落实,加速推动融合应用标准的制定。充分发挥5G应用产业方阵行业组织优势,促进融合应用标准的实施落地。

2. 研制重点行业融合应用标准。系统推进重点行业5G融合应用标准研究,明确标准化重点方向,加强基础共性标准、融合设备标准、重点行业解决方案标准的研制,加快标准化通用化进程,突破重点领域融合标准研究和制定。

3. 落地一批重点行业关键标准。发挥各重点行业龙头企业带头作用,带动各方进一步强化协作,合力推动5G行业应用标准的迭代、评估和优化,促进相关标准在重点行业的应用落地。

(二)5G产业基础强化行动

4. 加强关键系统设备攻关。持续推进5G增强技术基站研发,巩固中频段5G产业能力。组织开展5G毫米波基站研发和端到端测试,加快技术和产品成熟,奠定5G毫米波商用的产业基础。按照5G国际标准不同版本阶段性特征,R15版本聚焦高速率大带宽应用,R16版本聚焦高可靠低时延应用,R17版本聚焦中高速大连接应用,分阶段开展技术、产业化和应用导入。

5. 加快弥补产业短板弱项。加大基带芯片、射频芯片、关键射频前端器件等投入力度,加速突破技术和产业化瓶颈,带动设计工具、制造工艺、关键材料、核心IP等产业整体水平提升。加快轻量化5G芯片模组和毫米波器件的研发及产业化,进一步提升终端模组性价比,满足行业应用个性化需求,提升产业基础支撑能力。支持高精度、高灵敏度、大动态范围的5G射频、协议、性能等仪器仪表研发,带动仪表用高端芯片、核心器件等尽快突破。

6. 加快新型消费终端成熟。推进基于5G的可穿戴设备、智能家居产品、超高清视频终端等大众消费产品普及。推动嵌入式SIM(eSIM)可穿戴设备服务纵深发展,研究进一步拓展应用场景。推动虚拟现实/增强现实等沉浸式设备工程化攻关,重点突破近眼显示、渲染处理、感知交互、内容制作等关键核心技术,着力降低产品功耗,提升产品供给水平。

三、赋能5G应用重点领域

(一)新型信息消费升级行动

7. 5G+信息消费。推进5G与智慧家居融合,深化应用感应控制、语音控制、远程控制等技术手段,发展基于5G技术的智能家电、智能照明、智能安防监控、智能音箱、新型穿戴设备、服务机器人等,不断丰富5G应用载体。加快云AR/VR头显、5G+4K摄像机、5G全景VR相机等智能产品推广,拉动新型产品和新型内容消费,促进新型体验类消费发展。

8.5G＋融合媒体。开展 5G 背包、超高清摄像机、5G 转播车等设备的使用推广，利用 5G 技术加快传统媒体制作、采访、编辑、播报等各环节智能化升级。推广高新视频服务、推动 5G 新空口（NR）广播电视落地应用，提供广播电视和应急广播等业务。开展 5G＋8K 直播、5G＋全景式交互化视音频业务，培育 360 度观赛体验，结合 2022 年北京冬奥会和冬残奥会等重大活动，推动 5G 在大型赛事活动中的普及。

（二）行业融合应用深化行动

9.5G＋工业互联网。推进 5G 模组与 AR/VR、远程操控设备、机器视觉、AGV 等工业终端的深度融合，加快利用 5G 改造工业内网，打造 5G 全连接工厂标杆，形成信息技术网络与生产控制网络融合的网络部署模式，推动"5G＋工业互联网"服务于生产核心环节。围绕研发设计、生产制造、运营管理、产品服务等环节，聚焦"5G＋工业互联网"发展重点行业，打造典型应用场景，持续开展"5G＋工业互联网"试点示范，支持 5G 在质量检测、远程运维、多机协同作业、人机交互等智能制造领域的深化应用，不断强化示范引领，推动成熟模式在更多行业和领域复制推广。打造产业生态，推广区域应用，鼓励各地建设"5G＋工业互联网"融合应用先导区，不断拓展 5G 在原材料、装备、消费品、电子等领域的应用。

10.5G＋车联网。强化汽车、通信、交通等行业的协同，加强政府、行业组织和企业间联系，共同建立完备的 5G 与车联网测试评估体系，保障应用的端到端互联互通。提炼可规模化推广、具备商业化闭环的典型应用场景，提升用户接受程度。加快提升 C－V2X 通信模块的车载渗透率和路侧部署。加快探索商业模式和应用场景，支持创建国家级车联网先导区，推动车联网基础设施与 5G 网络协同规划建设，选择重点城市典型区域、合适路段以及高速公路重点路段等，加快 5G＋车联网部署，推广 C－V2X 技术在园区、机场、港区、矿山等区域的创新应用。建立跨行业、跨区域互信互认的车联网安全通信体系。

11.5G＋智慧物流。加强 5G 在园区、仓库、社区等场所的物流应用创新，推动 5G 在无人车快递运输、智能分拣、无人仓储、智能佩戴、智能识别等场景应用落地。加速基于 5G 的物流物联网数据接入、计算和应用平台建设，推进端边云协同的物流自动化智能装备和基础设施建设，助力实现物流行业自动化运输、智能仓储和全流程监控。

12. 5G＋智慧港口。研制适用于港口集装箱环境的 5G 辅助定位产品，加快自动化码头、堆场库场数字化改造和建设。推动港口建设和养护运行全过程、全周期数字化，加快智慧港口基础设施建设，推广 5G 在无人巡检、远程塔吊、自动导引运输、集卡自动驾驶、智能理货等场景的应用，助力港口智能化。

13. 5G＋智能采矿。加快可适应采矿环境具有防爆等要求的 5G 通信设备研制和认证，推进露天矿山和地下矿区 5G 网络系统、智能化矿区管控平台、企业云平台等融合基础设施建设。推广 5G 在能源矿产、金属矿产、非金属矿产等各类矿区的应用，拓展采矿业远程控制、无人驾驶等 5G 应用场景，推进井下核心采矿装备远程操控和集群化作业、深部高危区域采矿装备无人化作业、露天矿区实现智能连续作业和无人化运输。

14. 5G＋智慧电力。突破电力行业重点场景 5G 确定性时延、授时精度、安全保障等关键技术，搭建融合 5G 的电力通信管理支撑系统和边缘计算平台。开展基于 5G 的工业控制与监测网络升级改造，推广发电设备运维、配电自动化、输电线/变电站巡检、用电信息采集等场景应用，实现发电环节生产的可视化、配电环节控制的智能化、输变电环节监控的无人化、用电环节采集的实时化。

15. 5G＋智能油气。开展适应油田油井复杂环境的 5G 特种终端设备的研发，推进多协议智能数据采集 5G 网关、监控产品的研制，实现与油气领域通信接口的有效衔接。实施 5G 在油田油井、管线、加油站等环节高清视频监控、管道泄露监测、机器人智能巡检、危化品运输监控等业务场景的深度应用，为油气采集、管道传输、油气冶炼等环节提供安全高效的智能化支撑。

16. 5G＋智慧农业。根据农业农村数字化需求，重点推进面向广覆盖低成本场景的 5G 技术和应用。丰富 5G 在智能农业的应用场景，加快智能农机、农业机器人在无人农业作业试验等农业生产环节中的5G应用创新,发展5G在农产品冷链物流、电商直播等领域应用。加强数字乡村与5G融合应用,提升乡村治理和公共服务信息化水平,利用5G推动教育、文化、医疗等资源向农村延伸,促进农村信息消费。

17. 5G+智慧水利。推进5G技术与水利行业的深度融合,应用5G、物联网、遥感、边缘计算等新技术,提高水利要素感知水平。结合北斗定位、人工智能等技术,针对水利工程施工场景,研究人工智能施工系统顶层设计和模型算法实现,在5G人机协同应用方面实现突破。

(三)社会民生服务普惠行动

18. 5G+智慧教育。加快5G教学终端设备及AR/VR教学数字内容的研发,结合AR/VR、全息投影等技术实现场景化交互教学,打造沉浸式课堂。推动5G技术对教育专网的支撑,结合具体应用场景,研究制订网络、应用、终端等在线教育关键环节技术规范。加大5G在智慧课堂、全息教学、校园安防、教育管理、学生综合评价等场景的推广,提升教学、管理、科研、服务等各环节的信息化能力。

19. 5G+智慧医疗。开展5G医用机器人、5G急救车、5G医疗接入网关、智能医疗设备等产品的研发。加强5G医疗健康网络基础设施部署,重点优化覆盖全国三甲医院、疾病预防控制中心、便民医疗点、医养结合机构等场所,打造面向院内医疗和远程医疗的5G网络、5G医疗边缘云。丰富5G技术在医疗健康行业的应用场景,重点推广5G在急诊急救、远程诊断、健康管理等场景的应用,加快培育技术先进、性能优越、效果明显的智慧医疗服务新业态。

20. 5G+文化旅游。突破数字内容关键共性技术,推进超高清视频编解码、端云协同渲染、三维重建等关键技术研发,开发适配5G网络的AR/VR沉浸式内容、4K/8K视频等应用。打造AR/VR业务支撑平台和云化内容聚合分发平台,推动与5G结合的社交、演播观影、电子竞技、数字艺术等互动内容产业发展。促进5G和文旅装备、文保装备、冰雪装备的融合创新。推动景区、博物馆等发展线上数字化体验产品,培育云旅游、云直播、云展览、线上演播等新业态,鼓励定制、体验、智能、互动等文化和旅游消费新模式发展,打造沉浸式文化和旅游体验新场景。

21. 5G+智慧城市。加大超高清视频监控、巡逻机器人、智慧警用终端、智慧应急终端等产品在城市安防、应急管理方面的应用,建设实时精准的安全防控体系。加快智慧表计等产品在市政管理、环境监测等领域部署,探索构建数字孪生城市,提高城市感知能力。围绕信息惠民便民,加快推广基于5G技术的智慧政务服务。以社区、园区、街区等为基本单元加快数字化改造,形成一批5G智慧社区综合解决方案,提供全方位数字化社区生活新服务。推动5G技术在基于数字化、网络化、智能化的新型城市基础设施建设中的创新应用,全面提升城市建设水平和运行效率。

四、提升5G应用支撑能力

(一)5G网络能力强基行动

22. 提升面向公众的5G网络覆盖水平。加快5G独立组网建设,扩大5G网络城乡覆盖,持续打造5G高质量网络,推动"双千兆"网络协同发展。新建5G网络全面支持IPv6,着力提升5G网络IPv6流量。强化室内场景、地下空间、重点交通枢纽及干线沿线5G网络覆盖,推动5G公网上高铁,提升典型场景网络服务质量。推广利用中低频段拓展农村及偏远地区5G网络覆盖。

23. 加强面向行业的5G网络供给能力。加快提升端到端网络切片、边缘计算、高精度室内定位等关键技术支撑能力,推进面向行业的自贸区、工业园区、企业厂区、医卫机构等重点区域5G覆盖。支持各地结合区域需求,建设5G行业虚拟专网,探索建网新模式,形成区域先导效应。

24. 加强5G频率资源保障。继续做好5G基站和卫星地球站等无线电台站的干扰协调工作。推动700MHz频段广播电视业务的频率迁移,加快700MHz频段5G网络部署,适时发布5G毫米波频率规划,探索5G毫米波频率使用许可实行招标制度,开展5G工业专用频率需求以及其他无线电系统兼容性研究,研究制定适合我国的5G工业专用频率使用许可模式和管理规则。

(二)5G应用生态融通行动

25. 加快跨领域融合创新发展。支持电信运营、通信设备、垂直行业、信息技术、互联网等企业结合自身优势,开展5G融合应用技术创新、集成创新、服务创新和数据应用创新。深化5G、云计算、大数据、人工智能、区块链等技术融合创新,打好技术"组合拳",不断培育5G应用新蓝海。打造一批既懂5G又懂行业的应用解决方案供应商,形成5G应用解决方案供应商名录,支撑千行百业数字化转型,带动芯片模组规模化发展,促进上下游跨界协同联动。

26. 推动5G融合应用政策创新。鼓励和支持各地结合区域特色和行业优势,开放5G应用场景,加快地方特色应用落地。打造协同效应显著、辐射带动能力强、商业模式清晰的5G应用创新引领区,探索应用推广新模式,以点带面、纵深推进重点行业规模化应用。

27. 开展5G应用创新载体建设。依托5G应用产业方阵,以龙头企业、科研单位为创建主体,建设一批5G融合应用创新中心,开展面向应用创新的技术和产业服务。依托行业龙头企业、高等院校、科研院所,加快5G应用孵化器和众创空间等双创载体建设,完善创新载体运营模式。发挥孵化器和众创空间的区域产业聚集优势,结合地方产业特色,推动5G技术和应用解决方案成果转移转化。

28. 强化5G应用共性技术平台支撑。面向工业制造、交通、医疗等重点领域的关键共性技术需求,依托行业龙头企业、高等院校、科研院所开展5G行业应用关键技术联合攻关,建设重点行业共性技术平台,解决制约行业应用复制推广的技术瓶颈。重点支持建设与5G结合的室外北斗高精度定位、室内5G蜂窝独立定位、人工智能、超高清视频、增强现实/虚拟现实(AR/VR)等共性技术平台,提供跨行业的5G应用基础能力。

(三)5G应用安全提升行动

29. 加强5G应用安全风险评估。构建5G应用全生命周期安全管理机制,指导企业将5G应用安全风险评估机制纳入5G应用研发推广工作流程,同步规划建设运行安全管理和技术措施,并与5G应用同步实施。做好5G应用及关键信息基础设施监督检查,提升5G应用安全水平。

30. 开展5G应用安全示范推广。鼓励各地方和企业打造5G应用安全创新示范中心,研发标准化、模块化、可复制、易推广的5G应用安全解决方案,开展5G网络安全技术应用试点示范和推广应用,推动最佳实践在工业、能源、交通、医疗等重点行业头部企业落地普及。在5G应用中推广使用商用密码,做好密码应用安全性评估。

31. 提升5G应用安全评测认证能力。支持与国际接轨的5G安全评测机构建设,构建5G应用与网络基础设施安全评价体系,开展5G应用与基础设施安全评测和能力认证。

32. 强化5G应用安全供给支撑服务。支持5G安全科技创新与核心技术转化,鼓励5G安全创新企业入驻国家网络安全产业园区。加强5G安全服务模式创新,推动5G安全技术合作和能力共享,鼓励跨行业、跨领域制定融合应用场景安全服务方案。加强5G网络安全威胁信息发现共享与协同处置。

五、保障措施

(一)强化统筹联动。加强部门协同和部省联动,做好标准、产业、建设、应用、政策等方面有机衔接。相关行业主管部门将5G应用作为行业发展规划、行动计划等重点方向,充分利用相关专项资金,持续引导行业企业加大投入力度,加快5G行业应用发展。鼓励各级地方政府围绕5G应用落地、生态构建、产业培育、网络建设等工作,积极出台并落实政策举措,促进5G融合应用加快落地。支持上下游企业深度耦合、紧密衔接,形成高效有机的合作模式。成立5G应用推广专家咨询委员会,对应用推广中的战略性、前瞻性问题进行指导和决策支撑。

(二)优化发展环境。加大政府采购支出向5G应用领域倾斜,率先在城市管理、教育、医疗、文化等公共服务领域推广5G应用,加大对5G应用样板项目、示范标杆的宣传力度。依托产融合作平台打造"5G+金融"发展生态,以产融合作试点为载体开展5G应用场景创新的产融对接活动。完善5G应用创新企业服务体系,加大对中小企业扶持力度,鼓励更多市场主体进入5G应用创新创业领域。有序引导各类社会资本建立5G应用投资基金,加大对5G重点行业应用和关键产业环节投资。鼓励支持符合条件的5G应用创新企业在科创板、创业板上市融资,拓宽企业融资渠道。坚持包容审慎监管原则,加强协同监管,加快自动驾驶、远程医疗等重点领域5G应用相关法律法规研究,探索监管新模式。

(三)培育人才队伍。厚植5G人才培育基础,支持高等院校、科研院所与企业联合精准培养,鼓励企业与高等院校、科研院所共建实验室、实训基地、专业研究院或交叉研究中心,加强共享型工程实习基地建设。推进5G相关专业升级与数字化改造,实施好5G相关领域"1+X"证书制度试点,开展安全技术技能大赛,组织5G相关职业培训和认证,丰富5G人才挖掘和选拔渠道,培育一批既懂5G通信技术又具备行业专业知识的复合型人才。面向公众开展5G知识科普,提升全民数字技能。

(四)推动国际合作。支持建设5G应用海外推广渠道和服务平台,推动成熟5G应用走出去。发挥国际组织协调作用,鼓励企业参与5G国际标准化组织的工作。鼓励国内企业加强海外5G应用合作,为"一带一路"沿线等国家或地区提供更为优质产品和服务,打造国际合作新平台。

(五)做好监测评估。加强政策成效评估和动态调整,建立5G发展监测体系,构建全景化5G网络地图,常态化监测5G应用和产业进展,推动5G全面协同发展。

5G应用发展主要指标

序号	指标	指标含义	指标值
1	5G个人用户普及率(%)	5G个人用户普及率=5G移动电话用户数/全国人口数。其中,5G移动电话用户数是指使用5G网络的个人用户。	40
2	5G网络接入流量占比(%)	5G网络接入流量占移动互联网接入总流量的比例。	50

续表

序号	指标	指标含义	指标值
3	5G在大型工业企业渗透率(%)	在生产经营等环节中开展5G应用的大型工业企业数在我国大型工业企业总数中的占比。	35
4	5G物联网终端用户数年均增长率(%)	行业企业5G物联网终端用户数年均增长率。	200
5	每万人拥有5G基站数(个)	全国每一万人平均拥有的5G基站数量。	18
6	5G行业虚拟专网数(个)	利用5G公网为行业企业构建的5G虚拟网络数目。	3 000
7	每重点行业5G应用标杆数(个)	每个重点行业遴选的5G应用标杆数量。	100

备注：1.大型工业企业是国家统计局依据中国有关工业企业规模划分标准所确定的大型规模工业企业。

2.5G物联网终端用户数按SIM卡统计。

文件5. 公开征求对《关于创新信息通信行业管理优化营商环境的意见（征求意见稿）》的意见[①]

为深入贯彻落实党的二十大精神，进一步推进信息通信行业管理创新，营造良好营商环境，推动信息通信行业高质量发展，持续发挥行业支撑经济社会发展的战略性、基础性、先导性作用，我们组织起草了《关于创新信息通信行业管理优化营商环境的意见（征求意见稿）》。现向社会公开征求意见，如有意见和建议，请于2023年11月6日前反馈。

联系单位：工业和信息化部信息通信管理局

联系电话及传真：010－66025853/66024197

电子邮箱：yaoxiangzhong@miit.gov.cn

通信地址：北京市西城区西长安街13号（邮编：100804），请在信封上

[①] 中华人民共和国工业与信息部网站，https://www.miit.gov.cn/gzcy/yjzj/art/2023/art_86decfede2ad4b629cb767bde2206488.html。

注明"关于创新信息通信行业管理优化营商环境的意见的意见反馈"

关于创新信息通信行业管理 优化营商环境的意见（征求意见稿）

营商环境既是重要软实力，也是核心竞争力。党的二十大对优化营商环境作出重大战略部署。为深入推进信息通信行业管理创新，进一步优化营商环境，推动信息通信行业高质量发展，持续发挥行业支撑经济社会发展的战略性、基础性、先导性作用，提出以下意见。

一、总体要求

坚持以习近平新时代中国特色社会主义思想为指导，深入贯彻落实党的二十大精神，立足新发展阶段，完整、准确、全面贯彻新发展理念，加快构建新发展格局，坚持改革创新、依法行政、技管结合、赋能发展的原则，以推动信息通信行业高质量发展为主线，以创新行业管理为着力点，在激发发展活力、维护良好秩序、稳定市场预期、优化涉企服务等方面下功夫，加快构建与数字化发展相适应的现代化监管和服务体系，努力打造市场化、法治化、国际化的营商环境，更好地发挥"一业带百业"的赋能作用，为建设制造强国、网络强国、数字中国，促进经济社会高质量发展提供坚实支撑。

二、持续优化高效开放统一的准入环境，激发行业发展活力

（一）深化准入制度改革。完善适应创新发展的准入管理制度，研究修订《电信业务分类目录》，出台新业务分类指引并动态更新，为合规发展提供政策保障。对于涉及多类电信业务的融合业务，实现许可申请"一次性申请、一站式审批"，提升市场准入效率。完善电信设备产品系族管理，组织在全国范围内有序开展电信设备进网许可自检自证试点，实现进网许可标志电子化。

（二）提升行政审批效能。围绕"高效办成一件事"，进一步优化线上审批服务，完善非关键要素材料"容缺办理"审批模式，不断完善相关电子政务平台功能，提升"一网通办"服务水平。深化电子证照应用，加强涉

企数据共享互认,推进电子证照信息可信验证便利化,提高许可服务电子化水平,以数据多跑路支撑企业少跑腿。

(三)扩大电信业务开放。有序扩大电信业务对外开放,探索在自由贸易港等地区先行先试,试点扩大开放增值电信业务。统筹推进电信业务向民间资本开放,加大对民营企业参与移动通信转售等业务和服务创新的支持力度,分步骤、分阶段推进卫星互联网业务准入制度改革,不断拓宽民营企业参与电信业务经营的渠道和范围。

三、积极营造健康公平有序的竞争环境,维护行业良好秩序

(四)健全市场公平竞争规则。加快修订信息通信领域市场秩序、竞争规范相关部门规章,围绕利用技术和算法优势扰乱市场等新型不正当竞争行为,进一步完善认定标准和处置依据,强化市场秩序监管的法治保障。加强信息通信行业政策文件公平竞争审查,依法清理废除妨碍统一市场和公平竞争的政策措施。

(五)维护市场良好竞争秩序。加强基础电信市场竞争态势监测,建立校园电信市场等重点领域公平竞争状况监测、评估、巡查和通报机制,对苗头性、典型性、集中性问题提前研判、快速处置、妥善化解,严格规范基础电信业务市场经营行为。营造开放共享的互联网行业生态,督促大型平台企业公平、平等对待第三方企业,重点查处恶意不兼容、干扰互联网应用安装运行等扰乱市场秩序的行为。完善投诉举报处置机制,优化投诉受理和转办流程,依法打击恶意举报非法牟利的行为,维护良好信息通信行业发展环境。

(六)深化行业组织协同共治。鼓励行业协会等第三方组织建立信息通信市场争议预处理机制,畅通企业间沟通渠道,推动企业在发生纠纷时及时主动协商,自觉维护公平竞争秩序。支持行业协会等第三方组织加强政策宣贯和正面宣传引导,弘扬优秀企业家精神,培育良好商业氛围。四、加快构建规范透明可预期的监管环境,推进行业治理体系和治理能力现代化。

(七)创新柔性监管方式。健全以信用为基础的长效监管机制,推动

实施事前监测提醒、事后信用修复的信用管理新模式，对信用良好的企业给予更多支持和便利。完善行政指导、行政约谈等柔性执法体系，加强对相关企业的合规指导，按照合法、审慎、科学的原则，细化依法实施"轻微违法不罚"的具体标准，探索建立合规整改、合规不处罚等行业监管配套制度，在监管执法中进一步推广自律公约、公开承诺等柔性手段，为企业营造宽松稳定的发展环境。

（八）构建"不打扰"监管能力。推进现有技术监管 能力迭代升级，建设重点电信业务大数据综合监管平台，完善电信设备进网许可在线核查系统，强化业务合规经营 情况的线上监测分析、调查取证能力，健全"以网管网"技术监管体系。加快探索大数据、区块链、人工智能等新技术在监管中的应用，在日常监督检查中推行远程监管、线上监管方式，减少监管活动对企业日常经营的影响。

（九）规范行政监管执法。严格落实行政执法三项制度，持续开展专项执法培训，不断完善行政执法程序，优化执法方式，确保执法过程公正公开、执法程序严谨规范。强化综合监管，进一步完善互联网领域综合监管体制机制，积极探索跨地区、跨部门综合执法，推进监管信息共享互认和执法协作，避免多头检查和重复执法。

五、着力打造便捷可靠优质的服务环境，增强行业企 业获得感

（十）提升政务服务水平。充分发挥12381服务热线的政务服务"总客服"作用，畅通难点、堵点问题直达反映通道。针对企业办事中的急难愁盼问题，加强数据分析研究，推动破解问题的关口前移，实现解决一个诉求、优 化一类服务。建立政务服务经验推广应用常态化机制，探索形成标准化、可复制、可推广的政务服务创新做法，实现政务服务能力"大提升"。

（十一）优化网络服务能力。加快推进5G网络与千兆光网协同建设，持续提升"双千兆"覆盖广度和深度。完善国内网络布局架构，实施网络架构优化提升工程，优化国际通信设施布局，形成高效畅通的国际信息通信枢纽。完善网内和网间质量指标体系和评价标准，加强网络服务性

能监测,促进网络提速提效。

(十二)改善通信服务感知。强化基础服务能力,加快推进电信业务线上办、异地办,探索开展新型电信服务模式全流程、全链条评估,全面提升全国一体化、智能化数字服务水平。加强网络接入价格和服务质量信息公示,优化宽带报装服务,完善在线查询报装要求、办理进度,在线申请业务开通和缴费等功能,进一步压减报装时长,提高报装效率,鼓励基础电信企业提供更加优质、优惠的互联网专线服务和信息化综合解决方案。

六、组织保障

(十三)加强组织实施。工业和信息化部加强指导,统筹推进信息通信行业营商环境建设工作,建立健全评估体系,适时组织行业营商环境建设情况评估。各地通信管理局要明确本地区信息通信行业营商环境建设的负责人和牵头处室,制定本地区优化信息通信行业营商环境的细化方案,确保各项措施落到实处。

(十四)强化政企沟通。各地区要严格落实构建亲清新型政商关系的部署要求,建立畅通有效的政企沟通机制,妥善回应企业关切。要加强涉企重大政策文件出台前的沟通评估和出台后的政策辅导,把握好政策出台和调整的时度效,确保政策措施"看得懂、落得实、用得好"。

(十五)加强协同调度。各地区要加强行业运行态势的监测和预警,完善政府、企业、协会等协同机制,聚焦重点地区、重点企业,加强苗头性、趋势性问题分析,针对性调度协调解决新问题、新难点。要加强与当地政府部门的沟通,主动融入地方经济社会建设的大局,赋能地方经济发展。实施过程中遇到的重大问题,及时报工业和信息化部。

(十六)做好宣传引导。各地区要综合利用多种宣传渠道主动发声,营造优化营商环境、助力企业发展的良好氛围。要及时总结提炼优化信息通信行业营商环境、促进市场发展的先进做法、成功经验和典型模式,组织编写优秀案例,积极展现信息通信行业创新发展的经验成效。

参考文献

[1](美)约翰·坎贝尔等.美国经济治理[M].董运生,王岩,译.上海:上海人民出版社.2009.

[2]曹海丽,王珊珊.三网融合猜想[J].新世纪周刊,2010(08):57—61.

[3]曹蕾,刘立.基于SCP范式的中国电信产业组织分析[J].南京邮电大学学报(社会科学版),2013,15(03):63—67.

[4]曹平.我国公共图书馆"三网融合"应用研究[J].图书与情报,2011(04):109—111,115.

[5](美)艾尔弗雷德·钱德勒..战略与结构:美国工商企业成长的若干篇章[M].孟昕,译.云南:云南人民出版社.2002.

[6]陈凯.美国IPTV稳步发展五大经验供借鉴[N].通信信息报,2010-10-19.

[7]陈卫华.中国电信市场的有效竞争研究[M].北京:经济科学出版社.2005.

[8]陈志强,夏虹."三网融合"背景下对媒介融合的思考[J].今传媒 2012,20(03):13—15.

[9](美)弗兰克·道宾.经济社会学[M].冯秋石,王星,译.上海:上海人民出版社.2008.

[10]方宏一.再论中国信息产业的发展战略[J].广播电视信息,1999(01):6—15.

[11](奥)埃哈尔·费埃德伯格.权力与规则:集体行动的动力[M].张月,译.上海:上海人民出版社.2005.

[12]傅玉辉.大媒体产业:从媒介融合到产业融合[M].北京:中国广播电视出版社.2008.

[13](美)高柏.经济意识形态与日本产业政策1931—1956年的发展主义[M].安佳,译.上海:上海人民出版社.2008.

[14]韩远.中国移动通信公司战略缺失的研究[J].集团经济研究,2007(01Z):59—60.

[15]阚凯力.电信业体制改革亟待推进[J].瞭望新闻周刊,1999(50):14—15.

[16]阚凯力.电信:需要什么样的竞争格局[J].中国改革,2001(07):30—31.

[17]阚凯力.拆分中国电信建立有效竞争[J].邮电企业管理,2001(14):4—5.

[18]阚凯力.政府在电信改革中的职能定位不准[J].新闻周刊,2003(40):74.

[19]阚凯力.电信"南北拆分"毫无成效[N].财经时报,2003—2—26.

[20]胡鞍钢.中国3G世纪报告[N].21世纪经济报道,2005—1—19.

[21]胡立志.依法加强监督管理促进电信行业又好又快发展——纪念《中华人民共和国电信条例》颁布实施十周年[J].通信管理与技术,2010(05):1—3.

[22]黄友庚.建光荣的国家队 做自豪的大唐人——访大唐微电子技术有限公司总经理赵纶[J].中集成电路,2004(2):27—29.

[23]郎朗,刘方远.广电或获基础运营牌照宽带反垄断峰回路转[N].21世纪经济报道,2012—5—3.

[24]李爱明.再解释"小灵通"政策:不鼓励也不干涉[N].中华工商时报,2003—3—10.

[25]梁波,王海英.市场、制度与网络:产业发展的三种解释范式[J].社会,2010,30(06):90—117.

[26]廖奇.网通上市前夜机构调整 初现一级法人制雏形[N].北京娱乐信报,2004—8—5.

[27]蔺怀国.新一轮电信改革前后电信产业SCP比较分析[J].现代财经(天津财经大学学报),2012,32(01):105—114.

[28]刘立.我国电信业价值链与电信企业运营模式演进的实证研究[J].管理世界,2006(6):85—91.

[29]刘俊杰.技术创新、规制重建与中国电信产业的发展[J].当代财经,2005(05):94—97.

[30]刘其华.湖南广电三网融合下业务拓展分析[J].企业家天地(理论版),2011(05):28.

[31]刘燕.中移动收购香港华润万众:潜藏国资委意志[N].中国经营报,2005—10—8.

[32]刘颖悟.三网融合与政府规制[M].北京:中国经济出版社.2005.

[33]"垄断性行业的政府管制问题"研究课题组.电信业的政府管制问题研究[J].经济研究参考,2003(25):2—17.

[34]陆万福.中国电信公司治理面临的问题与解决途径[J].邮电经济管理,2005(07):16—17.

[35]吕志勇.产业开放与规制变革:中国电信产业市场化进程研究[M].上海:上海人民出版社.2007.

[36]罗俊.IPTV迎接"竞合"年[J].中国电信业,2010(10):50—52.

[37]罗小布.深入理解三网融合的真谛[J].信息网络,2010(Z1):44—49.

[38](美)道格拉斯·诺斯.制度、制度变迁与经济绩效[M].杭行,译.上海:格致出版社.2008.

[39]欧阳长征.3G火枪手或将浮出:移动、联通、电信高层换防[N].21世纪经济报道,2004—11—1.

[40]欧阳长征.王建宙重新定位:大象还在继续快跑[N].21世纪经济报道,2005—8—18.

[41](英)卡尔·波兰尼.大转型:我们时代的政治与经济起源[M].刘阳,冯钢,译.浙江:浙江人民出版社.2007.

[42]邱泽奇,张燕.技术与组织关系的三个视角[J].社会学研究,2009,24(02):200—215,246.

[43]沈金成,王良元.为三网融合铺平道路——浅析基于大部制下的三网融合政策与体制[J].中国电信业,2008(11):31—33.

[44]史炜.中国电信业的市场化演进[J].世界电信,2002(08):32—36,42.

[45]史炜.中国电信业走向市场前的博弈[M].北京:中国财政经济出版社.2005.

[46]王冰睿.三网难融难合[J].IT时代周刊,2011(11):33—38.

[47]王东.运营业"渠道"之变[J].中国新通信,2006(04):49—50.

[48]王俊豪.中国垄断性产业管制机构的变革—以中国电信产业管制机构为例[J].中国工业经济,2005(01):56—62.

[49]王鹏.美式话语下的电信改革[J].商务周刊,2003(16):43—46.

[50]王文举,柳学信.面向全球化的中国电信业竞争与规制[J].经济与管理研

究,2002(04):9—15.

[51]汪小星.广电、电信系矛盾激化宽带竞争版图恐生变,资费会否应声下调[N]南方都市报,2011—11—16.

[52]王孝明,蒋力,姚良.三网融合之路[M].北京:人民邮电出版社.2012.

[53]王小强.中国电讯产业的发展战略[J].广播电视信息,1998(12):5—19.

[54]王远方.中国电信"拆分"行为法理分析——从反垄断视角阐释[J].重庆邮电大学学报(社会科学版),2008(05):37—41.

[55](美)奥利弗·威廉姆森.资本主义经济制度[M].段毅才,王伟,译.北京:商务印书馆.2002.

[56]吴基传.世界电信业:分析与思考[M].北京:新华出版社.2002.

[57]夏大慰.产业组织与公共政策:哈佛学派[J].外国经济与管理,1999(08):3—5,24.

[58]夏竞辉.打造联通新时空——杨贤足董事长谈中国联通发展战略[J].中国电信业,2003(03):20—24.

[59]徐林.从全球电信发展中审视中国电信改革的特点[J].商业研究,2002(07):95—98.

[60]许宗敏.浅析三网融合的发展现状与未来展望[J].价值工程,2011,30(17):159.

[61]薛良燕、彭章燕.对我国电信监管机构职能冲突问题的思考[J].通信业与经济市场 2007(05):4—7.

[62]杨成,韩凌.三网融合下的边界消融[M].北京:北京邮电大学出版社.2011.

[63]杨宏伟.中国电信业的产业组织与变迁——基于"R-SCP"理论框架的分析[D].上海:复旦大学管理学院.2005.

[64]杨晔,逯宇.中国 3G:TD—SCDMA,一个大型高科技产业崛起的历程[M].北京:知识产权出版社.2010.

[65]余晖.我的命运你的选择——中国电信拆分再质疑[J].新财经,2001(11):58—59.

[66]袁丹萍.建立我国电信业有效竞争市场的思考[J].管理现代化,1999(06):6—8.

[67]展翼.小灵通,在没有鲜花和掌声的路上前行——访"中国小灵通之父"徐福

新[J]. 数字通信世界,2005(11):18—19.

[68]张楠楠,李建元. 透视三网融合的合作困境[J]. 中国电信业,2010(12):58—59.

[69]张秋红,刘国亮. 中国电信业改革的路径与效果分析[J]. 商业时代,2011(25):122—123.

[70]张昕竹. 中国电信业的改革目标[N]. 中国经济时报,2001—1—9.

[71]赵小剑. 电信拆分迷茫的下一步[J]. 财经,2001(50):24—26.

[72]植草益. 信息通信业的产业融合[J]. 中国工业经济,2001(02):24—27.

[73]周其仁. 三网复合数网竞争——兼论发展中国电信产业的政策环境[J]. 电子展望与决策,1998(6):25—39.

[74]周其仁. 开放竞争:发展我国电讯行业的政策环境——评电讯大论战兼论分步开放我国电讯市场[R]. 北京大学国家发展研究院学术简报,1998(58).

[75]周其仁. 竞争与繁荣:中国电信业进化的经济评论[M]. 北京:中信出版社. 2013.

[76]朱金周. 电信转型:通向信息服务业的产业政策[M]. 北京:北京邮电大学出版社. 2008.

[77]电信广电获批双向"混业经营"——2013 年全面实现三网融合相关产品和业务纳入政府采购范围[N]. 东方早报,2010—1—14.

[78]DiMaggio,Paul J. ,and Walter W. Powell. The Iron Cage Revisited: Institutionalized Isomorphism and Collective Rationality in Organizational Field[J]. *American Sociological Review* 1983,48(2,April):147—160.

[79] Dobbin, Frank. Forging Industry Policy: The United States, Britain, and France in the Railway Age[M]. Cambridge: Cambridge University Press. 1994.

[80]Fagerberg, Jan. Technological Progress, Structural Change and Productivity Growth: A Comparative Study. *Structural Change and Economic Dynamics*[J]. 2000,11(4): 393—411.

[81] Fligstein, Neil. The Architecture of Markets: An Economic Sociology of Twenty-First Century Capitalist Societies[M]. Princeton, NJ: Princeton University Press. 2001.

[82]Fukuyama,Francis. State-Building: Governance and World Order in the 21

st Century[M]. Ithaca:Cornell University Press,2004.

[83]Hall,Peter. The Political Power of Economic Ideas:Keynesianism Across Nations[M]. Princeton:Princeton University Press,1989.

[84]Nee,Victor. Organizational Dynamics of Market Transition: Hybrid Forms, Property Rights and Mixed Economy in China,*Administrative Science Quarterly*[J]. 1992,37(1):1—27.

[85]Weiss,Linda. Creating Capitalism:The State and Small Business since *1945* [M]. New York: Basil Blackwell,1988.